用户运营全解

COMPLETE UNDERSTANDING OF USER OPERATIONS

刘仁燕 / 著

数字化时代如何经营用户

电子工业出版社
Publishing House of Electronics Industry
北京·BEIJING

内 容 简 介

本书讲述互联网数字化时代如何经营用户，是一本针对用户运营、企业管理、自由职业人员的图书，旨在帮助理解用户运营的业务逻辑和掌握用户运营方法，提升个人及企业的用户经营能力。

本书内容共有 10 章，各章之间存在渐进关系。从需要理解用户运营，了解用户，到开始做用户的增长、成长、价值提升，同时结合精细化运营、特殊用户运营，再到用户服务、用户资产管理、用户运营组织保障，本书把用户运营的各个方面按业务逻辑全部串联起来，形成了用户运营的系统化的解决方案。

本书基于笔者十几年互联网运营实践经验，通过方法论结合案例进行讲解，并介绍了具体操作办法，内容通俗易懂，实用价值较高。

未经许可，不得以任何方式复制或抄袭本书之部分或全部内容。
版权所有，侵权必究。

图书在版编目（CIP）数据

用户运营全解：数字化时代如何经营用户 / 刘仁燕著. —北京：电子工业出版社，2023.9
ISBN 978-7-121-46169-9

Ⅰ. ①用… Ⅱ. ①刘… Ⅲ. ①网络营销 Ⅳ. ①F713.365.2

中国国家版本馆 CIP 数据核字（2023）第 155851 号

责任编辑：董　英
印　　刷：三河市良远印务有限公司
装　　订：三河市良远印务有限公司
出版发行：电子工业出版社
　　　　　北京市海淀区万寿路 173 信箱　　邮编：100036
开　　本：720×1000　1/16　印张：18.75　字数：390 千字
版　　次：2023 年 9 月第 1 版
印　　次：2023 年 9 月第 1 次印刷
定　　价：99.00 元

凡所购买电子工业出版社图书有缺损问题，请向购买书店调换。若书店售缺，请与本社发行部联系，联系及邮购电话：（010）88254888，88258888。
质量投诉请发邮件至 zlts@phei.com.cn，盗版侵权举报请发邮件至 dbqq@phei.com.cn。
本书咨询联系方式：faq@phei.com.cn。

推荐语

知识是从实践经验中提炼出来的，同时，知识也能指导实践。对于学习中的同学们，要不断丰富和储备自己的知识，尤其是这种跟随时代发展，基于当前互联网数字化时代的实践经验，而总结出来的新鲜的知识，能拓展大家的视野和提升认知，有助于后续的职业规划和发展。对于职场中的同学们，如果能把知识和实践相结合，往往会事半功倍。仁燕不仅把我们 MBA 课程的一些知识点运用到了工作实践当中，又进一步总结工作实践，沉淀成了本书中的一些新的方法，使得理论和实践联系得更加紧密，非常难得。本书所讲述的内容，不管是为了学习提升，还是为了在商业竞争或者职场工作中厘清思路、掌握方法、提升能力、取得成绩，都会有很好的帮助。

——郑飞虎，北京师范大学副教授，博士生导师，中国教育发展战略学会教育标准专业委员会秘书长

说到用户运营，很多人首先会想到用户增长，实际经营中不仅看用户数量，还关注用户质量，在人口红利消退的当下，用户运营的重心已转移到对存量用户的精耕、持续的用户研究和用户服务提升等。作者提出"与用户做朋友"直击商业经营的核心，基于企业的能力，达到甚至超出用户的需求预期，为用户提供价值，为企业赢得价值，共赢的生意才会长久。互联网的高速发展已推动经济从供方市场向需方市场转型，用高效率组织运营来满足用户需求，经营和发展用户是企业制胜的关键。

——Vic，智买科技联合创始人，曾经在阿里巴巴、去哪儿、易道用车负责出行用车和汽车后市场电商业务

在一个变化越来越快、越来越复杂的世界里，无论企业还是个人，都应该通过不断学习来提高自身的适应能力。数字化是当今几乎所有企业和从业人员都需要具备的一项基础能力，在数字化时代，要用数据说话，做用户运营更是如此。本书比较全面地介绍了用户运营的方法，不仅包括用户的增长、成长，还有用户的精细化运营，以及要如何做用户研究、如何通过数据化驱动用户运营水平提升等。用户对于企业发展至关重要，企业要创造的其实是用户价值，而非产品本身，产品只是一个工具，是一种实现用户价值的手段，并不是企业的本质目的。所以，需要一切围绕用户出发，以服务用户为最终导向，利用好先进的科学技术，来提升用户运营能力和效率，从而产出更好的业务结果。

——银国徽，曾任 GMTC 大会、RTC 实时互联网大会出品人，全球软件开发者大会和中国前端开发者千人峰会讲师

本书全面系统地介绍了用户运营，从用户运营的业务基础到业务提升，再到业务保障，内容循序渐进，既有理论体系，又有实践指导。通读之后，读者不仅能全面地了解用户运营，而且能理解其中的业务逻辑和各个模块之间的联系。书中还介绍了很多互联网企业的案例，也有作者自己的亲身经历和心得体会，内容非常丰富，是不可多得的好书。

——李牧歌，北京诚克互动文化传媒有限公司创始人，北京师范大学 MBA 研究生，曾任优酷视频高级营销总监、奇光传媒副总裁

在互联网从数字化到数智化日益成熟的背景下，无论是消费互联网还是产业互联网，服务用户都是唯一不变的主题！对于传统生产企业来说，生产、销售、营销等环节如何数字化，形成良性闭环管理，从而降本提效、加速企业转型，重点就在于是否能有效地对用户数据进行实时跟踪和分析，提升营销理念，开展更为精准的数字化营销。所以，企业在业务发展的同时，一定要借助互联网的优势，更准确地了解用户，更有效地开展用户运营，建立适合企业自身发展的数字化、智能化的用户服务体系，从而更好地实现企业的价值和收益。

——周星，河南省商务厅县域商业体建设特邀嘉宾，沈丘县工商联常委，曾任 360 公司产品总监、阿里巴巴资产产品专家

仁燕是我的前同事，我们曾经在一个大部门一起做过很多业务项目。她思维比较缜密，对待工作很认真，并热爱学习和总结，经常关注行业发展动向，一直在探索用户运营方面的一些新的方法，对于这方面的研究也比较多。能把这么多年的经验总结成这本书，可想而知，这本书的信息价值是非常高的。

——吴长山，360公司商务总监

用户运营是指通过对用户进行全生命周期的管理，从而提高用户的满意度、忠诚度、留存率和价值，实现企业的持续增长和盈利。用户运营的核心是通过深入了解用户需求和行为，通过各种运营手段，从用户获取、留存、转化、提升价值等方面，全方位地管理和服务用户，从而实现用户与企业的共赢。无论是互联网从业人员还是自媒体创作者，站在平台或者B端角度，如果想提升用户运营能力，本书都将是你的不二之选。

——孙振龙，腾讯推荐高级算法工程师

用户运营是互联网业务的基础，用户运营不只是获取新用户，更重要的是经营老用户，以达到提升商业价值的目的。而当前最为热门的用户运营手段之一，就是私域用户的运营和管理。本书中关于私域用户运营的内容，集结了各行业私域运营的精华，连接了用户画像、内容规划、社群营销等方面，能让经营者更好地掌握其中的核心要领，从而通过私域用户运营最大化地实现商业价值。无论你是初涉用户运营，还是一名资深实践者，本书直击私域用户流量管理的痛点与难点，提供了丰富的实践案例与具体策略，都将助你让用户运营行稳致远！

——姜青作，成都光影之梦传媒有限公司创始人

"无用户，不运营。"本书深入浅出地采用框架理论和真实案例相结合的模式，论证、案例、数据三位一体，系统地梳理了用户运营的实践方法。随着互联网信息呈指数级膨胀增长，高效获取和提炼其中的价值，快速掌握相应的方法、理解背后的思维方式，以及遇到复杂问题时，制定有效解决策略等一系列问题解决方案，都可以通过阅读本书获得解决思路。

——胡一伟，某知名互联网公司运营总监

和仁燕认识有将近十年的时间了，最早相识是在去哪儿网的一条新业务线共事时。当时对她的直观印象是，这是做事情十分严谨，同时又善于提炼总结方法论的一名优秀的运营同学。后面因为大家的工作没有了直接的交集，只是偶尔会联系，一个偶然的机会得知仁燕开始写书了，觉得还是很有必要借过来读一读，提升一下自己在运营方面的认知。读完本书以后，最大的感受是书中最有价值的信息就是过来人摸爬滚打的经验，本书将告诉你用户运营中最真实的东西。如果你是一个运营新人，通过本书你将对用户运营有一个全面的了解，知道遇到什么样的问题，该采用什么样的运营方式来解决，至少可以少走两年弯路；如果你已经从事用户运营方向的工作一段时间了，本书可以帮你更系统化地梳理知识项，你可以针对自己的能力待提升项进行查漏补缺。

——金朝，美团、去哪儿前高级产品经理

小刘是一位数字化用户运营资深从业者，也是一位有着强烈求知欲的思考者。跟小刘相识快二十年，我们曾是同学、室友，也是同事。一起磨合的时间久了，她的优缺点已经很难用简单的方式描述出来，对于她的印象，我觉得一个词可以形容："小强"，既顽强又固执，哈哈哈。年前，小刘说她要写书，聊及写书初衷，她说自己在运营方向从业多年，希望总结自己的经验和心路历程，分享给其他从业者，帮助他们更好地理解行业变化和趋势，并掌握相应的应对方式，她觉得这是一件很有意义的事情。几个朋友深受触动，数字化时代，如何利用好前所未有的丰富的数据，更清晰地描绘、了解用户，获取竞争优势、提高运营效率，是每个企业单位都会面临的问题，也是每个在运营或数据方向从业的同学都会面临的职业挑战及机会。我们一起讨论过这本书的内容框架，也帮她改过里边的陈述，对于这本书，也算有些投入，但更多的是对这本书的期待。这本书在数字化用户运营上，做了系统的介绍，除去数字化运营的基础概念及方法，也简单介绍了企业文化、组织架构层面的一些思考和建议。期待这本书可以激发大家的思考和灵感，一起不断进步和成长。

——庞晋婧，某互联网金融公司高级经理

随着公域流量的红利褪去，面对渠道的加速融合、消费需求的不断分化，如何让企业更有效地、有针对性地进行用户运营，从而提升用户价值，成了核心命题。面对来自不同渠道、纷繁多样的消费者，企业往往较难从全局视角出发，形成清晰、准确的人群洞察。而在对用户开展运营的过程中，如何有效衡量业务落地效果，动态发现、诊断自身用户运营的不足，更是期望提升用户价值的企业亟须解决的问题。这是一本有关用户运营的百科全书，可以全面系统地了解用户运营的概念、策略、工具与方法。这本书融合了作者十余年的大厂工作经验，用最简单易懂的方式，解释了在不同场景下的用户运营策略，我把此书比作用户运营界的"新华词典"，推荐大家细细研读。

——李雪娜，去哪儿前高级交互设计师

前言

大家好，我是刘仁燕。我从事互联网运营工作已经十几年了，在多个行业做过用户运营、产品运营、数据分析，经验算是比较丰富的。去年有次和朋友聊天，无意间大家说起在看的书，都是刚毕业的时候看方法论，现在有一定经验之后增加了哲学、社会学类图书，然后结合实际中的方法、事情，会有更深入的理解。于是，我在想，这些经验、方法和理解，怎么才能产生更多价值。

能写这本书，我需要感谢我的一位领导，因为看到了她写的《数据运营之路：掘金数据化时代》一书，当一本具体的能真实感受到价值的书摆在面前时，感觉是非常棒的。我深受启发，自己也想写书，把经验和知识传承下去，把传承的精神继续传承下去。能坚持写这本书，主要动力来自，这本书是我的第一本书，我要好好地把内容呈现出来，把我的经验总结和方法沉淀分享给大家。但是，我又不希望这是我的最后一本书，很希望后面能有机会继续写更多的书。能完成这本书，我还要感谢工作中的同事和领导，感谢生活中的朋友和家人，感谢老师和同学们，感谢大家给我的支持，让我快速成长。

现如今，随着科技进步和互联网的渗透，社会产能过剩，产品五花八门，买方市场凸显，用户需求多样化、个性化，导致从产品找用户变得日益艰难，我们需要改变思维和运营方式，需要更多地从用户的角度出发来确定和提供相应的产品，根据用户的个性化需求提供精准的产品及服务。从产品找用户，是做营销；以用户定产品，就是做用户运营。

本书讲述的是当前互联网数字化时代应如何进行用户运营，介绍了经验方法并有丰富案例。全书内容共 10 章，从用户运营的基础到业务提升，再到运营保障，全方位、系统地阐述了如何做好用户运营，内容概括如下。

首先，用户运营基础部分。第 0 章理解用户运营，了解用户及用户运营的概念和核心理念。第 1 章做好用户研究，通过需求洞察、用户画像描述、行为分析、调研等研究用户，从而了解状况、掌握用户需求、发现问题和机会点。

接着，用户运营提升部分：围绕用户增长、成长、价值、模型、特殊用户五大模块阐述用户运营，进而实现全盘业务提升。第 2 章促进用户增长，理解增长逻辑，做好用户拉新、留存、激活及全渠道促活。第 3 章推动用户成长，通过会员机制、激励体系、用户心智提升用户质量。第 4 章增加用户贡献，通过流量变现、增值服务、拓展业务，获取用户更多商业价值。第 5 章用户精细化运营，巧用用户模型，通过模型分层用户进行精细化运营。第 6 章特殊用户运营，包括 B 端类型用户运营和私域场景用户运营。

然后，用户运营保障部分。第 7 章提升用户服务水平，提升用户体验、做好服务保障，通过用户反馈反哺业务，同用户一起共建共赢。第 8 章管好用户资产和提升用户运营底层能力，包括用户信息管理、画像标签建设、用户中心建设、数据资产管理。第 9 章建设用户运营组织，介绍组织的职能、架构、能力要求、思维方式、人才、组织文化，以保障用户运营工作更好地进行。

最后，按业务逻辑串联所有板块内容，形成用户运营系统化的解决方案。

读书是一件非常有意思的事情，同样的书、同样的内容，每一次读都会有不同的体验和收获。第一次可能是"说的就是这件事情啊"，第二次可能是"好像有点问题吧"，第三次可能是"原来如此"，第四次可能是"如果怎么怎么样，会怎么怎么样"……在不断理解和发现的过程中，思维和认知也在随着改变。

不知道做什么的时候，不知道怎么做的时候，就读书吧。希望本书能给大家带来启发。

读者服务

微信扫码回复：46169

- 加入本书读者交流群，与本书作者互动交流
- 获取【百场业界大咖直播合集】（持续更新），仅需 1 元

目录

0 理解用户运营 / 1

0.1 商业的本质：为什么做用户运营 / 3
0.2 用户运营的概念：什么是用户运营 / 4
  1. 理解用户和用户运营 / 4
  2. 用户具有哪些特点 / 5
  3. 用户运营的核心理念 / 8
0.3 数字化时代：用数据驱动用户运营 / 9
  1. 数字化成为新时代的主题 / 9
  2. 数字化转型让数据化驱动成为必要手段 / 11
  3. 数据化驱动模式下的运营方法 / 13

1 做好用户研究 / 21

1.1 用户需求分析 / 23
  1. 什么是用户需求分析 / 24
  2. 怎么做用户需求分析 / 26
1.2 用户数据分析 / 33
  1. 用户指标看板 / 34
  2. 用户画像分析 / 36
  3. 用户健康度分析 / 38
  4. 用户行为分析 / 40
  5. 用户业务数据分析 / 46
1.3 用户调研 / 47
  1. 用户调研的流程 / 47
  2. 用户调研的主要方法 / 50

3. 用户调研的注意事项 / 55
4. 用户调研的终极目的 / 56

2 促进用户增长：增加用户数 / 57

2.1 用户拉新：增加新用户 / 61
1. 用户拉新的方法 / 61
2. 用户拉新的渠道 / 66

2.1.1 官方渠道 / 67
2.1.2 增长黑客 / 72
2.1.3 用户裂变 / 73
1. 用户裂变的驱动因素 / 74
2. 用户裂变方法 / 75

2.1.4 资源互换 / 80
2.1.5 异业合作 / 81
2.1.6 付费广告 / 83
1. 付费广告的几种主要推广形式 / 84
2. 付费广告的计费方式 / 87
3. 付费广告的渠道平台 / 87

2.1.7 线下获客 / 89
2.1.8 业务创新 / 91

2.2 用户留存：留住老用户 / 92
2.2.1 如何定义用户留存 / 93
1. 留存时间分布（留存曲线） / 94
2. 留存率走势 / 94
3. 区分人群进行分析 / 95

2.2.2 影响用户留存的因素 / 98
1. 用户留存的前提：产品具有长期价值 / 98
2. 用户留存的关键：迁移成本高于新产品与现产品的价值差值 / 99

2.2.3 提升用户留存率的方法 / 100
1. 通过产品价值留存用户 / 100
2. 通过迁移成本牵制用户 / 102
3. 通过运营手段提升用户留存 / 104

2.2.4 预防用户流失 / 105
1. 预警流失机制 / 106
2. 预防流失举措 / 106

2.3 用户激活：召回流失用户 / 106

    1. 分析流失用户的特点和原因 / 107

    2. 召回流失用户策略 / 109

    3. 评估流失用户召回效果 / 111

2.4 全渠道促活：增加用户覆盖率和转化率 / 111

3 推动用户成长：提升用户价值 / 115

3.1 建设会员体系 / 117

    1. 会员等级 / 118

    2. 会员任务 / 121

    3. 会员权益 / 122

    4. 会员产品 / 123

    5. 会员运营 / 124

    6. 其他注意事项 / 126

3.2 搭建用户激励体系 / 128

    1. 什么是用户激励体系 / 128

    2. 有哪些激励用户的手段 / 129

    3. 常见的用户激励体系 / 132

    4. 如何搭建用户激励体系 / 135

3.3 培养用户心智 / 137

    1. 用户心智的定义和作用 / 137

    2. 用户心智的特点 / 138

    3. 如何培养用户心智 / 139

4 增加用户贡献：放大用户价值 / 143

4.1 用户流量广告变现 / 145

    1. 什么是广告变现 / 146

    2. 如何进行广告变现 / 147

4.2 用户资源增值变现 / 149

    1. 了解增值变现 / 150

    2. 挖掘增值服务 / 150

    3. 增值服务的设计要点 / 152

    4. 增值服务的运营策略 / 154

    5. 增值服务的主要变现类型 / 154

4.3 产品价值拓展变现：产品生态建设 / 157

    1. 理解互联网生态 / 158
    2. 打通生态链，建设产业生态 / 159
    3. 连接生态圈，建设服务生态 / 161

5 用户精细化运营：巧用用户模型 / 163

 5.1 用户生命周期模型 / 166
   1. 模型定义 / 166
   2. 模型构建 / 168
   3. 模型运营 / 171

 5.2 用户增长漏斗模型 / 177
   1. 模型定义 / 177
   2. 关注指标 / 178
   3. 模型运营 / 183

 5.3 用户价值模型 / 189
   1. 模型定义 / 189
   2. 模型构建 / 190
   3. 模型运营 / 193

 5.4 用户模型汇总 / 195
  5.4.1 用户模型的主要类型 / 195
    1. 用户转化漏斗模型 / 195
    2. 用户金字塔模型 / 196
    3. 帕累托分层模型 / 197
    4. 用户上瘾模型 / 197
    5. 增长循环模型 / 197
    6. 增长八卦模型 / 199
    7. AISAS 模型 / 199
  5.4.2 主要互联网企业的用户运营模型 / 200
    1. 阿里的三大运营模型：AIPL、FAST、GROW 模型 / 200
    2. 京东的三大运营模型：4A、用户生命周期、GOAL 模型 / 203
    3. 腾讯的三大运营模型：CIT、5R、水轮模型 / 205
    4. 字节跳动的主要运营模型：O-5A-GROW / 205

 5.5 用户分层运营的通用方法 / 207

6 特殊用户运营 / 211

 6.1 B 端用户运营 / 213

1. B端用户特点 / 214
　　　2. B端业务特点 / 217
　　　3. B端用户运营 / 218
6.2 私域场景用户运营 / 223
　　　1. 私域的相关概念 / 223
　　　2. 私域运营的特点 / 225
　　　3. 私域用户运营方法 / 228
　　　4. 几种私域场景下的用户运营 / 232
　　　5. 重点补充：社群运营究竟是什么 / 236

7 提升用户服务水平 / 243

7.1 提升用户体验 / 245
　　　1. 什么是用户体验 / 245
　　　2. 如何度量和提升用户体验 / 245
　　　3. 用户体验度量的应用场景 / 247
7.2 做好服务保障 / 249
　　　1. 客服中心对企业的价值 / 250
　　　2. 如何搭建完善的客服体系 / 250
　　　3. 客服工作的技巧 / 253
　　　4. 简单说说智能客服和ChatGPT / 254

8 管好用户资产和提升用户运营底层能力 / 257

8.1 用户及用户信息管理 / 259
　　　1. 用户信息 / 260
　　　2. 用户管理 / 261
8.2 用户画像标签体系建设 / 263
　　　1. 用户画像标签的定义 / 263
　　　2. 用户画像标签的作用 / 263
　　　3. 用户画像标签的分类 / 264
　　　4. 用户画像标签体系的建立和运营 / 265
8.3 用户个人中心建设 / 266
　　　1. 什么是用户个人中心 / 266
　　　2. 如何建设用户个人中心 / 267
8.4 用户数据资产管理 / 269
　　　1. 什么是用户数据资产管理 / 270

2. 用户数据资产管理的方法步骤 / 271
　　3. 用户数据资产的应用 / 272

9 建设用户运营组织 / 275

　　1. 明确用户运营组织的职能 / 277
　　2. 确定用户运营组织的架构 / 277
　　3. 用户运营人员需要具备的业务能力 / 279
　　4. 用户运营人员需要具备的思维方式 / 279
　　5. 招聘和培养用户运营人才 / 280
　　6. 建立以人为本的组织文化 / 282

总结 / 283

0 理解用户运营

▶ ▶▶

用户运营全解：数字化时代如何经营用户

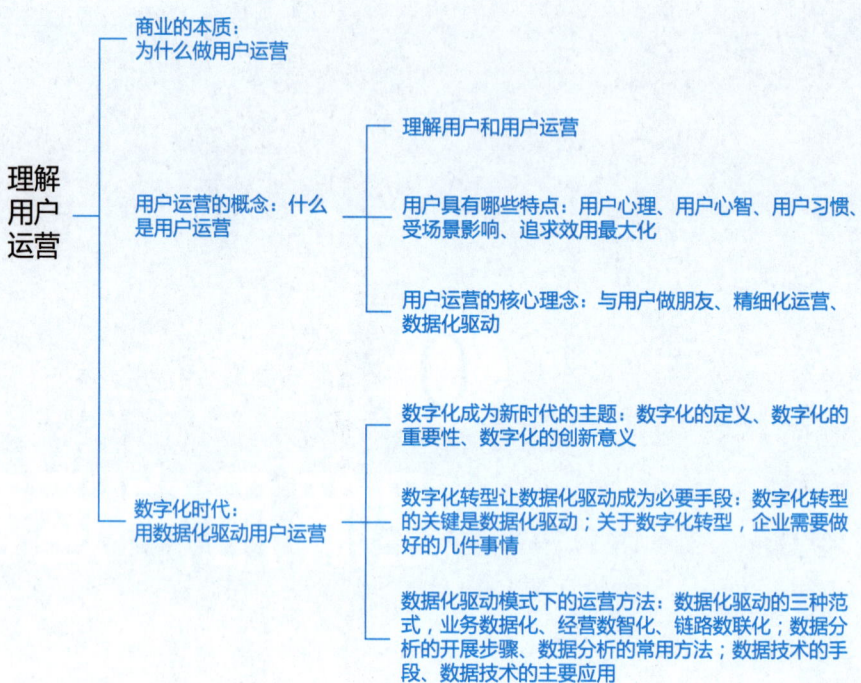

从商业的视角看待用户运营，首先需要清楚为什么做用户运营、什么是用户运营，以及用户运营的核心理念。只有理解了用户运营，了解了用户运营的商业价值、业务逻辑和方法，才能更好地做用户运营。

0.1　商业的本质：为什么做用户运营

"天下熙熙，皆为利来；天下攘攘，皆为利往。"商业的本质是什么？这是千百年来一直在讨论的问题。商业的表现形式有很多种，商业的概念也有很多种，但商业的本质从未改变。本质是一个哲学话题，在柏拉图主义中其被定义为一种物质或者形式，它是永恒的、不可变的，本质即事物存在的底层依据。那么商业存在的依据又是什么呢？从最早的物物交换开始，到现在纷繁复杂的商业模式，我们不难看出，商业的基础是交易，是价值交换。"交换"的需求驱使人们发现商机，慢慢演变成商业。商业的基本逻辑用马克思的《资本论》里的公式来表示，就是 G（货币=本金）—W（商品）—G（货币=本金+差值）。其中，从货币到商品表示商品的生产，也就是买；从商品再到货币表示商品的出售，也就是卖，在这一买一卖之间就形成了商业。商业需要创造价值、提供价值，从而获得回报价值。为用户创造的价值越大，自己得到的价值也会越大。

商业的本质是创造与交换价值的过程，商业的根本是用户，商业的前提是用户价值。价值是人的需求，价值受用户的主观效用影响，用户感知到什么它就是什么，一个人需要一个物品或者一项服务，那么这个物品或者这项服务对他来说就是有价值的。比如羽绒服，对于一个处在寒冬中的人来说，是很有价值的，可以抵御严寒，但是对于生活在热带地区的人来说，不需要羽绒服，羽绒服就没有价值。用户价值依赖于用户的需求、偏好、情境、经验、心理等，我们要结合实际情况，从用户出发寻找商机，针对用户的需求提供解决方案，创造价值。

商业的关键在于供与求的博弈。在博弈的过程中，供给方想主导定价权，会利用各种手段来提高需求方的期望支付价格，比如打造品牌效应、升级产品包装、挖掘需求场景等，如果实际上对于用户来说，产品价值没有那么大，用户不愿意按这个价格支付，就会导致供给方虽然付出了更多的成本，却没有得到相应的回报价值。创造的价值只有被交换了，才能得以体现，创造的价值是多少，用户说了算，只有用户能够感知的价值才是用户价值。所以，如何以低成本创造大价值，是一个值得深入探讨的话题。

0.2 用户运营的概念：什么是用户运营

1. 理解用户和用户运营

研究用户运营，首先需要清楚用户是谁？从广义上说，用户一般是某一种产品、服务或技术的使用者，商业里的用户指产品或服务的购买者；在互联网领域，通常指网络服务的使用者，拥有一个用户账号，并以用户 ID 被识别。

从产品找用户，是做营销；以用户定产品，就是做用户运营。随着科技进步和互联网渗透，社会产能过剩，产品五花八门，买方市场凸显，用户需求多元化、个性化，导致从产品找用户变得日益艰难，我们需要灵活的思维和经营方式，需要更多地从用户角度出发来确定和提供所需产品，根据用户的需求提供精准的产品服务，如图 0-1 所示。企业生存和发展的根本是用户，用户的规模和增速可以决定一家企业的生死存亡。所以，各行各业，不管做什么业务，都绕不开对用户的运营。

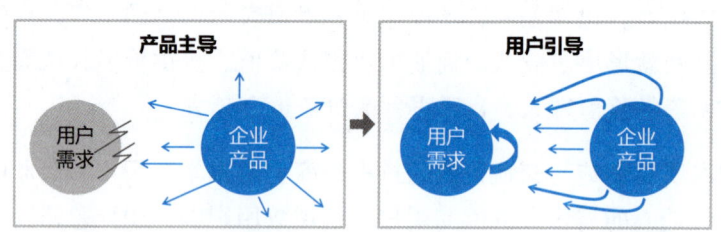

图 0-1 以用户需求为核心

用户运营是以用户为核心的运营，遵循用户的需求来设置运营规则，围绕用户实施一系列干预动作，严格控制实施过程和结果，以达到预期目的。开展运营工作需要聚焦于解决用户问题，通过数据持续洞察用户需求，不断发现商机，为不同用户群体提供相应的产品和需求解决方案，从而形成一个从前端业务到数据，再从数据反哺前端业务运营的闭环。随着产品不断地发展，我们会发现运营工作也变得复杂起来，而所有运营工作的目的都是更好地服务用户，其立足点就是基于对用户的足够了解，围绕用户提升运营能力。

"用户运营"一词是由互联网人叫响的，在用户运营火遍全网之后，用户画像、用户增长、增长黑客、会员经济、用户模型等字眼越来越多地走进人们的视野。只不过，此前用户运营更多的是互联网企业的专利，很多传统企业想要跟风却力所不及，因为让上亿用户来到线上是一个海量工程，更何况中间还隔着渠道链，涉及各种利益的分割，而这条企业与用户间几乎不可逾越的鸿沟，在如今的数字化面前，变得可以轻易跨越。比如，利用数据技术，让营销链路上的关键成员成为连接用户的触点，通过经销商、终端、导购在线下推广用户扫码优惠活动，用户扫码后即成为线上用户，并录入自己的基本信息，接着通过大数据算法给用户动态画像并打上行为标签，然后推测用户需求，提供针对性的产品服务和运营策略，在线上触达用户、向用户展示产品的同时，提供线下终端，以便现场就能服务用户，实现全渠道促成用户交易。企业直接连接用户，让用户参与进来，成为渠道链的新终点。这在十年前是难以想象的，如今，在企业数字化转型的落地实践方面，很多企业已经取得了很不错的效果。用户需求、用户精细化运营、以用户为中心被认为是数字化的重要特征，用户运营成为新时代的关键词。

很多人对与用户有关的几个相似概念还不清楚，概念是事物本质的反映，是一类事物特有的本质属性的信息表征，如果对要学习的概念感到模糊，那么在理解和实际运用概念的过程中也容易翻跟头。我们要厘清的概念有四个：用户、顾客、消费者、客户，具体说明如下。

- **用户**，一般指使用者，是某一种产品、服务或技术的使用者。对于企业来说，用户仅使用产品，未必会参与产品的消费或者流通过程。广义上的用户及未严格界定的用户，是包括各种服务对象和有往来关系的所有群体的统称。

- **顾客**，对于企业来说，与顾客的关系比用户更进了一步，顾客参与了商品的交易过程，比如商店或服务行业称购买商品或要求服务的人为顾客。也存在一些更严格的定义，比如国际标准化组织 ISO 给顾客下的定义是，接受商品的组织或个人，只有付费的、达成了实际交易的才算顾客，而现实中出于人性化的考虑，对于有意向、有机会付费的潜在用户，也会被称为顾客。

- **消费者**，指最终消费、使用商品或接受服务的人，消费者未必会参与商品的交易过程，消费的主要目的是满足用户个人或家庭的需求，而不是满足企业生产和经营的需求。

- **客户**，多指企业类型客户，可以是用户，也可以是合作者，客户会参与产品的流通过程。另外，工商企业或经纪人等习惯称往来的主顾为客户。

2. 用户具有哪些特点

知道了用户是谁，做用户运营时还需要了解用户的情况，弄清楚用户具有哪些特点，然后才能基于用户特点做相应的运营工作。

1）用户心理

用户心理指会影响用户行为的心理活动和逻辑思维，虽然每位用户的心理活动都很复杂，但是大众用户的心理活动是有规律和共性的。用户心理是需要琢磨的，清楚用户心理才能清楚用户需求，明白了用户的心就知道该在哪里发力，自然而然地实现用户转化。用户心理主要有以下几种。

（1）互惠心理。

互惠指多方都能从共同参与的某件事情中获得相应的好处，如果仅仅一方获得好处而其他方没有，那么在平等的条件下，获得好处的一方会产生一定程度的负罪感。可以利用这种用户心理，先给用户一定的好处，然后等用户做出回报。需要注意的是，在给予用户好处的时候，一定要注意适度和实用，避免造成负面影响；交流过于频繁或者送一些对用户来说不需要的"福利"，都很容易让用户反感。

【案例】

海底捞的免费服务

海底捞是一家连锁火锅店，以优质的免费服务而出名，它就利用了用户的互惠心理。海底捞在店门口提供小零食和茶水，赠送美甲服务，在用餐时为顾客提供围兜、扎头绳、手机套等物品，主动帮顾客添加茶水、更换碗碟、清理垃圾，遇到顾客生日时还会赠送礼物、唱祝福歌等，门店提供的服务可以说是无微不至的，顾客临走时门店还会再送一些小礼品，这都是海底捞给顾客的好处。拿到好处后，大部分顾客会产生不好意思的心理，这份不好意思最终会转化成顾客对海底捞品牌的好感，成为顾客下次再来海底捞消费的动力，海底捞用免费服务收获了用户的感谢和口碑。

（2）模仿心理。

人们总是比较信任可信赖的人，无形之中就会跟风模仿。针对模仿心理，常见的运营方式有：熟人推荐，出于对熟人的信任，人们总是很容易被熟人"安利"，可以做老带新活动，让老用户在他们的朋友圈里传播，以获得新用户；意见领袖推荐，意见领袖有偶像明星、UP主等，一般很具有号召力，借助他们的力量，用户很容易受到感染，成为新用户。

（3）从众心理。

大家都说好的东西一定是不错的，这种信赖感往往是在不知不觉间建立起来的，利用从众心理对用户进行引导，是最常用也最见效的一种手段，比如用户评价、热卖推荐等。

（4）"薅羊毛"心理。

大部分用户都有占便宜的心理，在看到促销、优惠、降价、限量等字眼时，总是会被吸引，用户的"薅羊毛"心理让各种形式的活动有了发挥的空间。

（5）损失厌恶心理。

当面对同量收益和损失时，人们通常会认为损失更难以接受。据相关研究表明，同样数量的损失和收益，损失带来的负效用是收益带来的正效用的 2 倍以上，损失产生的影响会大很多。所以，很多人宁愿选择无风险地获得 2000 元，而不会选择有 80%机会赢得 3000 元（20%机会什么都得不到）。这也能解释为什么有些时候用户实际付出了同等费用，但用优惠券营销比产品直接降价促销的效果好，因为优惠券是用户的，如果不用，用户会感到吃亏，所以就会用优惠券购买商品。对用户来说，这样做是在减少损失，但如果是产品直接降价促销，用户购买商品只是在往外掏钱，这时用户相对更不愿意购买商品。

（6）炫耀心理。

用户会渴望在别人面前展现自己的某种价值点，渲染自己的良好形象，比如健身后拍照打卡发朋友圈。

（7）攀比心理。

用户一般会有自我认同的心理、有胜负欲，认为别人可以的，自己同样也可以，甚至能做得更好。利用这种攀比心理，常见的运营方式有排行榜、PK 赛等。

2）用户心智

用户心智可以被理解成用户的思想、经验和知识的总和，它影响着人们对事物的认知，每个人因为拥有不同的物质资源、社会关系、教育经历，进而影响每个人的生活方式、消费观念、文化水平等，所以每个人的用户心智也是独一无二的。同一个人即使做同样的事情，在不同时间、场景，结果也会不一样，这是因为用户心智不仅复杂而且多变。

3）用户习惯

用户习惯是用户的一种无意识行为，在多次遇到特定情况时，用户习惯能让用户不假思索地使用产品。用户习惯是可以培养的，让用户多次重复某个动作，时间长了，用户就会熟悉这个动作，然后在特定场景下，就会惯性地继续做出这个动作。用户习惯的培养也是用户运营的一个重要方面。

4）场景影响

用户使用产品时会受到外部环境影响，身处的物理环境就是场景之一，除了物理环境，场景还与社会关系有关。

5）追求效用最大化

效用可以被理解为满足用户需求的价值。用户每做出一个决策，都是在追求效用最大化。用户会对比和权衡多个产品的效用，最终选择对自己效用最大的那个。用户会评估产品的效用是否能够满足自己的需求，以及是否值得付出相应的费用，最终确定是否购买使用产品。

3．用户运营的核心理念

用户运营是一个比较宽泛的概念，围绕用户做运营的方法、办法有很多（本书后续章节将会对此展开介绍），但用户运营的核心理念是相通的，掌握核心理念才可以灵活运用用户运营的具体方法。用户运营的核心理念主要包括以下三点。

（1）与用户做朋友。

用户运营的第一原则永远是，站在用户的视角去发现和理解用户需求，站在高于用户的视角去分析和满足用户需求。只有与用户做朋友，与用户进行沟通交流，才能全面了解用户、维护用户关系，进而有机会更好地长期服务用户并获得价值，实现双赢。

（2）精细化运营。

面对庞大的用户群体，很难通过一种策略服务所有用户，需要结合资源，对用户进行合理的细分，制定差异化的运营策略，进行精细化运营，以满足不同用户的不同需求。用户分类、分层、个性化运营是精细化运营的核心手段。

（3）数据化驱动。

互联网用户是信息化和数字化的，虽然互联网用户及其需求和行为都很复杂，但是对于先进的数字和数据技术来说，这反而是一种资源优势，可以利用数据化驱动的方式进行用户运营，通过分析数据发现问题、解决问题，进而提升运营效率。

0.3 数字化时代：用数据驱动用户运营

在数字化时代，数字经济以数据为核心生产要素，需要通过数据化驱动的方式来进行用户运营。企业首先进行数字化转型，对业务和商业模式进行系统性变革、重塑，提升数据能力，然后通过数据分析、数据技术来制定企业决策、推进业务发展，把数据掺入业务流程里，让数据价值体现出来，从而提升用户运营效率，提高企业经济效益。

1. 数字化成为新时代的主题

1）数字化的定义

数字化，从狭义上讲，指利用信息系统、传感器等信息通信技术，将物理世界中复杂多变的数据、信息、知识转换成一系列二进制代码，然后引入计算机，形成可存储、可识别、可计算的数字或数据，接着建立相关的数据模型，通过数据技术进行处理、分析、应用。在信息化时代，信息技术的基础是计算机和网络技术，而计算机和网络技术的基础则是数字化，数字化被称为"信息的DNA"。数字化引发了计算机和网络技术革命，计算机和网络技术又引发了信息技术革命，而信息技术革命最终推进了全球数字经济进程。

数字化，从广义上讲，是通过互联网、大数据、人工智能等新一代信息技术，对企业或机构等各种组织的战略、模式、运营、管理等进行系统性的变革。数字化强调的是利用数据技术对整个组织进行重塑，数据技术不是单纯地解决降本提效问题，而是成为赋能组织进行模式创新和业务突破的核心力量。

对于企业而言，数字化指在企业的经营管理、产品制造与销售、用户运营等各个方面都采用数据技术，实现数据技术与企业业务相融合，使企业能够采用数字化的方式对生产经营管理中的所有活动进行管理和控制。数字化是现代企业遵循数字经济规律所形成的一种新的运行模式。传统企业在如今的数字经济时代，随着科技的发展、用户消费模式的改变、各种跨界竞争对手的出现，势必要紧跟时代做出转变，进行数字化转型，通过数据技术提升业务能力，否则，就会被新的经济模式所抛弃。

2）数字化的重要性

第一，数字化是计算机的基础。计算机的一切运算和功能都是用数字信息来完成的，没有数字技术，就没有当今的计算机。

第二，数字化是多媒体技术的基础。现实世界及虚拟世界中的各种信息，包括数字、文字、图像、语音、视频等，都可以用 0 和 1 来表示。0 和 1 可以表示多种多媒体的形象，使计算机不仅可以实现计算，还可以发出声音、打电话、发传真、放录像、播电影等。用数字媒体可以代表各种媒体，可以描述千差万别的多样世界。

第三，数字化是软件技术的基础。应用软件、系统软件、工具软件等各种软件及其处理技术，都是基于数字化实现的。比如，如果图像的数据量很大，就可以通过数据技术进行处理，将数据压缩至几十到几百分之一；而图像因受到干扰变模糊时，还可以使用滤波技术使图像变清晰。

第四，数字化是信息社会的技术基础。数据技术引发了一场影响巨大的产品革命，各种家用电器、生产和服务设备等都在向数字化方向转变，比如数字电视、智能音箱、车载设备，数字化已经涉及人们生活的方方面面。

第五，数字化是数字经济的核心。数字经济，是一个内涵比较宽泛的概念，其应用也十分广泛，但凡直接或间接利用信息、数据来引导企业资源发挥作用和推动生产力发展的经济形态，都可以纳入数字经济的范畴，技术应用层面包括大数据、云计算、物联网、区块链、人工智能、5G 通信等新兴技术，通过这些技术可以实现企业资源的快速优化配置与再生，最终实现高质量发展的经济形态。在《中华人民共和国国民经济和社会发展第十四个五年规划和 2035 年远景目标纲要》中，首次提出"促进数字技术与实体经济深度融合赋能传统产业转型升级"，数字经济入选"十四五"时期核心经济指标并单独成篇。全球已进入数字经济时代，数字经济也成为各国发展的新动能，其贡献在 GDP 中的占比越来越大。

3）数字化的创新意义

数字化对于企业的创新意义在于，数字化更强调"以用户为中心"和"软件科技能力"，数字化更多的是对业务和商业模式的系统性变革及重塑。

首先，数字化使业务中心从产品转向用户。从业务中心和运营策略看，传统企业属于制造业经济，中心是"产品"，传统企业的关注点主要是 4P 营销、一次性销售、市场占有率等。而数字化企业属于用户经济，中心是"用户"，数字化企业更关注 4C 用户体验、用户需求、用户的钱包占比（指在用户的消费总额中，能将多少比例的钱花在自己的产品上）。

然后，数字化打通了企业信息孤岛，释放了数据价值。信息化指利用信息系统，将企业的业务过程展现为数据信息，帮助管理业务和提升效率。而数字化则是利用新一代数据技术，通过对业务数据的全面获取、全网协同及智能运用，打通企业信息孤岛，让数据在各个系统间灵活流动，让数据价值得以充分体现。

最后，数字化以数据为主要生产要素。数字化要求企业将所有的业务信息转换为数据，并和外部数据一起，通过对这些数据进行实时计算、分析、应用，来指导企业生产和运营。

另外，数字化变革了企业生产关系，提高了企业生产力。数字化让企业的生产关系从传统部门分工转向网络协同，让驱动要素从传统层级转向数据智能化应用，使生产力得到了指数级提升，使企业能够实时洞察业务发展中的一切，做出最优决策，使企业资源得到合理配置，适应瞬息万变的数字经济，实现经济效益最大化。

2. 数字化转型让数据化驱动成为必要手段

1）数字化转型的关键是数据化驱动

数字化转型指将传统业务变成数字化业务。数字化转型也有狭义和广义之分。狭义的数字化转型，主要是以增长为目标，基于现有的业务模式，以解决局部问题为切入点，利用高效的数据技术，对具体业务、场景推行数字化改造，进行技术创新和运营优化，获得更低成本和更好体验之间的平衡，降低运营成本或为业务提供增量，专注于发挥数据技术对业务的降本提效作用。广义的数字化转型，主要是利用数据技术，对企业等组织的业务模式和运营方式进行系统性的变革，更关注对组织整体的赋能和重塑。场景和语境不同，数字化转型的含义也会不同，对于具体业务，多为狭义的概念；对于企业或组织，随之通常指广义的数字化转型。不管狭义还是广义，数字化转型的关键都是要实现数据化驱动。

数字化转型从表面上看是对现有数据技术的深度开发和应用，包括互联网、大数据、云计算、人工智能等，将数字化的应用贯穿于研发、设计、生产、运营等各个环节。但是从企业数字化转型的实践来看，数字化转型无法套用统一模式，无法全面规划或掌控，是非成败对进行数字化转型的企业而言均是"未知数"，因此数字化转型的本质是企业进行的一项变革。

数字化转型的发展大致经历了三个阶段：数字化转换（Digitization），即信息数字化；数字化升级（Digitalization），即流程数字化；数字化转型（Digital Transformation），即业务数字化。数字化转型建立在数字化转换、数字化升级的基础上，进一步触及企业核心业务，是以新建一种商业模式为目标的高层次转型。数字化转型是顺应新一轮科技革命和产业变革趋势，不断深化新一代数据技术，激发数据要素的创新驱动潜能，提升企业在数据时代的生存和发展能力，加速企业业务优化升级和创新转型。数字化转型是新建一个富有活力的数字化商业模式，是驱动企业商业模式创新的有效途径，是促进企业商业生态系统重构的重要方法。大多数商业模式的发展都需要技术支撑，而每一次技术变革，也催生了新的商业模式。

数字化转型的概念被提出之后，得到了广泛的重视，各行各业的企业纷纷开始踏上探索数字化转型之路。对于企业而言，为了提升自身竞争力，需要以数据技术为基础、以数据化驱动为核心，制定业务模式、产品服务、运营机制等方面的战略举措。

2）关于数字化转型，企业需要做好的几件事情

第一，确定转型的必要性。

开始数字化转型之前，需要考虑几个问题：企业需要进行数字化转型吗？具备转型所需的条件吗？数字化转型能给企业带来哪些好处？转型过程中会遇到哪些困难？数字化转型并非适合所有企业，也并非适合企业经营管理的所有环节，企业需要适当地、有选择地进行数字化转型，以数字化转型的成本和收益为衡量标准，评估是否有必要做，明确方向。

第二，制定转型战略。

在开展数字化转型之前，需要制定转型战略。把数据化驱动的理念、方法、机制融入企业发展的全局，结合企业总体战略提出的目标和业务发展蓝图，系统化地制定数字化转型战略，确定数字化转型的目标、策略、实施办法等。以数字化能力的建设和运用为主线，高效串起企业管理、产品服务、技术手段、业务运营等相关模块，助力企业实现总体发展目标。

第三，推进转型办法。

企业数字化转型的核心目标是建立以用户为核心的组织，围绕这个目标，依从转型战略，制定并推进多方面联动的转型办法，制定并实行数字化管理和数据化驱动的机制。

第四，建设数字化基础。

建立数字化管理系统，建立采集数据的触角、管理数据的平台，建立提升数据质量及价值的制度和流程，找到能深度分析和挖掘数据价值的算法与模型，招募或培养数据分析和数据技术人才，建立重视数据的文化体系。

第五，培养数字化思维。

进行数字化转型还有一件重要的事情，就是需要企业自上而下地进行思维模式的变革，企业员工需要建立数字化思维，升级认知，把握趋势。数字化转型不仅是技术革命，也是思维方式与经营模式的变革。

3. 数据化驱动模式下的运营方法

数据化驱动是数字经济的重要体现，是企业数字化转型的关键所在。数据化驱动指基于数据、数据分析和数据技术来制定企业决策，将数据掺入业务流程，让数据价值体现出来。数据是对客观事物及逻辑进行的归纳，是用于描述客观事物的原始材料，数据分析和数据技术是通过工具或方法对隐藏在数据背后的规律和价值进行提取及处理的过程。在用户运营工作中，需要通过数据化驱动来提升业务水平，打好数据基础，通过数据分析发现问题、迭代决策、提升经营管理水平，重视数据技术，通过数据技术挖掘大数据价值、推进智能化策略、提升运营效率。

1）数据化驱动的三种范式

（1）业务数据化。

核心业务管理与流程线上化、标准化和集成化，业务数据化，促进企业内部协同与管理提效。企业在数字化转型之前或者转型前期的数据基础比较薄弱，如存在业务信息匮乏、流程非标准化、系统孤岛严重、数据规范不一致等问题，这些问题导致业务信息数据不足，企业难以制定有效的管理办法，不利于企业发展。企业需要提高管理效率，推动业务及流程的信息集约、数据呈现与高效协同。

（2）经营数智化。

通过数据分析与数据技术，使经营迭代升级。通过数据驱动业务经营，使企业经营管理做到"工具+数据+人"的充分融合，以工具为基础，以数据分析与数据技术为业务决策依据，提升企业经营效率。

（3）链路数联化。

全产业链上下游数据互联、信息共享、智能决策，加速资源配置优化，提升产业链各个环节之间的协同效率。产业协同效率低下，其根本原因是上下游企业数字化覆盖不足，信息共享程度低，上下游沟通成本较高，因资源分散与信息割裂使产业链各环节之间产生隔阂。通过数据技术实现产业链上下游企业互联互通，加速融合，突破企业边界，打破产业信息壁垒，推动产业升级转型，实现全产业供需资源配置优化和产业生态的高效协同与共同价值创造。在产业数字化升级转型中，SaaS化与智能化是两大长期趋势。

2）数据分析的开展步骤

第一步，明确目的和思路。

在开始做数据分析之前，一定要确定好分析的目的，拥有清晰的数据分析思路，才能进行有效的数据分析。只有明确目的和思路，才能确定方案，这样分析才会更科学、更有说服力。知道先分析什么，后分析什么，以及各分析点之间的逻辑联系，才能最终形成系统的分析框架。

第二步，收集数据。

有多种方式可以收集内部数据，可以从企业的数据后台或推送邮件的数据报表中摘取，也可以从企业的数据库表中提取，还可以利用第三方统计工具获取，常见的网站数据分析工具有 Google Analytics、Alexa、百度统计等。对于新媒体相关行业的数据挖掘，新媒体平台一般自带数据后台，可对粉丝等进行数据分析。在收集内部数据时，需要注意原始数据的日志埋点，所谓埋点就是通过应用的特定流程收集一些信息，用来跟踪应用的使用状况。我们打开一个 App 之后的每次点击动作基本上都设有埋点，甚至上下滑动操作也会被记录下来。

常见的外部数据获取来源有行业官网（如淘宝平台上的商品销量、排行榜单等）、第三方数据公司（如艾瑞咨询、企鹅智库、易观等）、国家数据中心（如中国统计年鉴）、公开出版物、公开的调研统计数据等。

第三步，数据处理。

数据处理指对数据进行加工整理，形成适合分析或应用的样式，是运用数据之前的必经环节。大部分采集获得的数据都属于原始数据，这些数据不全有用或者不能直接使用。数据处理的目的是从大量而杂乱无序的数据信息中提取有价值的关键数据。数据处理包括数据清洗（如缺失值处理、异常值处理、重复数据合并等）、数据转换（如一致性处理等）、数据计算（如组合相关数据等）等方法。

第四步，数据分析。

在处理完数据之后，就要对数据进行分析了。使用适当的方法和工具，对处理过的数据进行统计分析，提取有价值的信息，并形成有效的结论，这个过程就是数据分析。数据挖掘其实是一种高级数据分析方法，根据用户需求，从大量数据中挖掘有用的信息。数据有多种表现形式，通过不同的表现形式能更直观地分析数据，每种表现形式又有各自的优缺点，实际运用时可根据具体需求进行选择。常用的数据表现形式有：折线图，适合分析数据随时间连续变化的趋势；饼图，适合分析数据的占比大小与数据总和之间的关系；条形图，适合对各项数据进行对比，可以直观反映各项数据之间的差异；面积图，适合分析数据量随时间变化的情况及总值；XY 散点图，适合表现若干数据点之间的关系。

第五步，数据可视化。

数据可视化，就是通过不同的图表可视化展现数据结果。可视化是数据分析结果呈现的重要步骤，以图表方式呈现数据分析的结果，这样结果会更清晰、直观，更容易被理解。入门级别的常见数据可视化工具有 Excel、Tableau、Power BI 等。Excel 是最基础的数据可视化工具，要熟练使用 Excel 制作各种图表。Tableau 是一款可以快速分析、可视化和分享数据信息的工具，Tableau 将数据运算与美观的图表完美地连接在一起，将大量数据拖放到数字画布上，转眼间就能创建好各种图表，是数据分析师的常用工具之一。Power BI 是一款很酷炫的商业数据分析和共享工具，可以轻松处理大量数据，并以最直观交互的图表方式呈现丰富的视觉效果，从数据快速处理到数据快速建模，以及最后的数据可视化呈现，它可以连接数百个数据源、简化数据准备工作，并提供即时的数据分析能力。

数据分析报告是对数据分析的总结与呈现。通过报告，可以把数据分析的背景、过程、结果及建议完整地呈现出来，为业务决策提供支持。数据分析报告的撰写建议是，结构清晰，主次分明，核心结论先行，有逻辑有依据，结合实际业务，提出合理建议，分析需要基于可靠的数据源，尽量图表化，提高可读性。除了呈现数据分析结论，数据分析报告还可以呈现观点、建议、措施等。数据分析报告的总结部分，不需要长篇大论，因为阅读报告的往往是管理者、团队成员等，时间都非常有限，应做到言简意赅、重点突出，书写结构可参考 STAR 法则，按照数据分析的背景、目的、行动、结果四个方面进行叙述。

3）数据分析的常用方法

（1）直接评判法。

直接评判法指根据经验直接对具有分析性的数据下结论，从而评判其中的好与坏。要想用直接评判法来进行数据分析，有两个硬性要求：第一是具备丰富的运营经验，第二是经过加工处理后的数据足够直观，可以显著地体现某个数据的优劣。

（2）对比分析法。

对比分析法是用两组或两组以上的数据进行比较分析，体现了一种挖掘数据规律的思维，能够和任何技巧相结合。对比分析法主要分为以下四种：第一种是横向对比，同一层级不同对象之间进行比较，如比较全国不同省份的用户量情况；第二种是纵向对比，同一对象不同层级之间进行比较，如比较河北省2022年各月的用户量情况；第三种是目标对比，常用于目标管理，如比较目标完成率；第四种是时间对比，包括同比、环比、时间进度对比等，很多地方都会用到时间对比。

（3）分组分析法。

分组分析法是通过一定的指标将分析对象进行分组并分析，这种分析方法的目的是更深入地了解分析对象的不同特征、性质及相互关系。分组需要遵循互斥原则和穷尽原则，分组之间不能有交叉，每个数据只能归于一组，数据不能有遗漏，所有分组组合起来要容纳所有数据，确保数据分组的独立性和完整性。

分组分析法有一种特殊情况，即聚类分析法，属于探索性数据分析方法。从定义上讲，聚类是针对大量数据或样本，根据数据本身的特性来研究分类的方法，遵循这个分类方法对数据进行合理的分类，最终将相似数据分为一组。在用户研究中，很多问题都可以借助聚类分析法来解决，比如对价格敏感性人群的界定。

分组分析法还有一种特殊情况，即象限分析法，通过对两种及两种以上维度的划分，运用坐标的方式，基于维度上的数值表现，人工对数据进行分组，从而传递数据价值，并将其转变为策略。象限分析法体现了一种由策略驱动的思维，常应用在产品分析、市场分析、用户管理等场景，RFM模型、波士顿矩阵等都属于象限分析法思维。象限分析法的优势在于，方便找到问题的共性原因，方便建立分组优化策略。

（4）漏斗分析法。

漏斗分析法本质上体现了一种流程思路，在确定好关键节点后，计算节点之间的转化率。这个思路同样适用于很多地方，比如电商中的用户购买链路分析、App流量转化分析等。

（5）路径分析法。

使用路径分析法可以追踪用户从某个事件开始到结束的行为路径，对用户流向进行监测。路径分析法用于衡量网站页面转化效果和营销活动转化效果，可以了解用户行为轨迹和偏好，然后针对用户行为过程中的问题进行优化解决，最终目的是实现用户行为目标，引导用户更多地选择最优路径，促进用户高效转化，最终实现用户行为目标。

（6）降维分析法。

降维分析法是用于深入探索数据的一种常用分析方法，降维中的"维"是数据维度，一般指变量数，在分析复杂的高维数据时，降维分析法可以有效地提取关键信息，将数据维度降低到易于分析和解释的程度。通过这种降维方式，可以剔除冗余的信息，把重点聚焦于关键变量，便于数据分析和后续业务的开展。比如，我们在分析用户客单价变化情况时，先进行维度拆解，查看客单价的构成维度有哪些，发现用户通过一次订单可购买多种商品，针对每种商品又可同时购买多件，那么用户的客单价就可以被拆解为：

客单价=购买商品种类数 × 单品购买件数 × 每件商品单价

对于某些行业或品类来说，很多时候商品单价、单品购买件数是比较稳定的，那么研究用户客单价变化就可以被降维到研究购买商品种类数变化，聚焦于购买商品种类数的维度。

（7）关联分析法。

关联分析法，也叫作"购物篮分析法"，是一种通过研究用户行为数据，将不同商品进行关联，并挖掘商品之间联系的分析方法。关联分析法的目的是找到事物间的关联性，来指导业务决策。比如，在超市里售卖啤酒和尿布的经典案例，通过数据分析发现，"67%的顾客在购买啤酒的同时也会购买尿布"，然后进行合理的啤酒和尿布的货架摆放或捆绑销售，来提高服务质量和转化效益。关联分析法在电商分析和零售分析中的应用相当广泛。

（8）ABtest分析法。

ABtest分析法的本质是两个总体的假设检验问题。通过用户分流，让两组特征相同的用户同时测试不同的方案，收集用户真实结果数据，检验两个方案的效果，通过对比分析查看两组用户是否具有显著差异，并找到最优方案。

4）数据技术的手段

数据技术，即大数据技术，就是从大数据中快速获取有价值信息的技术。大数据是体量大、种类多、增速快、整体价值大但价值密度低的数据集合，一般无法用传统数据处理手段进行处理，而大数据技术能非常快速且有效地采集、存储、计算、统计、分析和应用大数据，从大数据中提取价值。大数据技术是新一代的技术。

大数据时代的到来，必然带来数据技术的重大机遇。数据技术要求我们改变小数据条件下一味地进行精确计算的固有思路，更好地面对混杂，把握宏观态势，从传统数据分析的逻辑因果关系延展到大数据研究的数据相关关系，数据技术使处理海量非结构化数据成为可能，所有数据都变得有意义，把一切事物都数据化，最终实现管理数据的便捷、高效。

数据技术涉及数据管理的方方面面，使用的工具或手段比较多，介绍如下。

（1）收集数据时，从数据源采集数据并将其存储到数据存储中，手段主要有Flume NG、ZooKeeper、Storm集群结构等。

（2）存储数据时，用数据库存储采集的数据，数据库主要有Hadoop、HBase、MySQL、Oracle、SQL Server等。

（3）清洗数据时，对数据进行训练和清洗，解决数据的各种问题，包括但不限于数据的完整性、一致性、唯一性、准确性、实效性，最后得到标准的、干净的、连续的数据，以保障数据质量。清洗数据的工具主要有SMARTBI、Python、PyCharm、DataWrangler、Google Refine。

（4）分析数据时，将庞大复杂的数据整合成所需的信息，提取隐藏于其中的价值，进行数据统计、分析处理、情报检索、信息挖掘等，分析程序主要有Hive、Impala、Spark、Presto、Elasticsearch等，分析方法主要如下。

- 分类分析法：将数据点分类，比如决策树、贝叶斯分类器、支持向量机（SVM）、K-近邻算法、逻辑回归、神经网络等。

- 回归分析法：想知道不同数据点之间的关系，就要通过数据预测值进行回归统计，试图找到变量之间的回归关系，比如线性回归、套索回归、多元回归等。

- 聚类分析法：将数据点划分为可识别的组，识别它们的集群，聚类的数据点在某方面具有共同的特征，从而在分析中产生有用的信息，比如K-均值聚类、均值漂移聚类、DBSCAN、高斯混合模型、分层聚类等。

- 关联分析法：这是一种相关但独立的技术，其背后的主要思想是找到描述不同数据点之间公共的关联规则，测量数据点之间的关联程度。

（5）数据算法，指经过明确定义的可计算过程，是为解决特定问题而规定的一系列指令和操作，以一个数据集合为输入，产生一个数据集合作为输出。数据算法特别多，主要有搜索算法、二分查找算法、字符串匹配算法、排序算法、分治算法、埃氏筛法、动态规划算法、图遍历算法、散列算法等。

（6）模型预测，通过建立科学的数据模型，得到数据关系，预测将来会发生的事情，提前制定应对策略。

（7）数据可视化，借助图表，清楚并高效地呈现数据信息，让数据发挥出最佳作用，主流平台有BI Tableau、QlikView、PowerBI、SmallBI、网易有数等。

5）数据技术的主要应用

（1）电商领域。

电商领域是数据技术应用最早和最广泛的领域之一，由于数据较为集中、量足够大、种类较多，电商数据的应用拥有广阔的舞台。数据分析、个性化推荐、精准营销等，大家已经屡见不鲜，通过数据分析指导业务决策，通过数据技术提升经营效率。

（2）交通领域。

交通是人们日常生活中的重要事件，其对于数据技术的感知和需求是急迫的。预测交通拥堵状况、规划最优导航路线、智能红绿灯等，都是交通领域数据技术应用的典型场景。在汽车行业中，利用大数据、物联网、自动驾驶技术，可以提供更智能和人性化的用车服务。对于飞机、火车、公交车行业，依靠大数据，可以合理安排运力，实现降本提效。

（3）医疗领域。

医疗领域的数据技术应用主要体现在智慧医疗、健康管理、疾病预防、病源追踪等方面，通过数据技术，可以辅助医生进行临床决策，规范诊疗路径，提高医疗效率。比如，通过建立病例数据库，记录病历档案、病理报告、治疗方案、治疗效果等，医生就可以参考相似病例为患者制定治疗方案，同时这些数据也有利于医药开发和医疗器械生产。

【案例】

数据技术在新冠疫情管控期间的应用

中国2020—2022年在新冠疫情管控方面，应用了很多数据技术，比如对人们行程数据的采集和处理、数据信息联通、病例统计分析、二维码技术等，对管控疫情起到了重要作用。具体管控办法有：患者感染新冠病毒后，将患者去过的地方定为风险点，与患者或风险点有时空接触的是密接人员，通过移动设备定位和二维码登记追踪相关人员的行程，通过行程判断行程卡状态（比如确定相关人员是否是密接人员），通过核酸检测记录辅助判断健康码状态（比如确定是否出现核酸检测异常），根据群众分布和需求分析控制核酸点位，根据病患数量、症状表现、传播范围、疫情影响等分析结果制定管控办法，对不同状态人员进行差异化管控，并调整阶段性管控策略。

（4）教育领域。

随着科技的发展，数据技术在教育领域的应用越来越广泛，如教学、考试、课堂、师生互动、家校关系等方面。例如，在线课程应用了大量的数据工具。又如，在未来，理想的学习终端将融合更多的学习资源，根据每个学生的不同能力水平和兴趣爱好等特点，个性化地推送匹配的课程、学习计划，甚至规划未来的职业发展方向。

（5）金融领域。

金融领域也是数据技术应用的重要领域之一，通过数据技术可以进行信用评估、风险管控、用户精细化运营等。比如，对于理财场景，根据用户的年龄、资产规模、理财偏好，对用户群进行精准定位，分析金融需求，设计并推荐金融产品。

（6）政府领域。

智慧城市已在多地尝试运营，通过数据技术，政府部门可以感知社会的发展变化和需求，从而更加科学、精准、合理地为市民提供相应的公共服务和资源配置。在城市管理方面，利用数据技术可以实现智能交通、环保监测、城市规划和智能安防等。在政府调控和财政支出方面，利用数据技术可以了解经济发展、产业发展、市民消费情况等，从而依据数据分析，科学地制定宏观政策，有效利用自然资源和社会资源，提高社会生产效率。

（7）安防领域。

在安防领域，数据技术的应用也比较多，比如，对视频图像的信息识别、快速检索、精准定位等，而且能够挖掘海量视频监控数据背后的价值，从而支持决策判断。利用数据技术，政府可以构建强大的国家安全保障体系，企业可以有效抵御网络攻击、识别用户信息，警察可以更好地预防犯罪、处理犯罪事件、进行天网监控，等等。

1 做好用户研究

▶▶▶

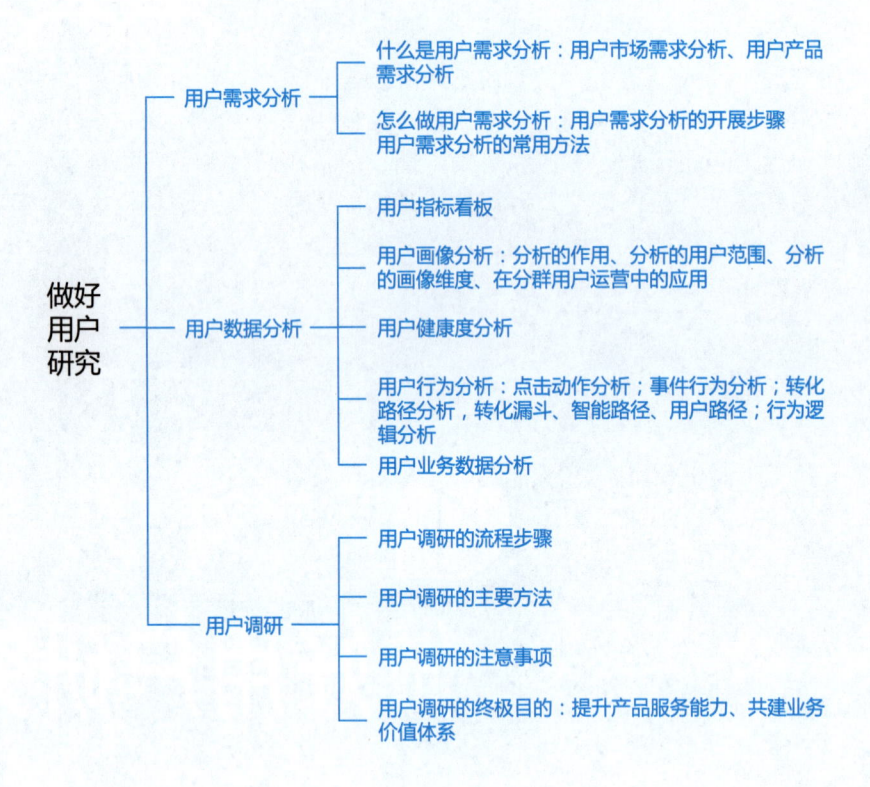

```
                                          ┌─ 什么是用户需求分析：用户市场需求分析、用户产品
                        ┌─ 用户需求分析 ──┤   需求分析
                        │                 └─ 怎么做用户需求分析：用户需求分析的开展步骤
                        │                    用户需求分析的常用方法
                        │
                        │                 ┌─ 用户指标看板
                        │                 │
                        │                 ├─ 用户画像分析：分析的作用、分析的用户范围、分析
                        │                 │  的画像维度、在分群用户运营中的应用
  做好                  │                 │
  用户 ─────────────────┼─ 用户数据分析 ──┼─ 用户健康度分析
  研究                  │                 │
                        │                 ├─ 用户行为分析：点击动作分析；事件行为分析；转化
                        │                 │  路径分析，转化漏斗、智能路径、用户路径；行为逻
                        │                 │  辑分析
                        │                 │
                        │                 └─ 用户业务数据分析
                        │
                        │                 ┌─ 用户调研的流程步骤
                        │                 │
                        │                 ├─ 用户调研的主要方法
                        └─ 用户调研 ──────┤
                                          ├─ 用户调研的注意事项
                                          │
                                          └─ 用户调研的终极目的：提升产品服务能力、共建业务
                                             价值体系
```

用户研究是所有企业必须做的事情，是用户运营的第一步，只有做好用户研究，才能理解用户，了解用户的特点、行为、问题和需求，将用户的目标与企业的商业宗旨相匹配，帮助企业定位目标用户群体，定义和落实产品服务，提升用户运营效率。随着商业的不断发展，用户研究的边界也在不断扩大，不只研究用户的需求、行为、健康度等，还包括用户群体的情况。

　　用户研究是一个长期过程，企业需要根据市场环境变化和产品的业务发展情况来定期开展。比如，从产品发展的不同阶段来看，在产品设计前期，用户研究可以帮助调研用户需求，明确用户群体和产品使用场景，了解用户真正想要的服务，构思和规划产品定位；在产品研发中期，分析用户体验，可以帮助评估产品是否满足用户需求，是否需要及时调整产品功能；在产品上线之后，研究用户市场反馈和用户的使用行为，帮助制定用户拉新方案、精细化运营策略，以及不断优化、迭代产品服务，确定业务发展规划。

　　用户研究的方式有两种：定量研究和定性研究。定量研究，也叫量化研究，通过使用数学工具，对相关数据进行采集，通过数据的量化分析和统计计算，确定其中的关系。定量研究的方法主要有抽样调查、问卷调研、实验、各种数据统计分析方法等。定性研究，是与定量研究相对的概念，也叫质化研究，定性研究是一个解释现象、发现问题和挖掘真实原因的过程，对内在逻辑展开研究，能更好地理解所研究的问题，主要用于收集深层次的信息，回答"为什么"。定性研究的方法有访谈法、观察法、角色扮演法、思维导图法、SWOT 分析法等。具体应该采用哪种研究方式，主要取决于所处的情境和需要解决的问题。在实际研究中，需要结合两种研究方式的优缺点，使其相互补充和借鉴，实现最终的研究目的。

1.1　用户需求分析

　　一个产品所面对的，不是一个用户，而是一群用户，其背后是众多需求的集合，每个用户都千差万别，用户心智、场景、意图都不一样，用户需求也各不相同，所以，需要对用户需求进行分析，找到关键且有价值的需求，提供相应的产品服务，实现低成本高回报。

　　从企业内外部的维度来看，用户需求主要分两个方面：一个是在企业外部市场中，用户对整个行业的服务需求。洞察外部市场用户需求，可以掌握所有用户需求的现状和趋势，了解市场环境和竞争情况，从外部寻找更多业务机会，扩展产品业务边界，服务更多用户；一个是企业内部现有用户对企业产品的服务需求。洞察内部用户产品需求，可以知道用户对产品的使用反馈和服务诉求，进而优化产品功能，提高产品服务能力，提升用户体验和用户忠诚度。

1. 什么是用户需求分析

人在一定的场景下遇到了某个问题，而这个问题是可以被解决的，这种需要就是需求。用户需求分析就是对用户需求进行收集和研究，洞察哪些用户在哪些场景下产生了哪些需求，分析需求的本质，评估满足需求的成本和可能带来的价值。

用户需求分析具有几点意义：第一，发现有价值的需求，通过对需求进行收集和分析，可以有效筛选出有价值的需求；第二，提升用户体验，产品最终要服务用户，满足用户的某种需求，只有通过需求分析找准用户的真实需求，才能真正做出用户需要的产品，提升服务质量和用户体验；第三，创造更大的产品价值，通过需求分析，做到透过现象看本质，从中挖掘产品自身的发展路径和业务的长远目标及规划，从而帮助企业创造更大的产品价值。

1）用户市场需求分析

用户市场需求分析，是对市场的规模、容量、特点、竞品和替代品情况等进行的分析，一般分析以下三方面。

（1）潜在市场。

潜在市场指理想状态下市场需求的最大数量，潜在市场需求包括目前市场需求和未开发市场需求。根据产品的服务定位，确定能满足哪些用户在哪些场景下的哪些需求，结合宏观经济和市场情况，分析产品所属行业内可能存在的所有市场机会。潜在市场决定了市场总容量，如果市场容量很小，而企业比较多，那么企业间的竞争一般会比较激烈，可获得的利润不会太多。

（2）目前市场。

目前市场指在当前真实环境下实际市场需求的数量，也就是该行业或者该类产品的市场总购买量，即所有企业满足用户需求的数量总和。根据产品的市场定位，通过相关的数据网站、行业资讯网站、国家数据报告等，找到符合自己产品市场的数据信息，然后进行洞察分析，包括分析现状和未来发展趋势。

（3）企业市场占有情况。

企业市场占有情况指本企业所服务的用户及产品在目前市场中的占比情况，一般统计如下三个指标。

- **市场份额** = 用户购买量/该类产品市场总购买量，也叫市场占有率。

- **用户覆盖率**=用户量/该类产品市场总用户量。
- **用户渗透率**=用户购买量/用户该类产品市场总购买量。

当户均该类产品购买量一样时：

$$市场份额 = 用户覆盖率 \times 用户渗透率$$

用户市场需求分析的整体逻辑如图 1-1 所示。

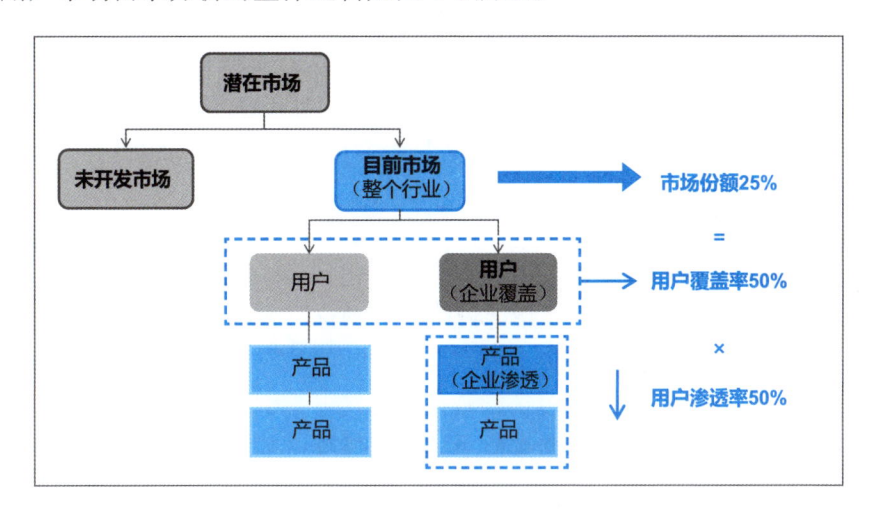

图 1-1 用户市场需求分析

企业的市场空间包括两个方面：一是市场潜力空间，体现了目前市场需求与潜在市场需求之间的差距；二是市场竞争空间，体现了企业满足的用户需求与目前市场需求之间的差距。市场潜力空间越大，未被满足的潜在市场需求越多，就可以探索开发市场。市场竞争空间越大，说明未被本企业满足的市场需求越多，企业就需要提升产品竞争力，扩大市场份额。可以对同行竞品或者跨行替代品进行分析，收集对方产品方案、市场情况、用户情况、运营策略、数据情况等信息，然后进行优势和劣势的对比分析，发现问题和机会，扬长避短，提升自己企业的竞争力。用户覆盖率低，意味着用户覆盖广度不够，用户量占比较低，需要增加用户数量，加强用户推广。用户渗透率低，意味着用户对产品的使用深度不够，产品用户购买量在该类产品市场总购买量中占比较低，需要增加用户购买量，包括增加用户购买商品的种类数、件数、频次，提高用户忠诚度。

2）用户产品需求分析

从用户需求到最终产品的实现，中间需要进行需求分析，用户产品需求分析就是发现用户最本质的需求，进而提供相应的产品服务，为用户创造价值。

用户产品需求根据来源不同，分为直接需求和间接需求。直接需求是用户直接反馈的需求，用户有明确的需求表述。间接需求不同于直接需求，是用户在使用产品的过程中产生的问题或想法，虽然用户没有直接提出，但是用户需求存在，可以通过一些办法来发现，这些需求会在某些方面影响用户的使用体验和价值感知，也是非常重要的。

用户产品需求分析一般从两个方面进行。

（1）产品功能需求。

产品功能需求主要指产品的功能、使用流程和过程，包括产品性能是否稳定、品质是否良好、产品品类是否全面、价格是否合理、使用流程和操作是否便捷等。

（2）产品服务需求。

产品服务需求是产品运营层面上的需求，包括活动及介绍是否合适、优惠是否吸引人、服务保障是否有力、指导说明是否到位、客服工作是否负责等。

【案例】

京东的"价保"服务

在京东平台上，用户经常会关注一件商品而不下单，尤其是对3C类家电这种高价格商品，用户总担心买贵了，想要以更低的价格买入商品。虽然用户总有对商品低价格的需求，但还是有更好的解决办法。用户担心买贵了，担心刚下单就降价，会想如果晚几天买可能便宜很多，用户心理落会差比较大，这种担心和可能出现的情况提高了用户购买商品的门槛，而如果用户下单后经过比较长的时间商品再降价，对用户的影响就没有那么大了，用户已经使用了商品，获得了商品价值，获得了一定的满足感，不会再对商品价格感到纠结。所以，分析了这个问题后，京东提供了30天"价保"服务，用户下单后可以享受30天内的更低价格，这样做降低了用户下单门槛，提高了用户转化率和服务体验。

2. 怎么做用户需求分析

1）用户需求分析的开展步骤

用户需求是多方面的、多层次的，首先应尽可能多地收集用户需求。但是用户需求纷繁复杂，收集的需求不一定都是有价值的，其中可能存在很多问题，比如需求可能只是用户的一个误解，也可能只是某个用户自己的需求，或者可能是特殊条件下才会发生的问题等，所以需要对用户需求进行分析和评估，判断需求是否真实和有价值。企业资源和条件有限，产品不可能满足所有用户需求，哪怕需求是有价值的，还需要分析价值大小、解决问题的成本，以及其他关联影响，最后确定怎么处理用户需求。

如何从众多需求中筛选出真正高价值的需求，则需要经过一系列的分析，通过厘清需求的来龙去脉，洞察需求的本质，识别用户的真实意图，然后评估需求的价值，以及满足需求的可行性和成本，分析其中的利害关系，最后给出解决方案，用优雅的产品设计或者巧妙的运营策略，解决用户需求背后的问题。

用户需求分析的具体步骤如下。

第一步，收集用户需求。

收集用户需求的方法有很多，常见的有：用户直接提供，通过桌面研究法、访谈法、角色扮演法、焦点小组法、调查问卷法、实验法等专项研究获取，通过数据分析发现等。各种方法的详细介绍见 1.3 节。

第二步，分析需求的情况，了解用户需求是什么。

判断用户需求是否是真实需求，了解需求产生的场景，解决了用户的哪些问题，需求是否已得到满足等。可以通过"人物+时间+地点+起因+经过+结果"这种描述事件的方式，还原需求场景，这样比较容易厘清需求发生的过程和产生的缘由。

第三步，认清需求的本质，挖掘用户的真实动机。

分析用户为什么会产生这种需求，从多个角度洞察用户需求背后的深层次原因，了解用户的本质问题和需要。比如用户想吃炸鸡，那么用户为什么想吃炸鸡，是因为饿了，还是为了发泄喜悦或悲痛的情绪。如果是饿了，那么提供的产品除了炸鸡还可以是烤串，而烤串可能更能满足用户的需求；而如果是发泄情绪，那么炸鸡加啤酒可能更搭配。用户表现出来的需求往往是表面现象，从现象到本质，找到核心诉求，然后往外伸展，寻找更好的解决办法。

第四步，确定需求的影响，判断满足需求的必要性。

推荐两个方法：一是通过马斯洛需求层次理论，分析需求的重要程度，判断需求是否是强需求、是否是普遍需求、是否是高频需求等；二是采用正反两问的方法来进行分析，如果满足这个需求会怎么样，如果不满足这个需求又会怎么样。这个方法的好处在于可以通过反面假设来辅助判断，因为有些时候通过正面的思路可能无法获得有效答案，比如对于好的事物，问用户是否需要时，基于用户心理分析和笔者多年的用户研究经验总结，一般用户的回答都是肯定的，但实际上是否真的需要或者到底有多么需要则不能确定，而如果没有这个事物，用户发出的声音可能很弱，甚至对用户没有任何影响。

第五步，评估满足需求的可能办法和大概成本，确定满足需求的可行性。

如果要满足需求，需要考虑是否有解决办法，是否会产生负面影响，需要哪些资源、技术和支持，开发和运营的成本是多少，需要多长时间，是否与产品定位和业务发展契合等。

第六步，评估需求的价值，考量满足需求的必要性。

考虑满足需求能提升多少效率、带来多少收益，包括短期价值和长期价值，再结合成本评估需求是否值得满足。当然，对于必须要满足的需求，不管成本和价值是多少，都必须满足。在这种情况下，预估需求的成本和价值可以用来分析这件事情的业务指标及经济效益，也是需要做的。

第七步，确定需求的处理办法。

通过上述分析，确定需求是否给予满足、满足到什么程度、使用什么办法实现，并确定满足需求的优先级，然后进行相关处理。

2）用户需求分析的常用方法

对用户需求进行分析，判断需求是否需要满足，方法有很多，其中最直接的方法是通过预估满足需求的投入成本和产出价值来衡量是否划算，但实际上，需求的成本和价值不容易准确计算，而且一般需求比较复杂，牵涉的事情也比较多，除了分析成本和价值，还需要分析需求的层级、重要紧急程度、类型、来龙去脉、实现环境等，所以分析方法也比较多。常用的用户需求分析方法如下。

（1）马斯洛需求层次理论。

马斯洛需求层次理论有助于从宏观层面把握用户需求。根据此理论，人类的需求像阶梯一样从低到高分为五种，分别是生理需求、安全需求、社交需求、尊重需求、自我实现需求，如图 1-2 所示。

- **生理需求**：指人们最基本的生理需要，包括食物、水、空气和住房等，可以对应餐饮、商超、酒店、出行等类型的产品。
- **安全需求**：指人们对人身安全、财产安全、健康保障、生活稳定等的需要，在满足基本的生理需求后，人们会寻求安全感的满足，希望自己生活的环境是安全的，有保障的，可以对应安保、理财、医疗、健康等类型的产品。

- **社交需求**：也称归属和爱的需求，指人们对情感、友谊、爱情及归属关系的需要，包括被人爱与热爱他人、希望交友融洽、保持和谐的人际关系、被团体接纳等，可以对应微信、抖音、珍爱网等类型的产品。

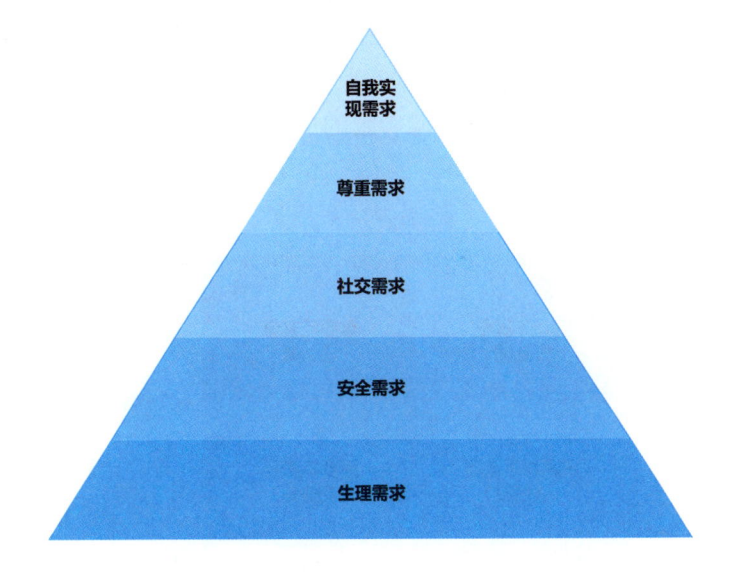

图 1-2　需求分析之马斯洛需求层次理论

- **尊重需求**：包括内在尊重和外在尊重两个方面，内在尊重又包括自尊、自主权、成就感等，外在尊重又包括地位、认同感、受重视等，尊重需求指人们需要自尊和受到别人尊重，表现为认可自己的实力和成就，独立自主，渴望赏识，重视威望和名誉等，可以对应产品中的排名、点赞等功能。
- **自我实现需求**：指人们对个人成长、潜能发挥、实现理想的需要，发挥自身潜能、创造力、自觉性，实现一定的目标，可以对应知识、教育、艺术等类型的产品。

这五种层次的需求是人们与生俱来的，作为指引和激励人们行为的力量，有着不同的等级和作用，马斯洛认为需求层次越低，力量越大，潜力越大，而随着需求层次的上升，需求的力量有所减弱。

（2）四象限分析法。

四象限分析法，也叫波士顿矩阵，旨在通过两个重要维度的指标好坏将事物划分为四个类别，然后对每个细分类别进行细致的分析和处理。如果将四象限分析法用在用户需求分析上，可以将需求按重要程度和紧急程度两个维度进行划分，把所有需求分为四类：重要且紧急、重要不紧急、紧急不重要、不紧急不重要，然后对不同类的需求采取不同的处理方法，如图 1-3 所示。

- **重要且紧急的需求**：需要马上处理，尽快分配资源，抓紧完成。
- **重要不紧急的需求**：需求很重要，但不用马上完成，可以正常排期处理。
- **紧急不重要的需求**：相对来说不是特别重要的需求，但比较紧急，可以优先处理，但因为此类需求重要程度不高，所以不应影响其他重要事情的进展。
- **不紧急不重要的需求**：在资源有限的情况下，此类需求可以往后放，后期看情况处理。

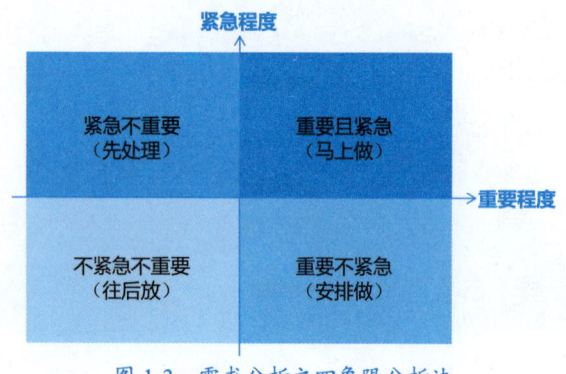

图 1-3　需求分析之四象限分析法

除了按重要程度和紧急程度这两个维度划分，四象限分析法也可以使用其他维度，只要维度重要且具有区分意义就可以。

（3）KANO 模型。

KANO 模型是一种对用户需求进行分类和优先级排序的工具，模型以满足用户需求对用户满意度的影响为基础构建，体现了满足用户需求的程度和用户满意度之间的关联关系，根据关系的不同，可以将用户需求分为五类，如图 1-4 所示。

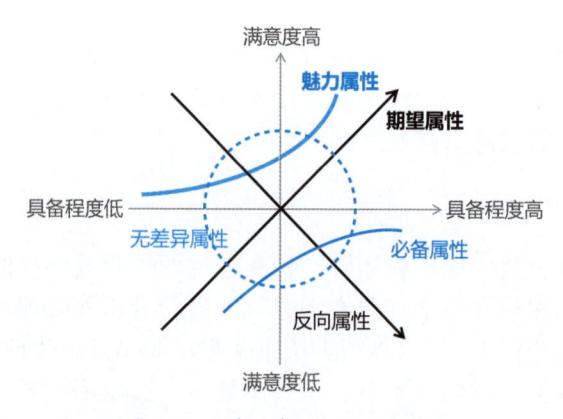

图 1-4　需求分析之 KANO 模型

- **必备属性的基本需求**：代表用户的"痛点"，是产品功能必须满足的用户需求，有相关功能是应该的，当不提供相关功能时，用户满意度会大幅下降，甚至不使用产品；但当充分提供相关功能时，用户满意度也不会提升，充其量是没有不满意。例如，微信的加好友功能、微博的发布功能等。

- **期望属性的期望需求**：代表用户的"痒点"，一般体现了产品服务的品质和竞争优势，相关功能越多越好，对用户来说，是最好有的功能，用户满意度与对这类需求的满足程度呈线性正相关关系，需求越得到满足，用户满意度越高，反之用户满意度越低。例如，音乐类产品中的歌曲越多越好、电商类产品中的商品配送服务越快越好。

- **魅力属性的兴奋型需求**：代表用户的"爽点"，是一种完全出乎用户意料的属性或功能，一般这类需求不容易被发现。如果产品提供了这类需求，用户会感到惊喜，用户满意度将大幅提升；如果不提供这类需求，用户满意度并不会下降。例如，微信推出的红包功能等。

- **无差异属性的无价值需求**：代表用户的"无感知点"，这类需求无论满足与否，用户满意度都不会受到影响，用户并不在意，是无关痛痒的需求，用户可用可不用。例如，对于一个按钮的颜色，无论怎么换，都不会明显影响用户。

- **反向属性的伪需求**：代表用户的"反感点"，用户根本没有这类需求，提供相关功能后，用户满意度反而会下降。例如，没有哪款产品敢泄露用户的隐私信息。

通过 KANO 模型满足用户需求时，应尽量避免无差异属性、反向属性的需求，抓住用户的关键需求，在确保满足必备属性需求的前提下，更多地满足期望属性和魅力属性的需求。

（4）5W2H 分析法。

5W2H 分析法，也叫七问分析法，简单、实用，富有启发意义，通过深入探索，分析用户需求的发生场景，挖掘根本问题。

- **What**：用户需求是什么？问题是什么？
- **Who**：提出需求的用户是谁？有哪些特点和群体特征？是什么等级的用户？需求影响的用户又是谁？
- **Why**：为什么会提出这个需求？问题出现的原因是什么？想要怎么解决？
- **When**：用户在什么时候会使用这个功能？使用频次是怎样的？

- **Where**：用户在哪里使用这个需求？使用场景有哪些？
- **How**：用户需求怎么满足？如何提高效率？如何实施？用户会怎样使用？
- **How Much**：需求需要做到什么程度？需求的成本和价值是多少？

（5）SWOT分析法。

SWOT分析法不需要过于复杂，但需要全面。面对一个具体需求时，通过对内部和外部的情况进行客观分析，总结自己的优势和劣势、机会和威胁，判断是否适合处理需求，并确定用什么方式处理，该方法适用于比较宏观的用户市场需求分析。

- **优势**（Strength）：企业内部具有哪些优势，比如有影响力的品牌、先进的技术、雄厚的物资储备等。
- **劣势**（Weakness）：企业内部具有哪些劣势，比如人力不足、资金紧张等。
- **机会**（Opportunity）：企业外部有哪些有利因素，比如市场前景良好、竞争比较弱等。
- **威胁**（Threat）：企业外部有哪些不利因素，比如可能的替代品较多、政策风险等。

更进一步地，基于以上四点，对需求情况进行分析和梳理，构建出SWOT矩阵，然后根据需求的不同情况，制定相应的解决办法，如图1-5所示。

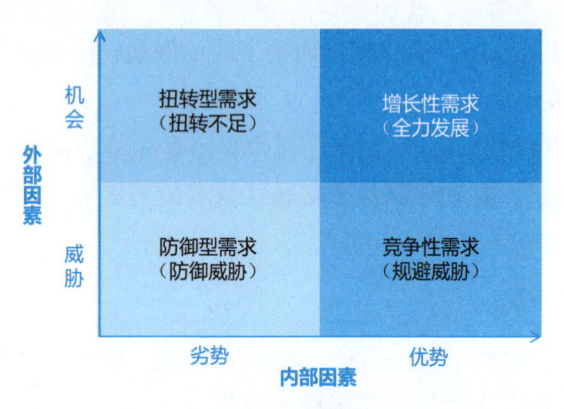

图1-5 需求分析之SWOT分析法

优势+机会：增长性需求，是一种理想情况组合，企业可以充分利用内部优势和外部机会实现发展。

劣势+机会：扭转型需求，利用外部机会来弥补内部劣势。比如，对于传统品牌企业，目前很多互联网平台提供了SaaS工具、数字化能力、线上生意环境等，企业可以利用这些资源提升业务经营效果，实现双赢。

优势+威胁：竞争性需求，多种经营需求，尽量规避外部威胁，利用自身优势，进行发展。

劣势+威胁：防御型需求，在内部劣势和外部威胁较多的情况下，在必要的时候，企业通常会采取防御策略，用来防御威胁。

SWOT 分析法注重分析维度，四象限分析法注重分析形式，SWOT 分析法可以结合四象限分析法一起使用，通过四象限的形式进行信息呈现，分析效果更直观。对于各种分析方法，要弄清楚分析的逻辑，在实际中灵活运用就好。

（6）PEST 分析法。

PEST 分析法是对宏观环境的一种分析方法，四个字母分别表示：政治环境（Politics）、经济环境（Economy）、社会环境（Society）、技术环境（Technology）。

PEST 分析法适用于用户市场需求分析，比如在分析潜在市场需求时，通过了解有哪些政治因素、环境变化会影响用户需求，分析可能会带来哪些新机会，或者在分析竞争对手时，知道自己有哪些技术优势，然后确定应对办法。

1.2 用户数据分析

数据是现实的写照，在大数据时代下，每个人都知道数据分析的重要性。数据分析的强大之处在于，可以进行系统、量化、客观的思考，用这种思考方式去代替零散、臆断、盲目的思考方式。通过数据分析，获取数据背后的价值。

数据分析的作用包括：第一，现状分析，描述当前发生了什么；第二，原因分析，解释相关事件为什么会发生；第三，预测分析，预测未来可能会发生什么；第四，帮助判断，确定需要怎么做。

在进行数据分析之前，需要先搭建数据指标体系，然后通过数据信息记录、埋点统计、第三方获取、爬虫采集等办法收集数据，对数据进行清洗和规范化处理，再通过数据系统、数据平台、数据库、推送数据信息的工具等进行呈现，以便查看和提取数据。关于这些前期数据工作，由于本书篇幅有限，不再展开介绍，我们聚焦于研究与用户运营更相关的事情。

本节主要介绍用户数据分析的方法，对企业内部用户数据进行分析，主要包括这几个方面：用户指标看板、用户画像分析、用户健康度分析、用户行为分析、用户业务数据分析。

1. 用户指标看板

用户指标看板是一种查询和分析数据的工具，以看板的形式，展示和分析主要用户指标数据和数值变化。

常用指标信息如下（以交易类产品为例进行说明），根据业务和用户运营的需要，先确定主要指标项目，再确定指标的统计口径和统计周期，接着以某种形式展示数据，并区分主要维度，细分数据可以直接展示，也可以通过进一步细分、查询或者筛选来获取，最终展示出业务关键指标信息，以供业务管理和运营使用。

- **指标项目**：有访客量（UV）、访问次数（PV）、下单用户数（DAU 或 MAU）、新增用户数、交易订单量、交易金额、交易商品数量、访问时长等。如何确定关键指标，可以使用北极星指标法，即先找出一个与业务主要目标强相关的核心指标，也就是所谓的北极星指标，然后逐步拆解，找到过程中所有的关键影响指标。比如，把 GMV 作为北极星指标，拆解 GMV 后就获得了用户数、户均订单量、客单价等，再进行用户数的拆解，从流量角度将其分为访问量、下单转化率等，从新老用户分群角度将其分为新用户数、老用户数等，对 GMV 以其构成指标进行层层拆解，确定对 GMV 影响较大的有价值的关键指标。

- **统计口径**：有每日数值、日环比、周/月同比、月累计值等。

- **统计周期**：有日度、周度、月度等。

- **展示形式**：有数据项目、数据表、数据图（折线图、饼图等）等。

- **区分维度**：有用户注册渠道、用户流量来源、用户端类型、地区、用户类型（新用户、老用户、会员等级等），商品类型（品类、商品来源等）等。

【案例】

易观方舟的智能分析看板

易观方舟是一个提供企业服务的平台，通过全量实时采集用户属性与行为数据，可以连通内外部数据源，打通用户运营触点，提供从数据采集、分析、应用到智能用户运营的闭环。易观方舟的智能分析看板，以系统预置的银行 Demo 为例，提供的数据信息和工具包括：用户画像分布，区分小程序/Android/iOS/Web/H5 用户端、城市、使用机型、时段、频次等维度；核心流程转化，从注册到登录、开户、绑卡的用户数；基金理财分析，购买用户数、次数、金额、产品详情等；基础业务指标，活跃用户数、注册用户数、交易用户数、交易金额、用户留存率、注册购买转化率等。易观方舟智能分析看板工具，可供企业客户选择使用，如图 1-6 所示。

这里以此为案例，是想让大家了解用户指标看板的功能、指标信息内容及其呈现样式。

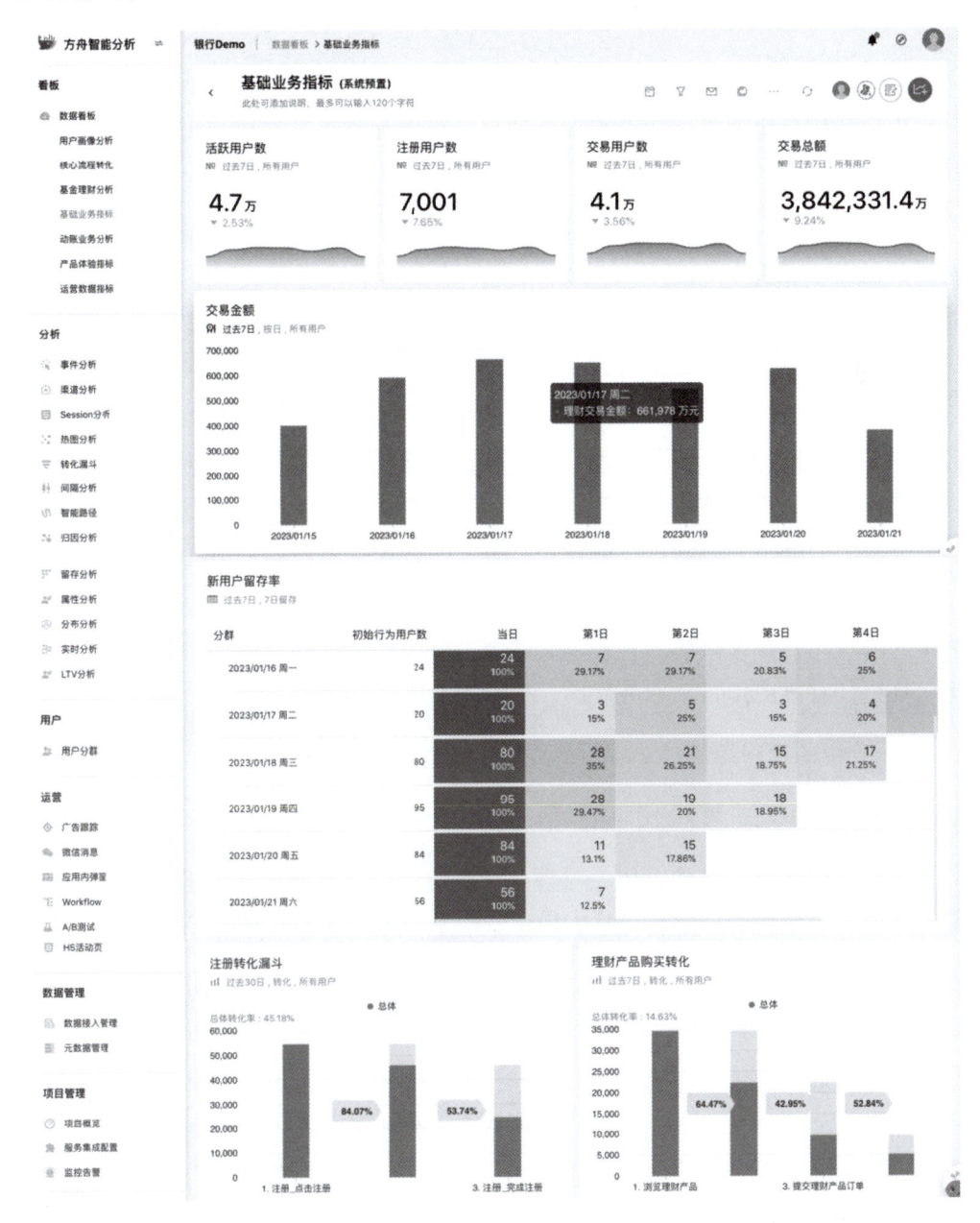

图 1-6 易观方舟智能分析看板工具

2. 用户画像分析

用户画像分析，就是分析用户画像的表现和影响，一方面分析用户的画像是什么样子的，用户具有哪些属性、特点、偏好、行为特征等，另一方面研究不同画像用户间的区别，各种画像用户的行为和需求是什么，画像对业务有哪些影响。

1）分析的作用

用户画像分析非常实用，对业务的提升可以起到重要作用，主要体现在以下几个方面。

首先，可以对用户产生清晰的认知，了解用户的基本情况、结构和分布。分析用户的基本信息，包括用户性别、所在城市、年龄分布、兴趣点等，当收集到足够多的画像数据时，通过用户画像分析，为产品描绘出一个真实可感的用户，进而制定相应的用户策略，比如根据画像确定目标用户后进行针对性的拉新转化。

然后，可以对用户进行分群，针对不同群体的用户进行差异化运营。通过用户画像分析，找出对业务目标影响比较大的画像维度，对用户进行划分。根据不同群体用户的问题和需要提升的目标，对不同群体的用户进行差异化运营。

最后，可以聚焦于重点用户进行重点运营。一个产品不可能满足所有用户的需求，通过用户画像分析，找对核心用户，针对核心用户来设计产品服务，制定运营规则，有方向地推动业务发展，提升企业的经营效率。

2）分析的用户范围

根据目的不同，可对不同范围的用户进行针对性分析，包括：

第一，行业用户画像分析，对整个行业的用户进行概括性描述，对行业中头部品牌的用户进行画像分析，从大局出发，掌握全局态势，做到心中有数。

第二，产品用户画像分析，对企业产品的所有用户进行画像分析，弄清楚自己的用户整体是什么情况。

第三，群体用户画像分析，一个产品通常拥有多种类型的用户，这些用户虽然使用了同一个产品，但是在某些属性或者喜好等方面存在巨大的差异，对用户进行群体细分，重点关注数量比较多的和价值比较大的用户群体，分析每类群体用户的画像，知道该如何做针对性的提升。

第四，典型用户画像分析，挑选出最典型的用户，分析用户的画像情况，从而加深对目标用户的理解，帮助挖掘用户需求和提升用户服务质量，树立用户榜样，指引整体用户运营。

3）分析的画像维度

用户画像有很多维度，具体要分析哪些维度，需要根据分析的目的来确定。比如，对"拉新用户"的分析，一般用户注册渠道来源影响比较大，是分析的主要维度。但很多时候不确定哪些维度会产生比较大的影响，不知道该从哪里下手，常用的办法是，根据用户主要画像维度对目标指标进行细分、下探，然后通过数据统计分析，用相关性分析、回归分析、聚类分析等方法发现哪些维度与指标关联性比较高且维度内部数值间差异比较明显，这些维度就是影响比较大的关键维度。

对业务影响较大且容易找到行业数据参考的比较重要的用户画像维度如下。

- **性别**：按男性、女性进行划分。
- **年龄**：按每 10 岁一个区间进行划分，或者按儿童、少年、青年、中年、老年进行划分。
- **地区**：按省份进行划分，或者按一线、二线城市进行划分。
- **移动设备**：按 Android、iOS 等系统进行划分，或者按华为、小米等品牌进行划分。
- **用户端**：按小程序、App、Web、H5 等用户端进行划分。
- **注册渠道来源**：按用户裂变、付费广告等进行划分。

4）在分群用户运营中的应用

产品中存在用户各种维度的画像标签，如何选择分群维度呢？一些小企业或者初创团队可能不进行用户分群，虽然数据分析和运营都很简单，但其中很多问题和机会无法被发现。而一些大企业采用千人千面的个性化运营方式，这种方式需要大量数据，需要技术和算法的支持，还需要长时间的迭代和沉淀，条件要求和运作成本都比较高，这对普通企业并不适用。一般企业的用户分群，从实际业务问题出发，基于用户画像分析，选择几个关键维度进行精简分群，在用户量达到一定的数量级后，逐渐增加分群维度进行细化，进行多元组合分群。

通过用户画像分析，分群进行用户运营，其操作方法步骤如下。

第一步，确定分群用户运营目标。

第二步，根据目标，进行用户画像分析。

第三步，根据分析结果，确定分群维度，进行用户分群。

第四步，制定分群用户运营策略。

第五步，分析数据效果，修正分群策略。

【举例】

如何通过用户画像分群运营增加用户数

第一步，确定分群目标为实现用户数的增长。

第二步，对用户数指标进行画像分解，按性别、年龄、地域、移动设备、注册渠道来源这几个维度进行划分，分析用户数各是多少及用户留存情况。

第三步，根据用户数和留存率，找到对总用户数影响较大的关键维度，比如性别、注册渠道来源。同维度不同值间，比如男性和女性、用户裂变和付费广告等，用户数和留存率存在明显不同，这时就可以把这两个维度作为分群维度，对用户进行分群。

第四步，对于留存率高但用户数不多的群体，需要加强用户拉新，扩大目标群体用户的触达范围、增加拉新渠道、增加已有渠道费用的投入等；而对于用户数多但留存率不高的群体，提升用户留存率，如果通过分析确定无法满足这群用户的需求，可以考虑放弃这群用户，不再对这群用户进行拉新投入，因为即使拉来了也留不住，没有长期价值。

第五步，分析各个用户群体的运营效果，如用户数是否有所增加、是否出现问题、需要怎么改进等，然后进行优化、调整。比如，如果发现根据性别进行分群运营的结果没什么变化，运营策略也没出现问题，则可以考虑取消按这个维度分群，或者寻找其他更合适的维度来分群。

3. 用户健康度分析

用户健康度是对用户的整体行为数据进行综合评价得到的量化指标，用来衡量用户的健康状况，为用户运营提供目标和依据。

用户健康度分析通常包括下面三个指标，这三个指标共同构成了用户健康度的评价体系。

- 基础指标，用于评价运行状态，包括访客量、访问次数、使用频次、活跃用户数、新增用户数等。
- 流量指标，用于评价流量质量，包括人均访问时长、人均访问次数、留存率、跳出率等。
- 营收指标，用于评价盈利能力和可持续性，如下单用户数、交易金额、客单价、利润率等。每个产品由于所属行业不同、提供的功能服务不同、业务运营情况不同，用户健康度的指标和标准也不同，需要根据具体情况来确定。

用户健康度一般采取指数方式来计算，对各因素指标按某种规则进行统一处理，然后加权汇总成一个综合数值，或者保留几个细分维度指标的数值，以雷达图的形式呈现，反映用户健康状况。

用户健康度常用于业务内部的横纵向对比分析，横向看用户分群间的差异，纵向看用户健康状况的走势变化。

【举例】

一种常见的用户健康度分析方法

用户健康度考虑五个维度的指标。

- 第一个维度：转化效率，即用户从访问到下单的转化率。
- 第二个维度：用户规模，即下单用户数。
- 第三个维度：增长情况，即用新增率减去流失率得到的净增率。
- 第四个维度：成长情况，即核心会员用户数。
- 第五个维度：价值贡献，即用户 GMV。

用这五个维度的指标评价用户健康状况，构成用户健康度评价体系，用户健康度就有了具象的定义和量化的评价标准。

针对这五个维度的指标分别制定目标值，然后每周计算实际数值，并与目标值及上周数值进行对比，可以很清楚地分析用户健康状况，了解各维度的指标达标情况及进展变化，从而进行复盘和制定提升策略，如图1-7所示。

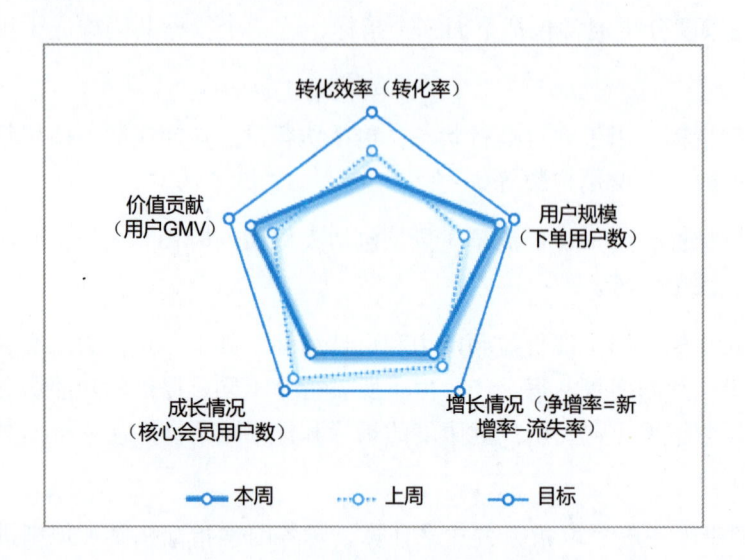

图 1-7 用户健康度分析（雷达图）

4. 用户行为分析

通过翔实的用户行为数据描述用户在产品中的真实路径和互动情况，对用户的行为数据进行统计、分析，发现用户的行为特点、规律，然后利用这些信息，提升用户运营效率。通过用户行为分析，可以知道用户什么时候来、什么情况下活跃度高、流失前做了什么等，然后分析用户行为的原因，通过产品及各种运营活动引导用户或者优化用户服务。对于有利的方面，加强驱动效用，扩大用户数和影响范围，进一步提升效果；对于不利的方面，改变用户行为的轨迹和模式，解决问题、防止问题再发生，或者优化问题、缩小问题的影响面，从而让用户更好地从产品中获得价值。

对于用户行为数据的收集和统计，如果企业没有研发资源支持，可以使用第三方工具，目前市面上有很多好用的数据统计工具，如百度统计、Google Analytics 等。对用户行为数据的分析，也有很工具可以利用，如大数据魔镜、Tableau 等。

用户行为分析解决的问题，主要可以归纳为两类：一是转化问题，通过分析用户转化路径，让更多用户执行某种行为，流向有利的转化路径；二是留存问题，通过对周期性行为动作的分析，让用户更多、更持久地执行某种行为，养成良好的行为习惯。所以，用户行为分析一般是分析用户的点击动作、事件行为和转化路径，除此之外，还可以通过行为逻辑进一步分析用户心理。

1）点击动作分析

点击动作是互联网用户使用产品时最基础的互动行为，对点击量、点击率、点击占比、点击用户详情、点击内容、点击反馈信息、停留时长等数据进行分析，可以了解用户都执行了哪些点击操作，获得用户对产品的使用情况和反馈信息，进而优化产品服务、提升用户运营效果。

点击动作分析主要用于分析页面流量去向，比如产品首页、频道页面、活动页面等，分析用户在页面上点击了哪些模块，各个模块的用户转化效果如何。点击动作分析解决的问题主要有三类：分析用户与产品交互背后的深层关系，完成产品页面之间深层关系的挖掘，为事件行为分析和转化路径分析提供基础依据。另外，通过长期追踪点击动作的数据，可以观察页面布局的改变或模块内容、样式、形式的调整对于用户的价值变化。一般而言，点击率越高，说明用户的认可度越高，当然点击率还与点击发生的位置有关，同一页面高度，根据用户视觉和使用习惯，一般左边的点击率优于右边。

点击动作分析的数据可以用固定埋点的方式获取，开发人员对每一个前端模块都进行埋点，然后上报点击动作明细数据，包括日志ID、时间、用户、点击模块、点击内容、跳转地址等字段信息，再汇总统计点击用户数等总数据，就可以进行分析了。点击动作分析的数据，除了通过人工埋点的方式获取，也可以采用无埋点（即系统自动全埋点）的方式统计上报。

点击动作分析的结果可以用热力图的形式呈现，根据页面上各个模块的点击密度判断用户的浏览喜好，这样既简单又直观。

【举例】

页面点击热力图分析

分析某个页面的点击热力图，如图1-8所示（数据纯属虚构），发现"搜索"icon的点击率为30%、点击占比为60%，这表示有30%的页面访问用户点击了"搜索"icon，占页面总点击率的60%，页面总点击率为50%，所以"搜索"icon是页面上所有icon中被点击最多的icon，用户对"搜索"icon提供的服务有强烈的诉求，可以重点挖掘其后续转化价值。而有些点击率较低的icon，价值贡献较少，却在页面上占据了重要位置和较大面积，比如图中的"聚划算"icon，这时就需要考虑进行优化了，调整icon内容、形式来提升点击率，或者调整icon位置、缩小icon面积等，把更多资源留给其他更有价值的内容。

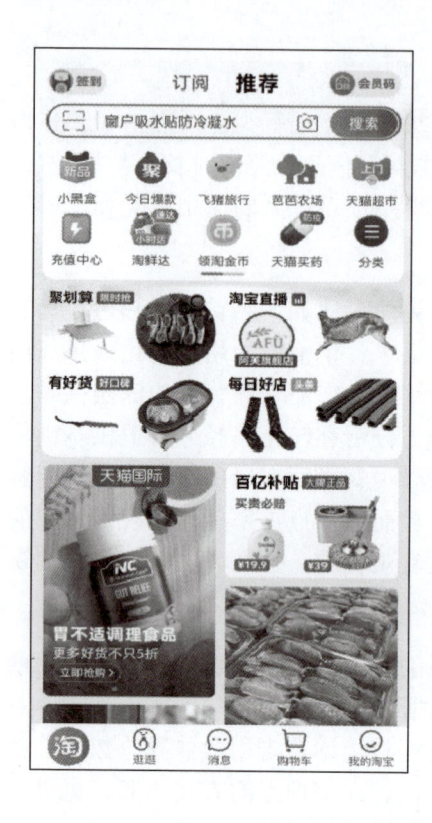

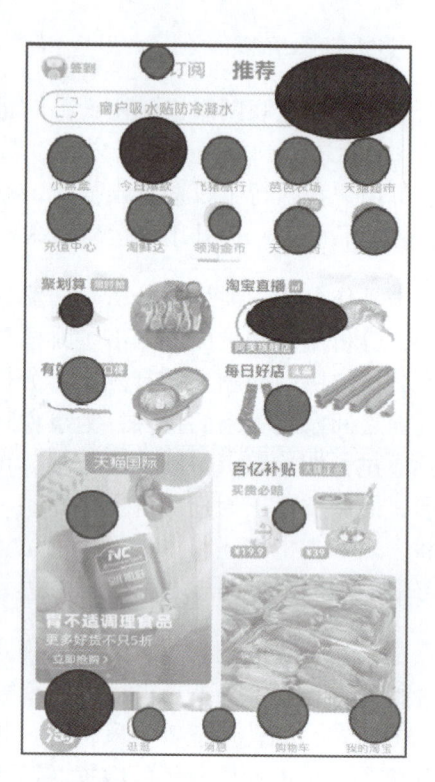

图 1-8　页面点击动作分析（点击热力图）

2）事件行为分析

互联网用户的事件行为有访问、注册账号、下单、发帖等，每个事件行为包括一个或一系列点击、滑动、填写信息等动作。通过对事件行为进行分析，追踪用户行为及业务过程，研究与事件发生关联的所有因素，挖掘用户事件行为背后的原因、影响等。

事件行为分析的步骤如下。

第一步，定义事件，包括定义所关注的事件内容及事件窗口的长度。事件的定义可以遵循 5W1H 原则：什么场景（Where）—哪些用户（Who）—什么时间（When）—什么原因（Why）—以什么方式（How）—做了什么事情（What），通过 5W1H 原则对事件进行描述。在所有事件中，有一个比较特殊的情况需要关注，即互联网用户的一次访问事件，不是指用户打开 App 或者访问某个页面的一次操作，而是指用户从访问产品开始到本次使用结束的一系列操作，可以用 Session 的方式来定义。Session 一般情况下被翻译为时域，在计算机专业术语中，Session 指一个终端用户与交互系统进行通信的整个时间段，通常指用户从注册进入系统到注销退出系统之间所经历的时间。具体到互联网产品使用中的 Session，指的是用户在浏览使用产品时，从进入产品开始到退出或离开产品所经历的时间，也就是用户连续使用这个产品所花费的时间。基于 5W1H 原则和 Session 的定义，用户对产品的一个访问事件就有了清晰的定义，比如"产品所有注册用户今日由于大促活动在 App 用户端的访客量达到了 10 万人次"，除了访客量，还可以是访问时长、访问次数等。

第二步，深入分析事件，可以激发事件分析的强大潜能，弄清楚事件的过程、前因后果、变化趋势、细分维度对比等各种问题，能更好地定位问题、发现机会点。

第三步，给出分析结论，对分析结果进行合理的解释，判断分析结果是否符合预期，有哪些好的地方和不好的地方，要如何改进。需要注意的是，一个目标事件行为的达成，可以根据一定的规则进行归因分析。比如按照时间衰减规则，越靠近终点的行为，功劳越大，或者以首次触点，即行为序列中的第一个行为，作为事件驱动的根源。

3）转化路径分析

转化路径分析常见的方法有三种：转化漏斗、智能路径、用户路径。三者都将上下环节的转化率作为计算核心，研究用户转化路径。转化漏斗预先设定好了路径；智能路径设定了起始和终点行为，中间过程有很多路径，然后发现最优路径；用户路径完整再现了用户的全部转化过程。在实际应用中，三者有着不同的功能及用处，各有适用的分析场景，也可以结合使用。

（1）转化漏斗。

转化漏斗指有特定行为节点的路径，将整个事件路径拆分成一个个步骤，漏斗的每一个节点都有一定的容量，漏斗越往下，容量越小，节点与节点之间的比例就是转化率，用转化率来衡量每个步骤的表现。

通过转化漏斗，可以抽象出决定漏斗形态的三个要素：节点、时间、流量。节点，漏斗的每一层就是一个节点；时间，即转化周期，完成转化漏斗所需时间的集合，一般漏斗转化周期越短越好；流量，即每个环节的用户数。转化漏斗分析最核心的指标是流量和转化率，即每一层流量有多少，以及到达下一层的转化率。

转化漏斗分析的本质是分解和量化，以漏斗这种简单、直观的方式展示用户关键节点的一步步转化过程，适用于对产品运营中的关键环节进行分析，通过异常数据指标找出有问题的环节，判断哪些步骤的转化还有优化空间，可以通过细分维度分析找出导致转化率低的因素，从而解决问题。通过用户运营引导或者产品优化提升转化效果，最终达到提升整体路径转化率的目的。

转化漏斗分析是业务分析的基本模型，在实际运营中很常见，无论是新用户注册转化、老用户下单，还是某一次运营活动，凡涉及流程转化的，都可以建立转化漏斗来进行分析。针对用户在操作流程中逐步流失的情况，形成一个类似漏斗的形态。比如典型的交易转化漏斗，可以分为六个环节，即访问产品—搜索商品—浏览商品—添加购物车—提交订单—支付订单，通过分析漏斗的整体转化率和环节间的转化率，可以找出转化异常的环节，然后对这一环节中流失的用户进行洞察，发现其共性和流失原因，以便提升转化率。再比如，用户增长 AARRR 模型也是转化漏斗的应用。

（2）智能路径。

在现实中，很多时候都是结果导向的，大家最关心最终的转化目标，而用户到达该目标有多条路径，无法确定或者没必要确定哪条路径是最长的、哪条路径是最短的，这时就可以采用智能路径模型来进行分析，探索最优的转化路径。首先确定想要观察的目标行为，通常是业务中需要引导用户完成的某个功能或到达的某个页面，将其设置为最终目标，然后分析该行为的前置路径。

智能路径分析适用于产品初创期，可以用来探索更优质的转化路径，而当聚焦于某条具体路径时，其实就是一个转化漏斗，可以将其固定下来，进行日常分析。

比如，对于电商产品，人们最关心最终的下单用户数，用户下单的路径有多条：访问推荐商品—浏览商品—添加购物车—提交订单—支付订单、搜索商品—浏览商品—立即购买—支付订单等，通过智能路径分析，可以找出通往下单的所有路径，评估每条路径的优势和劣势，然后匹配合适的运营策略。

（3）用户路径。

用户路径分析，不需要预先设置漏斗或者圈定目标事件，而是计算用户使用产品时的所有第一步，然后依次计算后续每一步的流向和转化率，步步追踪，找到分析用户路径行为最原始、最基础的数据，从用户行为出发，进行全方位的路径分析，通过发散性的分析方式确定最优路径。通过全路径数据，真实呈现所有用户从开始使用产品到离开的整个过程，然后分析各种路径模式，评估哪条路径的用户最多、哪条路径用时最短、哪条路径的节点最少，判断用户走到哪一步时最容易流失、从哪里开始偏离了目标路径，也可以通过路径识别用户行为特征，分析用户是直奔目标用完即走型的还是无目的浏览型的等，明确用户现存路径，结合业务场景需求进行路径优化调整，引导用户行为，使用户沿着最优路径前进。总之，用户路径分析对产品和用户运营有着非常重要的启发作用。

用户路径可以用桑基图的形式直观展示，如图1-9所示（示例），用户进入产品后的所有访问路径，以及每一步的流量、转化率、流失率，都能从桑基图中体现出来。通过桑基图，我们能够快速、直观地了解用户主流访问路径的转化情况。

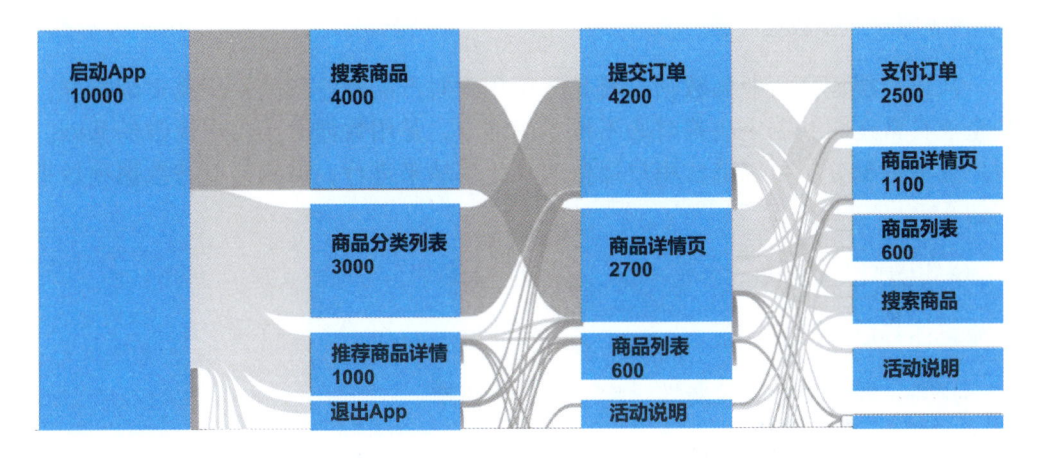

图 1-9 用户路径分析（桑基图）

4）行为逻辑分析

黑格尔在《法哲学原理》中有一句至理名言"存在即合理"，意思是说一切真实事物都合乎道理或事理，也就是有原因的或可被归因的。

用户的行为是真实发生的，也都是有原因的。对用户行为背后的逻辑进行分析，可以弄清楚用户为什么产生这样的行为，以及怎样促使用户产生某些行为；然后针对用户的具体问题进行解决和对于用户的需求给予满足，优化产品功能，提供相应的服务，或者引导更多用户朝着理想路径前进，进而提升业务指标。

与互联网大数据相比，某类用户在某个场景下某个路径上的行为数据是可识别的、具体的、有逻辑的，是不可忽视的力量。通过对这种具象的数据进行研究，能找出用户行为背后的驱动因素，也能解释用户行为的前因后果，了解用户的态度、决策过程和使用体验，尤其在产品早期阶段，这样做对于寻找灵感、寻找方向、寻找共创价值点至关重要。

比如，在用户买灯笼时，为什么一般会一次买两个呢？原因可能是中国传统中挂灯笼一次挂两个。知道了这个情况，商家在卖灯笼时，如果把两个灯笼打包，当作一个商品进行售卖，是否会更多地促成交易呢？（这里只提供了一个分析和解决问题的方法或思路，实际效果是否更好，还需要结合实际业务情况和其他更多因素综合考虑，或者进行实验。）再比如，老用户直接在商品列表页点击加购商品，而没有查看商品详情，是因为老用户了解商品情况，不需要再查看详情了吗？如果情况是这样的，是否可以拓展场景，增加商品定期复购、常购清单等功能呢，这样可以更方便地满足相关用户的复购需求。

5. 用户业务数据分析

从用户层面分析业务数据，就是分析用户对产品和业务的使用及贡献情况，是企业日常运营和制定决策时必不可少的环节，是用数据驱动用户运营的基础。用户业务数据分析可以结合用户运营的几个模块来进行，需要分析的数据项目举例如下。

- 用户增长模块

整体：总用户数。

拉新：新用户数、拉新转化率、投入产出率。

留存：留存用户数、留存率。

激活：激活用户数、激活率。

- 用户成长和贡献模块

成长过程：会员用户数、用户的激励数据。

用户质量：户均 ARPU、客单价、使用频次、购买频次、购买件数。

用户价值：总收入、户均贡献收入、用户传播 K 因子。

- 用户分层模块

按生命周期：潜客期、新生期、成长期、成熟期、衰退期、沉默期、流失期各阶段的用户数。

按增长漏斗：获取、激活、留存、获得收入、传播各环节的用户数。

按转化漏斗：触达（总用户）、访问、意向、加购、下单、支付各环节的用户数。

用户服务：用户体验、用户客诉等数据。

用户业务数据分析，可以是单一模块分析，也可以是多模块联合分析，还可以结合其他层面一起分析，比如结合用户画像，分析不同画像维度的用户业务数据情况；又如按不同的渠道查看拉新用户数，按性别查看交易用户数。

1.3 用户调研

用户调研，就是带着某些调查目的接触用户，通过各种调查方式得到用户的建议和意见，根据用户反馈，记录当前的某些现象，并对此进行汇总和分析，研究用户的情况和问题。用户调研的目的是接近用户、了解用户。不管形式、方法如何，调研的最终目的都是在确保调研有效性的前提下，得出"什么样的用户倾向于做出什么样的行为或者展示什么样的态度"的结论，为业务决策提供依据。

1. 用户调研的流程

完整的用户调研流程一般包括六个步骤。

第一步，明确调研的背景和目的。

在正式调研之前，需要先弄清楚调研的背景和目的，为什么要做调研？希望通过调研得到什么信息？基于什么情况发起调研？只有弄清楚这些问题，才能确定调研方向，知道如何进行调研，保证调研过程不会偏离轨道。

对于产品而言，用户调研贯穿了产品的全生命周期，在产品的不同阶段肩负着不同的使命。在产品设计阶段，可以根据用户调研结果获得不同的用户需求，验证产品逻辑是否正确，为系统建设提供依据。在产品完善阶段，可以通过收集用户的使用情况和反馈意见，改进功能，提升用户体验。在产品推广阶段，可以通过用户调研制订宣传计划、制定商业化策略等。在产品衰退期，可以通过用户调研确定挽回用户的策略等。

对于运营来说，调研的目的一般是找到某个问题发生的原因或者解决的办法。可能是用户留存率不高或者想要提升用户客单价等，此时就可以选择用户调研的方式来了解用户行为背后的深层原因。

第二步，确定调研的用户群体。

用户调研的对象不是随便找几位用户就可以，而是要根据调研目的进行针对性的定位和筛选，找到对应的目标用户群体。如果目标用户过多，可以找能代表整体的那部分用户，比如从目标用户群体中随机抽取部分样本用户进行调研。

下面举几种常选的调研用户。针对一款新产品做用户调研，需要根据新产品的目标用户做定向筛选，找到潜在目标用户进行调研，了解潜在目标用户的真实反馈。关于竞品的用户调研，除了选择自己的内部用户，还要选择外部用户，外部用户可能比内部用户更懂竞品，还能探查他们不用自己产品的原因，并与内部用户反馈的信息进行对比分析，吸收竞品好的方面，将其转化为自己的优势，提升自身竞争力。对于自己的内部用户，也可以区分新老用户，新用户往往有着敏锐的触觉，会更直观地表达一款产品好不好用，找到新用户认为产品欠缺的地方进行优化改进，以满足新用户需求，让用户留存下来，这样用户池会越来越大。

如果是线上调研，用户的选择将更加数据化，可以根据用户画像的标签、行为、数据表现等进行选择。如果是线下调研，则需要找到具有代表性的用户，可以先选择几个用户，看用户群体与调研内容是否匹配。有时候调研的用户不同，反馈的需求也可能存在冲突，而调研不同用户正是为了更深入、全面地了解这些用户之间错综复杂的关系，最大化地平衡各方利益。

第三步，选择调研方法。

选择合适的调研方法，能更准确地实现调研目的。用户调研的方法有多种，每种方法都有各自的优缺点，需要结合自己的调研目的和实际情况进行选择。

第四步，设计调研问题。

设计调研问题，是用户调研中最重要的部分之一，甚至是决定用户调研能否成功的关键。用户针对调研问题进行反馈，我们才能获得调研结果，实现调研目的。

- **问题的形式**，包括单选题、多选题、判断题、填空题、开放式问答题等。
- **问题的内容**，要围绕调研目的，设计贴合用户思维的问题。所有问题及各问题之间需要有清晰的条理和逻辑，找到用户反馈背后真正的深层次原因。在设计问题时，需要注意几点：问题描述要通俗易懂，避免倾向性或诱导性的问题，避免复合型问题。
- **问题的答案**，尽量向用户提供合理的可供选择的答案。在调研中，不仅要设计问题，还要设计答案，需要注意几点：答案要符合实际情况，需要具有穷尽性和互斥性，程序式答案应按照一定的顺序排列。
- **问题的顺序**，需要根据某种业务逻辑组织问题，一般是从简单到复杂，这样可以让用户更好地适应调研，循序渐进地了解用户的真实想法。除此之外，还有几种常见的顺序结构，如金字塔结构、漏斗结构、菱形结构等。

金字塔结构实际上是一种归纳过程，先提出具体的问题，然后使用半开放式问题，鼓励用户对问题进行拓展。漏斗结构实际上是一种演绎过程，问题内容逐渐聚焦，通常从开放式问题开始，然后用封闭式问题缩小可能的答案。菱形结构是前面两种结构的结合，这种结构通常以一个非常明确的问题开始，然后过渡到通用型问题，最后深入聚焦一个结论。

第五步，进入调研环节，执行调研动作。

首先，进行调研的演练和测试。可以找内部的同事、朋友，或者在小范围内选择一些用户，进行调研测试，根据测试情况看是否需要调整调研方案。

其次，选择合适的渠道触达用户进行正式调研。触达渠道包括：在用户端内展示相关内容，使用消息推送、短信、电话、微信群渠道，使用第三方问卷平台、公众号、贴吧投放，通过线下等。不同渠道的场景和用户群体不一样，调研用户的反馈转化率和反馈信息也会有很大差别，需要根据调研目的和目标用户的要求等进行选择。

再次，注意营造调研氛围。调研中需要通过良好的氛围让用户积极配合调研。利用开场白，拉进和用户之间的距离，可以介绍调研的背景、目的及邀请用户的原因，如果有需要，可以给予用户适当的反馈奖励，并表示对用户的感谢；提示用户调研的规则，缓解用户的焦虑，简单地描述整个调研流程和时间，让用户产生一定的预期，声明用户反馈的内容没有对错之分、会匿名记录、会保密、不会影响个人后续的产品服务等；调研结束时，再次表达感谢，可以提升用户对平台的好感度，如果有奖励则需要兑现。

然后，对调研过程、进度、质量进行把控，如关注问卷的反馈数量、记录线下的调研信息等。

最后，收集调研反馈信息。

第六步，总结调研报告。

调研报告不是单纯地记录调研的问题和答案，而是从问题和答案中找到解决问题的思路和灵感。

在分析用户的反馈信息时，需要首先判断信息的有效性，并非收上来的反馈信息都是有效的，要判断和删除一些无用的或者不真实的信息；然后探查反馈信息的情况及其背后的逻辑，找到问题的源头。

总结调研报告，可以遵循"回顾目标—评价结果—分析原因—总结差距"的方法论。

输出调研报告，报告内容一般包括：对调研背景、目的、用户、方法、问题的介绍，调研实施的过程和反馈信息的收集情况，调研的分析和结论，以及指导后续业务的策略等。

2. 用户调研的主要方法

用户调研的方法有很多种，根据观点与行为的信息类型、定性与定量的研究方式，可以对调研方法进行大致的分类，如图1-10所示。

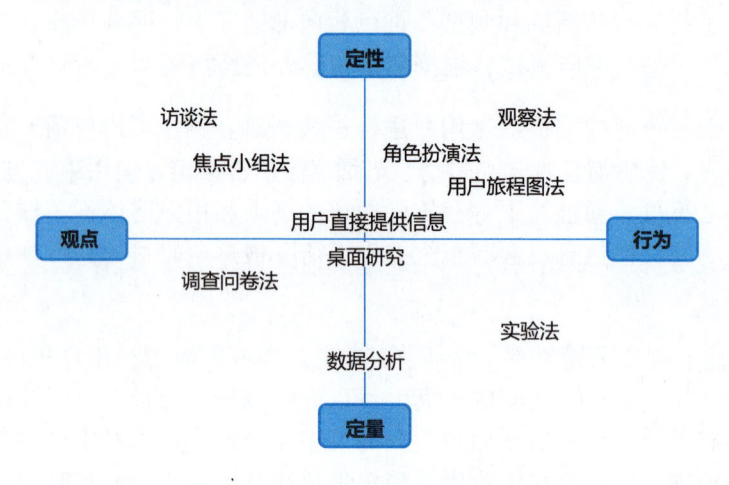

图 1-10 调研方法的四象限分类

定性研究指通过发掘问题、理解事物现象及回答提问来进行敏锐的洞察，需要获取用户信息，调研方法包括访谈法、焦点小组法、观察法、角色扮演法、用户旅程图法等。定量研究是根据数字和统计证据来检验有关用户态度和行为的理论的方法，需要收集用户数据，调研方法包括数据分析、调查问卷法、实验法等。介于定性与定量之间的调研方法有用户直接提供信息、桌面研究等，这些方法既可以用来做定性研究，也可以用来做定量研究。观点与行为之间、定性与定量之间没有明确的界线，可以交叉灵活运用。

每种调研方法都有各自的优缺点，在实际中，可以根据不同的目的和情况，选择适当的方法或者方法组合进行用户调研，只有在适合的时间、场景用适合的调研方法，才能获得有价值的信息。

（1）用户直接提供信息。

用户直接提供信息，提供方式有在线提交或者电话反馈，提供的常见信息有产品使用评价、服务咨询与投诉、NPS净推荐值、用户互动等。

产品使用评价，在电商行业中特别常见，几乎所有售卖的商品都有用户评价。用户评价反映了用户对产品的使用体验、看法和认可程度，用户评价一方面提供了用户发表个人言论的窗口，另一方面为其他用户购买商品提供了信息参考，同时企业可以获得用户反馈，利用这些信息对产品服务进行分析，优化服务水平，不断提升用户评价。

NPS 净推荐值（Net Promoter Score），又称净促进者得分，是用户口碑的量化表现形式，是衡量用户将会向其他人推荐产品或服务的可能性指数，可以通过用户打分或者选择性回答的方式计算用户的 NPS 净推荐值。

（2）数据分析。

数据分析是通过对相关数据进行统计和分析，从中挖掘用户观点和行为信息。随着数字化的普及和数据技术的进步，数据分析方法成为获取用户需求、进行各种用户研究的最常见、最有效的手段之一。数据分析的方法和内容在 1.2 节有详细介绍，此处不再赘述。

（3）桌面研究。

桌面研究，也叫案面研究，指不进行一手资料的实地调查和采集，而是通过第三方已有的信息，如通过纸媒、文档、互联网搜索查阅他人发布的研究结果数据、官方白皮书、媒体信息、合作伙伴反馈信息等现有的二手资料，直接进行用户分析和研究。专门做行业研究或者信息资讯的平台，如 CNNIC、艾瑞、易观、极光、QuestMobile、DCCI、36 氪等，会定期发布一些公开的数据报告，这些都可用来进行研究。

（4）观察法。

观察法，也叫情景调查、现场观摩，指通过对实际场景的用户进行观察，如通过日志观察用户的行为、上门实地考察等，然后分析影响用户使用的问题，总结用户需求。通过观察，能够对业务流程和用户需求有更直观的认识，并且更容易获得一些被忽略的细节信息。

（5）访谈法。

访谈法也是比较常用的方法之一，通过与用户直接沟通，如通过电话、微信、圆桌会议、现场与用户进行访谈，获取用户信息。在访谈中，可以与用户进行长时间、深入的交流，这样能更好地理解用户对产品或服务的认知、意见、行为和行为方式，比较容易获得用户的真实想法及潜在需求等。访谈法通常用于解决特定的问题，有清晰的调研目的和明确的沟通问题或者主题。

访谈分为三种方式：结构式访谈，提出准备好的结构化问题让用户回答；完全开放式访谈，与用户就某个主题展开深入讨论，形式与内容都是不固定的，用户可以根据自己的想法进行发散式沟通；半结构式访谈，涵盖了固定问题和开放式问题，是前面两种方式的融合。

访谈法的优点是，可以近距离或在自然环境中与用户进行深度沟通，能够更好地理解用户的观点和行为，尤其是用户的情感和潜意识，用户使用产品的重要影响因素都能够通过直接沟通表现出来，通过观察用户的表现、神情，结合用户反馈的内容，获取更多的信息。

访谈法的缺点是，在访谈过程中，用户的回答是瞬间的事情，可能会思考不周全，或者出于访谈压力，只是随便说说，答案不够真实，有言行不一的风险，需要甄别。另外，参与访谈的用户只是个别用户，不能代表整体用户。为了改善这些问题，可以通过充分的准备和预热来提升访谈的质量，在必要时甚至可以适当增加访谈用户数来降低风险，留下用户回访渠道并主动追踪回访，访谈内容应避免陷入过于枯燥或者琐碎的细节。

在进行用户访谈时，需要注意多倾听、先发散再聚焦、探索深层信息、避免诱导性问题等。用户访谈看起来简单，但要真正做好，了解用户心中所想、用户所需，还需要下一番功夫。

（6）角色扮演法。

角色扮演法是一种综合性、创造性的互动活动，通过角色扮演，扮演者可以亲身感知所扮演角色的感受和心理。自己扮演用户，站在用户的角度，以用户的身份来使用和体验产品，置身于用户的使用情境中，真切地了解用户可能遇到的问题，以及遇到问题时的心理活动和可能的应对办法，从中挖掘用户需求，发现产品的欠缺点，以提升用户服务质量。

（7）焦点小组法。

焦点小组法，也叫小组座谈法，指从目标用户中抽取一定数量的样本用户组成小组，进行小组讨论，再推断总体用户情况的一种调研方法。焦点小组法适用于探索性研究，通过了解用户的行为和观点，为业务收集创意、启发思路。

焦点小组法选择的用户需要是产品有代表性的用户，一个焦点小组的用户数最好为6~8个，在主持人的引导下，围绕某个主题或观念，以一种无结构或半结构的方式进行深入讨论，从而获得相关问题的一些创造性见解。主持人负责组织讨论，需要带动和把握节奏，激发用户思维，也要能处理一些突发情况。

(8)调查问卷法。

调查问卷法，是一种大家都很熟悉的用户调研方法，制定详细周密的调查问卷，可以是线上问卷也可以是线下问卷，将问卷发放给用户，让用户反馈信息，从而获取所需的调查资料。

调查问卷法的优势在于调查面广，可以大面积发放问卷，能够获得更多用户的反馈，然后进行问卷结果数据的统计和分析，这种方法的费用较低、时间较短、效率较高。调查问卷法的劣势在于，调查问卷是提前准备好的，虽然可以根据用户的不同答案让用户回答不同的问题，但整体问题是固定的，不能根据用户的答案灵活调整，弹性较差；此外，只能获得有限的书面信息，所获取的信息量相对较少，问卷一般是书面的，问题不会太深入，依赖于用户对问题文本的理解，并且很多时候问卷设计也会影响用户的回答。

问卷设计时需要注意：题目要具体、通俗易懂、简单明确，题目不宜过多或者耗时太长。可以选择第三方工具配置问卷，比如问卷星、腾讯问卷、网易问卷等。

进行问卷结果研究时，可以结合用户分群进行。把用户与产品进行关联，获取用户画像标签和行为数据，或者在问卷中让用户留下个人基础信息，如性别、年龄、地区等，然后对不同群体的用户进行问卷结果分析和对比，还可以筛选出重点用户或者需要提升的目标用户，进行聚焦研究和针对性地制定提升策略。

(9)用户旅程图法。

用户旅程图法，也叫用户体验地图法，是从用户角度出发，以叙述故事的方式描述用户使用产品的过程和体验情况，通过可视化图形的方式展示用户旅程，直观地展现用户的整个使用过程，绘制用户使用产品全过程中的重要阶段、行为、需求、情感、想法等，帮助研究者全面了解用户旅程，深入解读用户在使用产品的整体过程及各个阶段中的体验和感受。

研究表明，用户在完成一件事情后，对旅程的峰值、终值的记忆最为深刻，即存在峰终定律。通常一个良好的用户旅程图应具备如下特点。

- "抬龙头"，指用户在刚开始接触产品时，需要有眼前一亮的感觉，产品需要提起用户的兴趣。
- "拔波峰"（正峰值），指在用户使用产品的过程中，需要打造"啊哈"时刻，让用户对产品价值有深刻的感受。

- "填波谷"（负峰值），指用户在使用产品的过程中，一般不会一直处于"高点"，允许有适当的"低点"，但控制好"低点"程度，"低点"不要对用户使用产品产生太大的负面影响，更不要触及用户的忍耐底线。

- "扬凤尾"，指用户在要离开产品时能获得好的体验和感受，产品要给用户留下一个好印象。

【举例】

电商平台的用户旅程图分析

电商平台用户购买商品的阶段包括：访问、搜索/浏览、查看详情、支付下单、收货、使用/售后等，每个阶段都有具体的用户行为、情绪、需求，以及解决需求的机会点，绘制用户旅程图，如图1-11所示。

- "抬龙头"：用户开始访问时，需要打开App并登录账户，而登录账户时需要输入手机号，比较麻烦。为此，产品可以增加关联账户一键登录或者历史账户默认登录等功能，让用户能够快速开始使用产品，这样用户就会认为产品很好用。

- "拔波峰"：到达情绪波峰的查看详情阶段，用户查看商品介绍，商品与用户需求非常匹配，还提供了有吸引力的优惠活动，用户会认为商品非常好，产生了强烈的购买欲，这驱使用户下单购买。

- "填波谷"：下单时需要支付费用，用户一般不会感到开心，尤其是在没有足够现金进行支付时，可以提供赊购支付或者允许使用信用卡付款等功能，从而降低用户转化门槛。

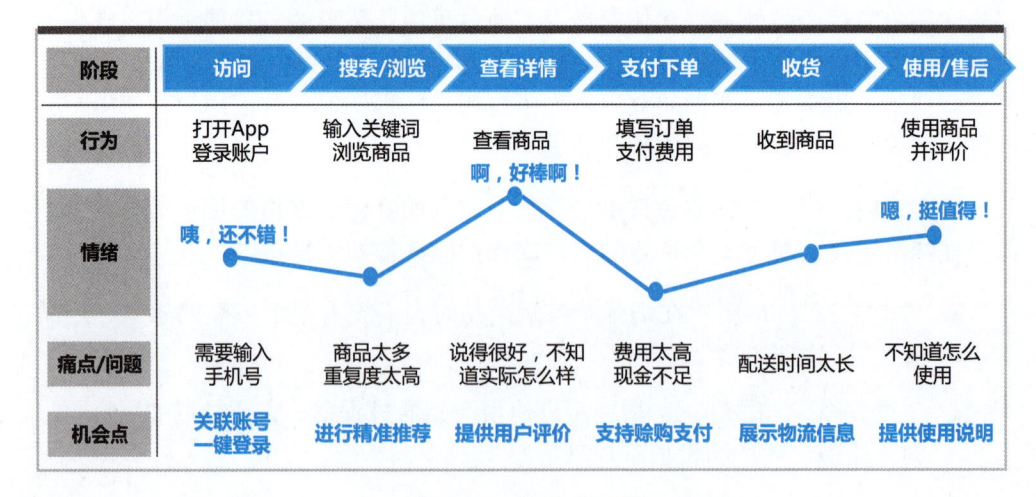

阶段	访问	搜索/浏览	查看详情	支付下单	收货	使用/售后
行为	打开App 登录账户	输入关键词 浏览商品	查看商品	填写订单 支付费用	收到商品	使用商品 并评价
情绪	咦，还不错！		啊，好棒啊！			嗯，挺值得！
痛点/问题	需要输入手机号	商品太多 重复度太高	说得很好，不知道实际怎么样	费用太高 现金不足	配送时间太长	不知道怎么使用
机会点	关联账号一键登录	进行精准推荐	提供用户评价	支持赊购支付	展示物流信息	提供使用说明

图1-11 用户旅程图

- "扬凤尾"：用户在收到并准备使用商品时，可能不知道该怎么操作。这时可以提供商品使用指导，让用户顺利地使用商品，把产品价值交付给用户，让用户满意，这样用户就会对商品产生好感，会打算继续使用商品。

（10）实验法。

实验法，指邀请用户参与体验产品，在用户使用产品的过程中整理用户遇到的问题，通过实验情况获取用户的行为、看法，然后分析用户需求，针对问题进行相应的改进。这种方法通常用于检验新产品或者新功能是否能够满足用户需求。在产品正式上线前，先进行小范围的用户实验，看是否需要调整产品，等实验通过后再正式上线产品进行推广。

实施实验时，为了便于实验效果的对比分析，可以设置实验组和对照组，进行 ABtest。ABtest 用于比较相似的事物，可以两组或者多组一起进行对比实验，各 test 组通常除了一个可能影响结果的因素不一样，其他条件都相同，即只测试这一个因素的影响情况，这样的实验结果会更直观和准确。ABtest 测试适用范围较广，可用于验证产品功能、运营策略、用户体验等。

3. 用户调研的注意事项

第一，不要直接问用户想要什么。

用户需求背后都有需要解决的问题，用户真正需要的不是产品功能本身，而是能解决他们问题的方案。所以，需要探查根本，从问题的根源出发，考虑如何满足用户需求。

第二，调研的问题需要有具体场景。

只有在具体场景下，用户才能够做出准确的判断和反馈。

第三，注意用户的情绪表达。

在进行用户调研时，用户难免会因为一些原因而存在情绪，这些情绪有正面的也有负面的，这些情绪的存在都会在一定程度上影响调研结果，需要将其识别出来，并尽可能排除它们的干扰。比如，一个用户是产品的"忠实粉"，不管你做什么功能，他都觉得好，在这种情况下，很难得到建设性的意见。

第四，不要总想说服用户。

如果听到用户发出反对的声音，不要急于打断用户，调研的目的就是收集和发现用户的问题，应继续了解用户为什么会有这些问题，是否产品功能有不足之处，或者沟通理解出现了问题，哪怕是用户真的不了解产品，只有能解释清楚就好。

第五，避免过度引导。

不要给用户灌输、引导用户反馈内容的信息。比如做新功能实用性调研时，告诉用户"如果大家需要这个功能，我们就会开发这个功能"，这些信息都是在引导用户，会让调研结果比实际情况好。所以在做用户调研时，不要提前透露太多信息，避免过度引导，影响结果。

第六，不要强迫用户反馈。

如果用户不愿意或者没有时间参与调研，就不要非让用户反馈，否则获得的调研结果可能会有很多不实的或者草率的反馈内容。

第七，对用户反馈的信息进行研究时要谨慎。

用户反馈的信息经常会出现各种问题，比如选择的用户是否具有代表性、反馈的内容是否真实、反馈的需求是否全面等，这些都需要考虑清楚。

4. 用户调研的终极目的

大家都知道，了解用户是做好产品及服务的前提，而用户调研是了解用户非常重要的手段。做好用户调研，可以解决很多问题，最终创造更多的用户价值。

1）提升产品服务能力

通过用户调研，可以全面了解用户和用户需求，分析自己产品的用户、其他同类产品的用户及全市场的用户，知道用户的特点、喜好、想法、问题等，有利于定位产品功能、提升产品竞争力、适应产品市场。

用户的有些需求属于隐性需求，这种需求可能用户自己都不知道，比较难以发现，但又是用户真正需要的，则可以通过对用户的深入了解，对用户问题进行本质上的深度挖掘来发现。满足用户隐性需求，可以增加产品魅力，给用户带来"爽点"和惊喜，同时企业很可能会得到意外的价值回报。

2）共建业务价值体系

通过对目标用户进行调研，听取用户的意见和建议，了解用户使用产品的情况和对产品的期待，与用户一起优化产品功能和运营策略，让用户参与业务生态建设，与用户建立共赢的价值体系。

2 促进用户增长

增加用户数

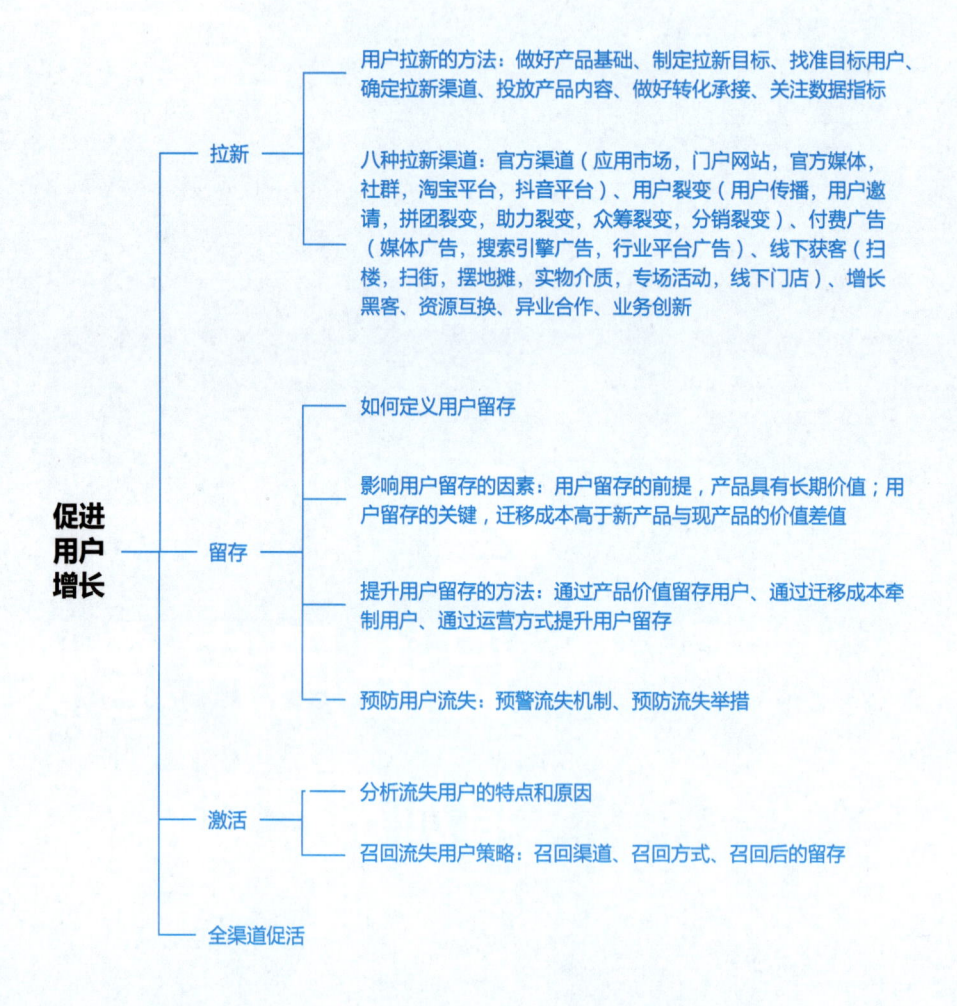

```
                                    ┌─ 用户拉新的方法：做好产品基础、制定拉新目标、找准目标用户、
                                    │  确定拉新渠道、投放产品内容、做好转化承接、关注数据指标
                          ┌─ 拉新 ──┤
                          │         │  八种拉新渠道：官方渠道（应用市场，门户网站，官方媒体，
                          │         │  社群，淘宝平台，抖音平台）、用户裂变（用户传播，用户邀
                          │         └─ 请，拼团裂变，助力裂变，众筹裂变，分销裂变）、付费广告
                          │            （媒体广告，搜索引擎广告，行业平台广告）、线下获客（扫
                          │            楼，扫街，摆地摊，实物介质，专场活动，线下门店）、增长
                          │            黑客、资源互换、异业合作、业务创新
                          │
                          │         ┌─ 如何定义用户留存
                          │         │
                          │         │  影响用户留存的因素：用户留存的前提，产品具有长期价值；用
促进                      │         ├─ 户留存的关键，迁移成本高于新产品与现产品的价值差值
用户 ─────────────────────┤ 留存 ──┤
增长                      │         │  提升用户留存的方法：通过产品价值留存用户、通过迁移成本牵
                          │         ├─ 制用户、通过运营方式提升用户留存
                          │         │
                          │         └─ 预防用户流失：预警流失机制、预防流失举措
                          │
                          │         ┌─ 分析流失用户的特点和原因
                          ├─ 激活 ──┤
                          │         └─ 召回流失用户策略：召回渠道、召回方式、召回后的留存
                          │
                          └─ 全渠道促活
```

2 促进用户增长：增加用户数

用户增长的关键是向用户传递价值，促进用户增长就是对各种传递链条进行优化、重组，来提高传递效率，提升传递效果，增加用户数量。用户规模是企业业务的核心竞争力，只有拥有足够大的用户规模，才能吸引更多合作伙伴进行合作，形成规模效应，降本增效，进而提升用户服务，形成业务发展的良性循环。进入全面互联网数字化时代，用户为王，用户增长已经成为大家不可避免的话题。

传递链条包括传递渠道、传递价值内容和用户转化路径三部分，通过传递渠道触达用户，把传递价值内容展示给用户，通过用户转化路径完成价值实现。一般情况下，这三部分的动作是组合起来协同推进的，不同用户和场景的最优传递链条、传递渠道会不同，传递价值内容、用户转化路径也需要根据传递渠道的差异进行区分。所以本章研究如何促进用户增长，我们将主要从用户分群和渠道这两个维度来展开讲述。

从用户分群看，用户由新客和老客构成，新客增加流入用户，扩大底层用户池基数，老客随着时间的推移会有部分慢慢流失，不断流入的新增量和老客量减去流矢量，剩余的部分就是总用户量：

$$总用户量=新增量+老客量-流失量$$

$$净增用户量=新增量-流失量$$

当新增量大于流失量时，总用户量增加，而用户流失情况一般是有一定比例的，即存在固定的流失率：

$$流失量=总用户量 \times 流失率$$

随着总用户量的增加，流失量也在增加，当其增加到与新增量持平时，流入流出相等，总用户量不再变化，从而达到稳定状态，此时：

$$总用户量=新增量/流失率$$

在实际情况下，很多时候，我们了解用户是通过用户已经发生的行为信息，不太能确定后面即将发生什么，用户目前没有活跃而后面可能会继续活跃，也可能不再活跃，当前无法准确判断用户是否永久流失。为此，我们缩短计算周期，按月度计算数据，粗略地认为上月活跃而当月不活跃的用户即为流失用户，上月不活跃但上月之前活跃过且当月又活跃了的用户为隔月激活用户，因此得到：

$$当月用户量=（当月新增量+隔月激活量）+上月留存量$$

稳定状态时：

月用户量=（当月新增量+隔月激活量）/月流失率

这样一来，计算会变得相对容易很多。上述过程如图2-1所示。

总用户量=新增量+老客量-流失量

稳定状态

新增量=流失量=用户总量×流失率→总用户量=新增量/流失率

一般月度来看

当月用户量=（当月新增量+隔月激活量）+上月留存量

稳定状态

月用户量=（当月新增量+隔月激活量）/月流失率

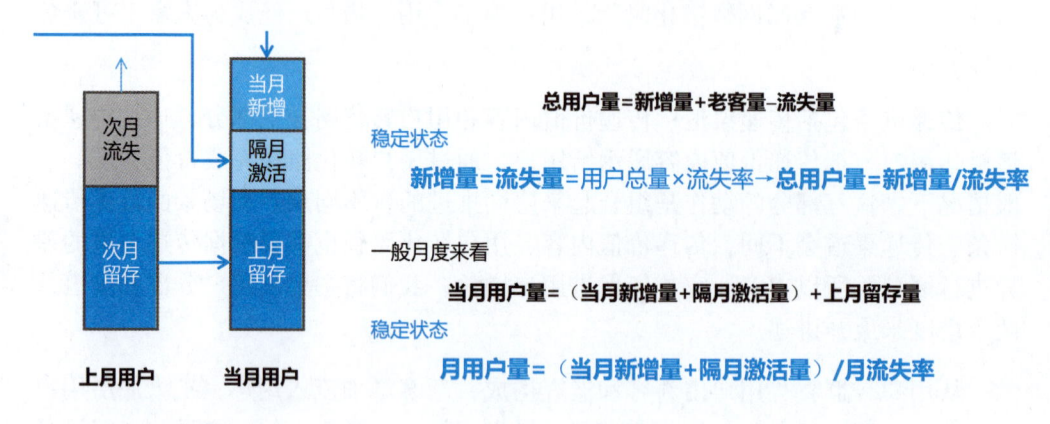

图2-1 用户增长逻辑

根据上述用户增长逻辑，促进用户增长主要需要做好两方面事情：一是增加新用户，把用户吸引进来；二是降低老用户的流失率，也就是提升用户留存率，把用户留住。留存的强大之处在于其复利效应，本月留存用户到下月活跃，到下下月还可以继续活跃，可以不断积累沉淀，让总用户规模越来越大。

【举例】

用户留存的复利效应

A公司和B公司都是从0开始，A公司每月新增用户数5万，次月留存率70%；B公司每月新增用户数2.5万，次月留存率90%。

第1个月：A公司新增用户数5万，B公司新增用户数2.5万，B公司不及A公司；

第2个月：A公司用户数8.5万（上月用户数5万×次月留存率70%+当月新增用户数5万），B公司用户数4.8万（上月用户数2.5万×次月留存率90%+当月新增用户数2.5万）；

……

第10个月：A公司用户数16.2万，B公司用户数16.3万，B公司追上A公司；

第24个月：A公司用户数16.7万，B公司用户数23.0万，B公司远超过A公司。

按上述用户增长逻辑计算：A 公司稳定状态的用户数为 16.7 万（月新增用户数 5 万/月流失率 30%），A 公司已达稳定状态，用户数不会再变化；B 公司稳定状态的用户数为 25.0 万（月新增用户数 2.5 万/月流失率 10%），B 公司用户数还会继续增长，直到达到 25.0 万，如图 2-2 所示。

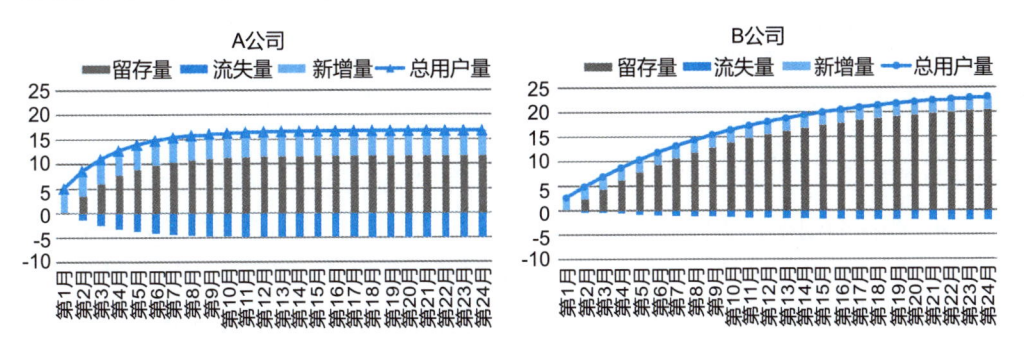

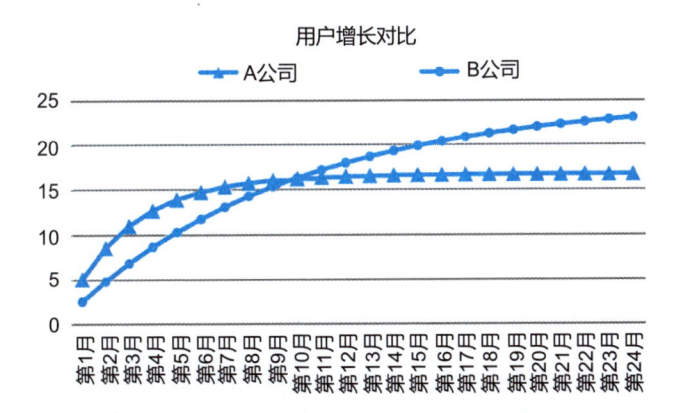

图 2-2 A 公司和 B 公司的用户增长对比

2.1 用户拉新：增加新用户

用户拉新是从用户触达、访问登录、完成账号注册和必要设置到第一次使用产品关键功能，变为活跃用户的整个过程。

1. 用户拉新的方法

做好用户拉新，需要做好下面几件事情。

第一，做好产品基础。

用户拉新最重要的前提是要有好的产品基础，但是很多团队忙着打广告、做曝光、拉流量，通过各种方式把用户引到产品中来，没有花精力把产品功能和服务做好，用户找不到其中的价值，不能完成活跃转化，无法成为真实用户。

第二，制定拉新目标。

针对企业不同时期、产品不同阶段、市场不同环境等，用户拉新的目标是不一样的，所以，需要先根据具体情况来制定拉新目标，只有有了目标，才能知道拉新要怎么推进。

比如，从区分产品不同阶段来看：

- 产品初创期，要拉新种子用户，进行产品测试。此时产品体验和功能往往不是很好，需要导入第一批对产品有热情的种子用户进行前期效果测试，然后根据用户测试结果完善产品，这样才能使产品更好地满足市场用户的需求。
- 产品发展期，要全渠道推广，最大化拉新用户，快速增加用户数。产品处于正式投入市场使用的发展期，在此阶段，要通过全渠道覆盖和优质渠道加码，快速引入用户。
- 产品成熟期，要聚焦高价值目标用户进行拉新，以实现业务收益为主要目标。此时，产品进入生命周期收益的稳定阶段，用户的增长速度会逐渐放缓，企业需要进行深入的用户分析，将重点放在提升用户质量和留存率上，扩大核心用户群体，延长产品的成熟期。
- 产品衰退期，保持低费用和高效率的拉新渠道，做流失用户的再次拉新，尽量维持用户规模。在拉新投入产出比划算的前提下进行拉新，继续做低费用且高效率的拉新推广。另外，对于老用户，有些用户喜新厌旧，会被其他产品吸引走，有些忘记了我们的产品或不清楚我们的新活动，从而造成部分用户流失，需要触达流失用户，给予用户一些实际利益但不需要太多，促进用户转化，实现流失用户的复活。

第三，找准目标用户。

找准目标用户就是找到精准的刚需用户，如果不知道产品的目标用户是谁、在哪儿，增长自然也无从谈起。很多企业在分析目标用户的时候往往过于关注用户的基本属性，却忽略了用户的行为属性、认知属性等其他方面。企业需要不断根据数据变化看清楚自己的用户是谁、喜欢什么、一般出没在什么地方、什么时候以什么频次出现在与产品有关的什么场景中，从横向和纵向两方面一起挖掘用户的需求，这永远是企业发展的源动力。

第四，确定拉新渠道。

拉新用户的渠道有很多种，每种渠道对应的用户和拉新方式各不相同，企业需要根据自己的目标用户定位来找到获取目标用户的有效渠道，如果所有渠道都投放，或者选择了不合适的渠道，则会导致拉新效率很低、拉新效果不理想。如果不清楚选择哪个渠道效果会好，则可以先进行调研分析或者测试实验，对渠道潜力进行判断，然后进行对比，筛选出优质渠道。选择渠道时，可以多个渠道同时推广，为不同渠道设置不同的推广策略和目的，有的是曝光量多提升品牌效应，有的是拉新量大作为拉新主力，有的是费用较低多拉一个是一个，等等。多个渠道协同推广，可以达到整体数据效果更优。

第五，投放产品内容。

投放产品内容是指在推广渠道中投放的产品要素，展示给用户的信息。投放的内容需要对用户有足够的吸引力和说服力，可以顺应用户的心理过程，逐渐引导用户转化。

- 首先，引起用户注意，针对用户痛点进行心理刺激，突出用户的问题，比如头发干涩怎么办（卖洗发水）、吃多了不消化怎么办（卖胃药）。
- 其次，激发用户兴趣，介绍产品价值，告诉用户产品有什么功能与作用、有哪些亮点、能解决什么问题、可以达到什么效果。
- 再次，建立用户信任，利用专家效应、对比效应、标杆效应、从众效应等，采用行业权威认证、列举典型成功案例、邀请明星或者大V站台、借助用户口碑和产品热度进行宣传，降低用户门槛。
- 最后，引导用户转化，利用人性追求效用最大化、懒惰、贪心、患得患失的心理，通过超值优惠、限时福利、稀缺资源等运营办法，增强用户动机，引导用户快速成交。

投放内容时需要关注，每个渠道的内容都需要有自己的渠道URL或者渠道参数ID，用来追踪用户渠道来源，对用户打标签进行渠道分群，这样才能获取各渠道分群用户的行为数据，计算渠道数据指标，评估渠道拉新效果。

第六，做好转化承接。

作为互联网时代的企业，官网是企业的门面，迎接四面八方来客。不管用户是主动访问的还是通过某个渠道被引流过来的，用户进入官网后，企业都需要做好承接，根据用户需求，结合推广内容，提供相应的产品服务，促成用户交易转化。官网用户端包括App软件、网站、淘宝店铺、微信小程序等几种类型，当新用户访问官网时，要很好地呈现产品功能和服务内容，也要让用户能很好地了解产品及如何使用产品，更要有合适的用户注册及交易转化的流程和路径。

向新用户呈现的内容，是影响用户转化的关键。可以通过激励的办法增加新用户使用产品的动力，呈现新用户专享优惠、福利、活动等，这会起到刺激用户转化的作用。另外，对于新用户，可适当降低使用门槛，很多新用户只是来逛逛、体验一下产品，购买动力一般，如果门槛过高，超过用户预期，则用户很难转化，这时候降低服务的使用门槛是一种很好的解决办法，比如很多产品提供了新用户免费体验机会。必要时，可以设置产品新用户模式，新用户因为没有接触过产品所以不了解产品，如果产品提供的服务信息过多，新用户就会觉得比较茫然、无从下手，也会因为信息过载、使用难度过大而放弃。通过新用户模式把产品简化成极速精简版的产品，让新用户先快速体验产品核心服务，然后体验更多其他功能，比如很多游戏都设计有新手期模式，降低新用户使用难度较低，也容易实现用户的转化和留存。

转化路径的好坏也影响了新用户是否能转化成功及能成功转化多少。产品中的转化路径应尽可能简化，操作简单易上手，设计时需要考虑哪些操作步骤可以省掉、注册信息和填单信息项是否有必要、怎样填写更便捷等问题。转化路径也需要支持多样化的实现，满足不同用户的不同需求，比如对购物车商品可通过是否勾选相关选项来确定是否统一下单，列表页商品可直接加购，也可点击查看详情后再加购。秉承以服务用户为核心的原则，以最小的成本实现更多的用户转化。

第七，关注数据指标。

拉新用户需要关注的数据指标有三种。

（1）效率指标。

效率指标一般指费用效率，即钱效，常用的有以下两个。

- **单位用户获取成本**（Customer Acquisition Cost，CAC），是从拉新用户数量维度看费用投入产出效率。每一个用户都是有成本的，将渠道拉新投入的总费用分摊到最终拉新成功的用户身上，计算出平均每个用户的获取成本CAC，即CAC=拉新总费用/拉新用户量。

计算CAC时，有时只用渠道费用，有时会用渠道费用加转化费用，要视具体情况而定。比如，所有新用户享受同样的新客权益，用新客权益作为投放内容，对于投放渠道来说，新客权益费用可以不算作额外投入，所以渠道的用户成本就只计算渠道费用，也是合理的。如果将渠道费用和转化费用加起来算作渠道用户成本，那么需要权衡考虑二者投入及对其他指标的影响。比如，渠道费用为 4 元/用户，转化费用为 1 元/用户，转化率为 10%，如果转化费用增加到 2 元/用户，转化率可提升到 20%（因为转化费用翻倍导致对用户吸引力大大增加），那么拉新量增长 100%，而总费用成本从 5 元增加到 6 元，只增加了 20%，这样的拉新效率从边际收益上评估是非常可观的。当然，实际是否适合施行还需要看具体情况，比如费用预算是否即将达到额度上限、转化费用直接用新客权益而新客权益是否不太好区分渠道等。

- **费用投入产出比**（Return On Investment，ROI），是从用户全生命周期价值维度看费用投入产出效率。每一个用户都是有价值的，也就是 LTV（Life Time Value，用户生命周期价值），每单位用户成本带来的用户终身价值被称为费用投入产出比 ROI，即 ROI=LTV/CAC。一般情况下，用户拉新时需要关注：LTV 需要大于 CAC，即 ROI>1 时，我们才能够健康发展，否则拉来的用户越多，公司亏损越多。

计算用户生命周期价值时，衡量价值的维度比较多，可以是交易金额、前台毛利（交易金额-产品成本-营销促销费用）、净毛利（前台毛利-履约费用-人工费用-其他经营费用）。一般电商常用前台毛利，这个指标相对合适，也比较容易计算。然而，不管是哪个维度的价值，获取实际准确值都是比较困难的，一般用户生命周期比较长，无法等待那么久之后才去计算，所以有些时候，我们需要用到推算值，根据历史用户情况和新拉用户在一定时间内的情况，按相同周期历史用户的价值占比来推算拉新用户的生命周期价值。举例来说，通过历史数据发现用户整个生命周期是 1 年，新用户新增后 7 天内价值占整个生命周期价值的 20%，当前渠道拉新的用户在 7 天内产生价值 10 元，那么推算这个用户整个生命周期价值为 50 元（10 元/20%）。

（2）规模指标。

规模指标比较好理解，主要是指拉新用户的数量。

- **拉新用户量**，就是总共拉来了多少新用户。

（3）过程指标。

拉新过程节点有很多，过程指标用来统计分析每个节点的数据量及过程转化情况，一般会看下面几个指标。

- **渠道曝光量**，指有多少人看到产品推广的线索，看触达用户量是多少。
- **渠道转化率**，等于渠道拉新量除以渠道曝光量，指曝光后转化成活跃用户的用户比例，看转化效率。
- **每日拉新量**，每天拉新了多少用户，看拉新速度。了解曝光量是多少、转化效果如何，可以方便我们发现拉新过程中存在的问题，然后针对问题提出相应的解决办法，进行策略调整。比如，费用效率指标良好，但拉新用户数较少：如果此时曝光量少而转化率高，那么问题就出在曝光量上，需要增加曝光；如果此时曝光量多而转化率低，那么问题可能出在转化率上，需要优化投放内容，增加吸引力，或者优化转化路径，降低操作门槛，问题也可能出现在曝光策略上，查看曝光用户是否是我们的目标用户，调整为目标用户的精准筛选触达。
- **新客留存率**，指拉新用户 N 日的留存情况，等于 N 日留存数除以拉新用户数，该指标可用来评估拉新用户的质量，看用户只是被拉新内容一次吸引还是能留存下来成为正常稳定用户。N 一般为 1、7、30，有时为了准确计算拉新一个正常用户所需的花费，单位用户获取成本 CAC 会按留存用户来计算，比如 7 天留存用户 CAC。

2. 用户拉新的渠道

用户拉新的渠道非常多，包括付费的和免费的、外部的和内部的、线上的和线下的等，拉新渠道的选择和使用非常重要，本章将介绍几个重点的渠道及对应的传递链条，如表 2-1 所示，后面将分节详细讲述。

表 2-1 用户拉新的主要渠道

拉新渠道	拉新方式	付费	免费	外部	内部	线上	线下
官方渠道	应用市场、门户网站官方媒体、社群、行业平台		√		√	√	
增长黑客	运营策略（低投入高回报、快速实验迭代）		√		√	√	
用户裂变	用户传播、用户邀请、拼团裂变、助力裂变、众筹裂变、分销裂变		√		√	√	
资源互换	流量、产品资源互换		√	√		√	
异业合作	产业链上下游合作、产品相关业务合作	√	√	√		√	

续表

拉新渠道	拉新方式	渠道类别				
		付费	免费	外部	内部	线上	线下
付费广告	媒体/广告、搜索引擎广告、行业平台广告、网幅广告、插播式广告、内容相关广告	√		√		√	
线下获客	扫楼扫街摆地摊、实物介质传播、专场活动、线下门店	√	√	√	√		√
业务创新	第二曲线		√				

说明：拉新渠道按一般的容易程度（可行性）降序排列

2.1.1 官方渠道

官方渠道，指依托于开放服务平台的企业产品可触达用户的渠道，是拉新渠道中最基础的部分，包含综合信息类的应用市场、门户网站，社交媒体类的官方媒体、社群，行业服务类的淘宝、京东、抖音、美团、携程、滴滴等平台，下面举例介绍。

（1）应用市场。

应用市场是比较通俗的说法，本质上是一种应用平台，提供手机应用软件的展示和下载。手机上的应用市场主要有三个阵营：互联网巨头扶植的平台、手机硬件厂商和第三方平台。目前流行的主要品牌手机均预装了自己的应用市场，比如苹果手机上有苹果的 App Store，华为手机上有华为的应用市场，小米手机上有小米的应用商店。

App 软件需要在应用市场上架，以便用户查找并下载，软件的介绍信息和关键词要尽量体现产品服务，满足用户需求，让目标用户能精准搜索到。软件上架到应用市场的流程为：做好软件著作权登记之后，登录应用市场官方链接，填写软件资料，提交申请，然后由应用市场运维人员进行审核，一般审核在几个工作日内完成，等审核通过后，软件即可上架生效。

（2）门户网站。

门户网站是一种综合网站，是提供某类综合性互联网信息资源和服务的应用系统。通过门户网站，可以把与用户搜索相关的各种主要信息展示给用户，并链接到目的网站，为用户提供后续服务。从广义上讲，门户网站是一个 Web 应用框架，将各种应用系统、数据资源、互联网资源集成到一个综合的信息管理平台，以统一的界面提供给用户，并建立信息通道，使企业能够释放和获取企业内部和外部的各种信息。狭义的门户网站，就是提供某类综合性互联网信息资源和有关信息服务的应用系统。

门户网站主要提供搜索引擎、目录导航服务，用户在门户网站中可以通过搜索、导航入口等进入企业网站。著名的门户网站有国外的谷歌、雅虎，国内的百度、腾讯、新浪、网易、新华网等。

（3）官方媒体。

官方媒体是前两年很火的一个话题，指企业或者个体所拥有的微信公众号、微博、抖音号等。下面以微信公众号为例进行介绍，其他媒体平台和服务形式不一样，但流程方法相同。

微信作为互联网的一个大型社交平台，拥有非常大的流量。微信平台里的微信公众号对于企业来说，是一个很好的推广渠道，做好微信公众号运营，可以收获大量用户和转化价值，微信公众号运营是企业进行网络推广的常见手段。

微信公众号包括订阅号和服务号。订阅号，个人可以注册，主要功能是每天群发消息，偏向于传达资讯，消息被统一收纳在微信"订阅号"界面中，主要的传播形式是账号主动推送，用户被动获取信息。服务号，是支持支付行为的交易平台，以服务互动为主，消息会在微信消息界面直接出现，主要的传播形式是用户主动查询，账号返回相应消息。服务号是微信官方希望重点发展的。

做微信公众号运营的重点主要有以下四个方面。

第一，账号注册。登录微信公众号官网即可注册。注册时需要考虑好以下事情：首先需要明确公众号的定位，发布什么类型的内容，比如是科技类的还是美食类的，并在此基础上规划自己的内容方向。公众号定位想好后，需要有一个符合定位的名称，让用户一眼就知道是在做什么，这样更有助于收获粉丝。然后是简介，写一个清晰的简介，告诉用户公众号主要提供什么内容、核心思想是什么、可以带来什么价值等，帮助用户了解公众号。

第二，功能配置。确定好公众号主页下方的自定义菜单，要实现多少功能。设置互动消息里的关键词自动回复、首次关注提示和平时互动提示。

第三，内容运营。公众号最重要的方面，是长期以来的内容输出，要靠阅历、知识、技巧、经验的不断积累和沉淀。首先，选好文章标题，厘清内容框架，撰写具体内容；然后进行排版，可以使用一些排版工具或者去排版网站找到一个免费的模板应用程序，使文章看起来整洁和清晰；最后提交、发布文章。

第四，公众号宣传。适当的宣传可以增加公众号用户和粉丝。可以先看看企业有哪些内部资源，因为产品的用户群和产品微信公众号的用户群匹配度是极高的，所以可以通过现有渠道进行宣传。等公众号有一定粉丝量后，可以查找用户人群画像相近的公众号，互相进行推广。还有一些专门做微信导航的网站，可以在上面提交自己的公众号。另外，可以根据公众号用户定位和人群画像，找到目标用户聚集的地点，通过线下给予一定的礼品激励或者线上活动引导，让用户扫码关注，常见的地点有大学校园、商超集市等。

（4）社群。

社群，简单地讲，就是一个群体，有时也叫社区。社群有它自己的表现形式，常见的社群有微信群、QQ 群、微博社群、百度社群、豆瓣小组、淘宝群等。目前用得最多的社群是微信群，本节也以微信群为例进行介绍。

社群运营是做私域流量中非常重要的一步，在电商和教育行业运用比较多。通过社群可以很好地与用户进行互动、保持联系、建立信任，但也有很多企业因为不了解社群运营或者没有专业的运营人才，常常把社群做成一个又一个僵尸群，看似流量很多却达不到转化的效果。社群运营难度比较高，但是一旦做好，会产生长期价值。

做好社群运营，需要掌握以下六大要点。

第一，明确社群目的。毫无目的地组建社群，最终结果一定是失败的。一个社群不单单是一群人的集合，它还承载了这群人共同的需求、利益点、价值观等，只有击中了用户的需求点，才能获得用户的青睐。

第二，确定目标用户。每个社群都有自己的定位，由定位延伸出的是目标用户，比如说化妆品群里拉入了很多老年男士，这样社群的转化肯定是比较差的，产品服务和用户需求很难匹配。所以，想要后期的转化做得好，前期的目标用户画像就要做得完善，明确用户是谁及用户需求是什么。

第三，选择社群平台。微信社群包括个人和企业两个平台，两者之间有明显的差异。个人群更有亲和力，但管理不如企业群完善，比如企业群支持自动回复、进群欢迎语，个人群是没有的。根据两个平台的规则，一般人少时选个人群，人多时选企业群。

第四，找到种子用户建群。种子用户也就是忠实用户，可以邀请老用户、KOL

等，实在没有种子用户，也可以先用一些内部员工，这批人的作用是带动群内氛围和其他用户的积极性，毕竟很多人都不愿意做出头鸟，有一些人来进行引导和活跃气氛，总不会让群里的气氛太过尴尬。

第五，制定并施行运营管理办法。做好投放内容的计划和节奏，比如每天固定什么时间、什么频次投放哪些内容。搞活动，设计关联性强、价值感高、简单可得的好诱饵吸引用户参与，比如限时秒杀 1 元购、抽奖活动、抢红包等。制定互动规则，比如要求用户不能发广告，如果违规，会被踢出群。抛话题，每一个社群都有带相同标签的人在一起，这些带相同标签的人一定是对某个同样的话题感兴趣的人，比如化妆品主题社群中可以讨论化妆品使用心得，引导用户互动、交流，这样社群就活跃起来了。

第六，推广社群，增加用户。用户进群有两种方式：一是扫群二维码，推广方式类似于微信服务号；二是单对单拉人，用户在裂变时，可以是老用户拉新用户进群，也可以让用户先加客户经理、公司统一客服或助手的账号，再由这个账号把用户拉进群里，不过这时需要注意风险。

（5）淘宝平台。

淘宝，是面向消费者的 C2C 购物网站，是国内较大的网络零售平台、商圈。淘宝注册用户数量已达数亿，在线商品数量也是十亿量级的。随着平台规模的扩大和用户数的增加，淘宝早已从单一的 C2C 集市变成了包含 C2C、分销、拍卖、定制等多种电商模式的综合性零售生态平台。

在淘宝平台开通店铺，具有几点优势：开店成本和运营费用较低；店铺风格、产品类型、销售方式丰富多样，可选择范围较广；平台用户流量多，市场空间大；物流便捷，商品配送、退货都比较方便；交易安全有保障。

运营淘宝店铺时需要注意以下两方面。

第一，打造店铺个性。如果自己的产品、服务、特点和其他商家都一样，很难有吸引力，所以，要体现出自己的闪光点，让店铺富有个性。

第二，注重人群定位。对于经营的产品，需要做好精准人群定位，明确用户的年龄、性别、偏好、需求，对目标用户精准营销，不要想着把一款产品既卖给老年人又卖给年轻人，抓住特定的用户群体才能在众多产品中脱颖而出，快速促成交易。

另外，由于淘宝平台流量过于碎片化，自然搜索的用户越来越少，所以，可以考虑付费广告引流，或者在站外其他免费平台通过做内容营销进行引流。

（6）抖音平台。

抖音电商，致力于成为用户发现并获得优价好物的首选平台，抖音电商的核心是兴趣电商，也可以叫内容电商，这类电商基于消费者对美好生活的向往，不仅以商品供给满足明确的购物需求，更以海量的内容供给激发潜在的购物兴趣，提升消费者的生活品质。从商家到明星达人和服务机构，再到用户，大量生态伙伴都抱着开放的心态拥抱抖音电商的新模式，为抖音电商带来勃勃生机。抖音电商是商家生意增长的新机会，同时是商家经营转型的新挑战，去中心化的内容分发带来了新的增长逻辑，多样性的生态资源需要进行生意布局的新思路。

抖音电商经营的关键是内容，内容是店铺商品连接用户的桥梁，商品被融入丰富的内容中，从而具备了传播性，随着内容的传播触达准确的目标用户，而用户也通过浏览内容来了解商品，以做出自身的购物判断。内容的质量直接决定了商品触达用户的能力，以及激发用户购物兴趣的能力，创作好内容是经营好抖音电商的重中之重。

抖音电商推行 FACT 经营模型，商家生意增长从如下四方面进行。

第一，阵地自营（Field），商家在经营抖音电商生意时，运营好自身的经营阵地是基础。商家对于品牌形象、货品类型、优惠力度、直播话术等关键运营节点拥有很强的把控力将有助于与用户建立联系，实现人群资产的持续积累，带来长期稳定的企业经营和效益。

第二，达人矩阵（Alliance），商家与众多达人建立紧密的合作关系，借助达人资源，商家可以更快地入场，快速建立品牌在抖音的知名度和销售业绩，是放大生意增长的最佳助力。

第三，营销活动（Campaign），电商大促、营销 IP、行业活动等一系列营销手段，赋予了抖音电商节日化、主题化的营销能力，为用户不断创造在抖音上消费的理由和心智，是商家借助平台资源快速成长的重要方式。

第四，头部大 V（Top KOL），品牌与明星及头部达人合作，可以实现品宣和销量的双赢。借助明星和头部达人强大的粉丝影响力和人设，制造热点营销事件，可以帮助品牌迅速破圈。其中与达人矩阵、头部大 V 合作属于付费广告推广。

抖音平台为了帮助商家经营，推出了一系列帮扶服务，商家可以选择使用。比如抖店，就是为商家提供全链路服务的一站式生意经营平台，服务项目包括店铺装修、商品管理、订单，以及物流管理、售后服务等，还有电商罗盘可帮助商家进行数据诊断，全方位支持商家经营和决策。

2.1.2 增长黑客

说到增长黑客，大家很容易想到"增长黑客之父"肖恩·埃利斯和摩根·布朗的重磅力作《增长黑客：如何低成本实现爆发式成长》。书中有对增长黑客进行详细说明，主要意思是：增长黑客，是指通过不断测试与迭代，利用数据分析用户的偏好，以极低的成本获得用户、激活睡眠用户并实现变现。用户运营离不开增长试验，因为科学化的运营建立在定量分析的基础之上。所谓增长试验，是指发现问题、提出假设、试验假设、运营迭代，试验频率越高，增长越快。可以简单地理解为，找到一个适合自己产品的"黑魔法"，就能撬动产品爆发式增长。"增长黑客"一词神秘而又华丽地登场了。

增长黑客最开始强调的是一种战术，后来概念被放大，包括战术及需要结合的底层业务逻辑、运营方法和技巧，黑客增长进化成为现在大家更关注的体系化的健康增长。

增长黑客的相关理论和方法在其他图书中介绍得比较多，本书不做过多讲解，下面提供一个典型的企业案例供大家参考。

【案例】

去哪儿网通过行程分享功能拉新用户

去哪儿网，是一个旅行服务平台，为消费者提供机票、火车票、酒店等旅行产品服务。用户下单产品后生成行程卡片，去哪儿网在行程卡片上添加了分享功能，用户可以把行通过程微信分享给同行的伙伴或者想要知道行程的人，然后对方在微信里就能看到消息，点击消息后会进入去哪儿网的行程详情页面，还可以把行程添加到自己的行程里，方便后续查看和进行行程提醒等，如图 2-3 所示。通过这个几乎无成本的功能，去哪儿网更好地服务了用户，提升了用户体验和留存率，同时获得了很多新用户。

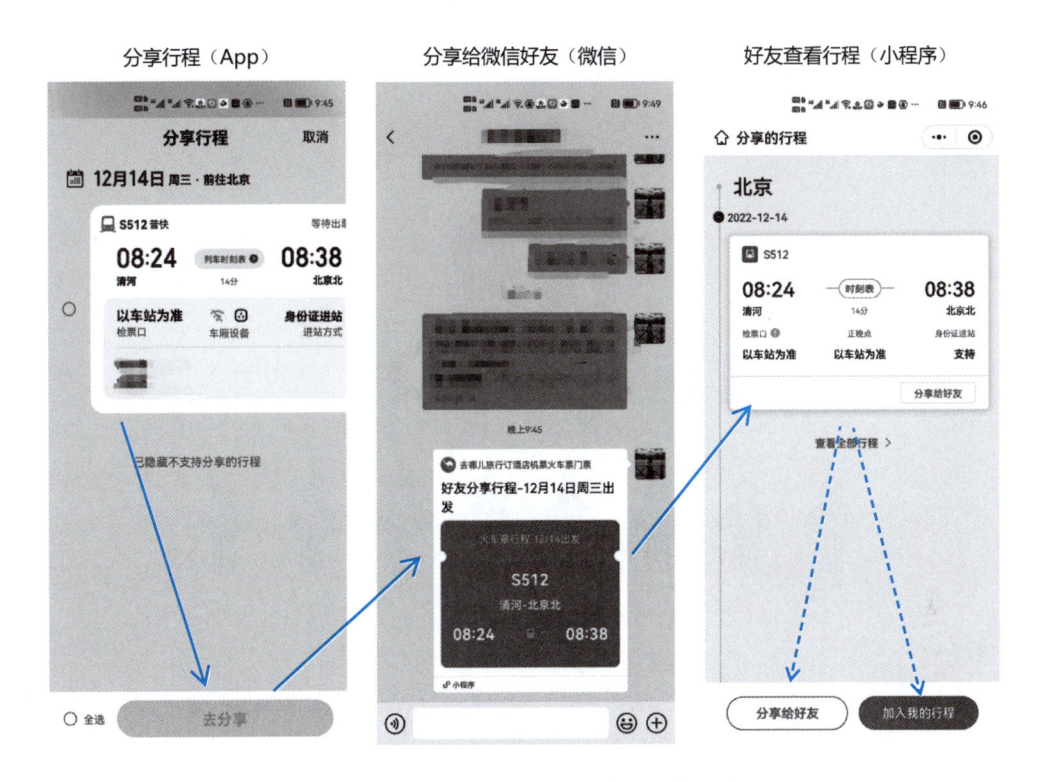

图 2-3　去哪儿网的行程分享功能（拉新用户）

2.1.3　用户裂变

用户裂变，是指以用户作为传递渠道，通过已有用户资源来构建价值传递链，利用用户的社交关系，一传十、十传百，把价值信息传递给更多用户，如图 2-4 所示。有计划的裂变活动，通常是基于社交关系链疾速完成的，因而也被称为病毒性增长或裂变增长。

用户裂变目前有好多企业都在做，同样的玩法玩多了，用户敏感度、兴趣度、行动力下降，用户传递成本增高，想要获得更多用户裂变，变得更难。但是，在流量红利消失和市场费用普遍紧缩的情况下，用户裂变仍然是企业优质的获客方式，主要原因是其具有三大好处，分别是获客成本低、用户质量高、转化效果好。

裂变很简单，但也很复杂。简单在于对业务逻辑的理解，复杂则在于对用户想法和需求的深入挖掘和极致运用。现在市面上多的是对裂变玩法和套路的模仿，缺的是对用户的洞察。裂变的本质是关系营销学，能否成功取决于有多少人愿意参与，因此，经营好"人"才是关键。

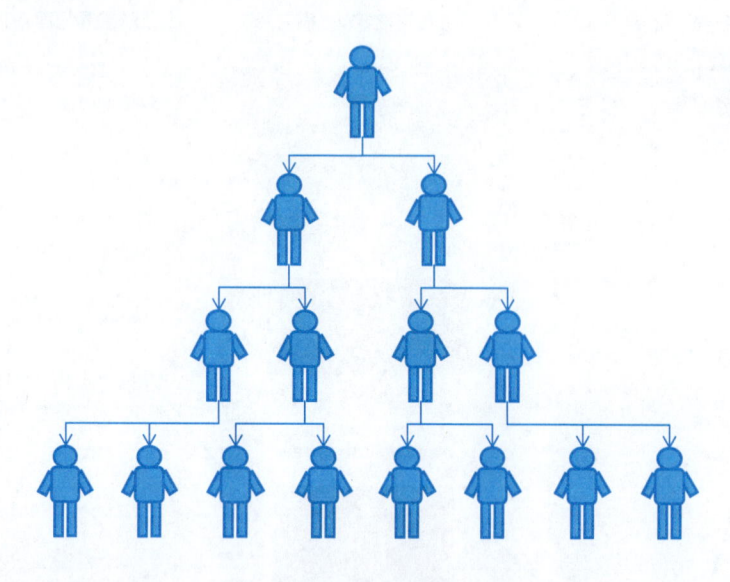

图 2-4 用户裂变

用户裂变产生的基础是，这件事情对于发起传递的用户和被传递用户双方都有价值。价值永远是商业的核心驱动力，只有让用户获取价值，才能为产品带来广告效果，才有可能实现增值。此处的价值包括认同感、成就感、折扣优惠、返现收益等，在裂变活动中要将这些价值点放大。

1. 用户裂变的驱动因素

用户裂变的驱动因素，主要包括下面几种。

- **种子用户**，找到愿意传递的用户，一般为忠诚用户或者愿意得到相应价值的用户。

- **传递动机**，抓住用户的心理和需求，促成用户裂变。常用的也比较有效的是帮助用户"秀炫晒"，打造可以让用户看起来更有趣、更积极的内容，这是用户自发分享的关键。还有利益引导，利用优惠、福利或者额外奖励刺激用户的分享意愿，"重赏之下必有勇夫"，好多互联网企业的邀请有礼活动基本上都利用的是利益引导。

- **传递内容**，打造一些能满足用户传递动机的内容，满足传递者价值，也要满足被传递者价值，实现传递。传递的内容可以是能用来"秀炫晒"的好的产品服务或者内容，也可以是想让用户传递的其他信息，比如邀请有礼活动信息。

- **传递动作**，提供便捷的传递路径，在交互操作层面也要考虑用户的使用习惯，以及如何更有效地引导用户做出传递动作，用户操作一定要简单，尽量不要超过三步，因为过于烦琐的操作流程容易抵消用户的传播意愿。

- **转化路径**，设置适当的转化路径，让目标用户看到内容后能够快速完成转化，用户登录、注册、完成关键动作的每个步骤都有衔接、有引导。

2. 用户裂变方法

用户裂变的方法有很多，可按裂变方式梳理总结为以下六种。

（1）用户传播。

用户传播，指用户单纯地把内容分享出去。过去，传播渠道受限、传播力度不够，用户传播很难真正实现。但现在，互联网和社交媒体让每一个用户都成为一个传播平台，给用户传播提供了很好的场所和工具。用户传播方式包括社交传播、口碑效应传播、激励效应传播、话题传播等。

口碑传播是用户传播中的一种特殊方式，指用户在使用了某种产品或体验了某种服务后，感到非常满意，从而主动把产品推荐给亲朋好友，使产品在用户的社交圈内形成良好的口碑，影响其他用户群体的购买决策。这种方式基本上不需要任何成本就能获得许多新用户。人们总说"做 100 次广告不如 1 个熟人推荐"，好的产品得到了疯传，那一定是最高级的传播方式。

【案例】

Keep 的用户传播

Keep，作为一个健身类应用，为用户提供了很多新奇好玩的、可供用户低调炫耀的内容，比如酷炫的跑步轨迹动画、精致全面的运动数据统计等，只要圈里有一个人在用，就会带动一拨人来用，这为 Keep 初期拉新增长立下了汗马功劳。

网易云音乐的用户传播

网易云音乐个人用户的"年度报告"功能把用户的历史行为数据制作成年度报告，呈现给用户，通过体现用户个性化信息，满足用户炫耀、攀比、成就感、自我展示的心理，促进用户分享传播，分享的图片内容里有"打开网易云音乐 搜索「年度报告」"字样，能引导和帮助用户裂变转化，如图 2-5 所示。

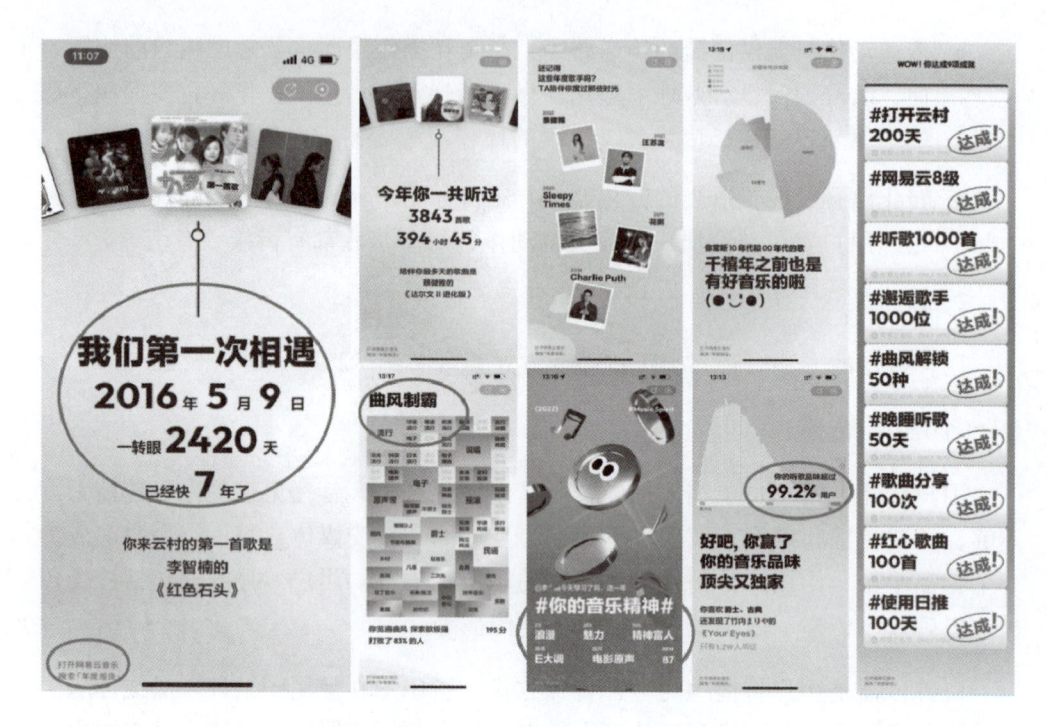

图 2-5　网易云音乐个人用户的"年度报告"

（2）用户邀请。

用户邀请，是指利用老用户邀请新用户。可以在用户的使用路径上打造邀请功能点，让邀请成为用户服务的一部分；或者通过激励活动的形式引导用户邀请，比如邀请有礼，通过一定的奖励吸引老用户拉新用户，同时给予新用户奖励，让邀请者和被邀请者都能够获利。

【案例】

教育行业的错题求助

错题求助是教育行业产品比较常见的一个功能，用户使用该功能，就已经产生了分享行为，该功能既可以增加产品的曝光，也可以引起用户间的互动，增加新用户。

美团买菜的邀请有礼活动

美团买菜的邀请有礼活动规则是，用户邀请1位新用户奖励30元红包，好友可得108元新人礼包，如图2-6所示。

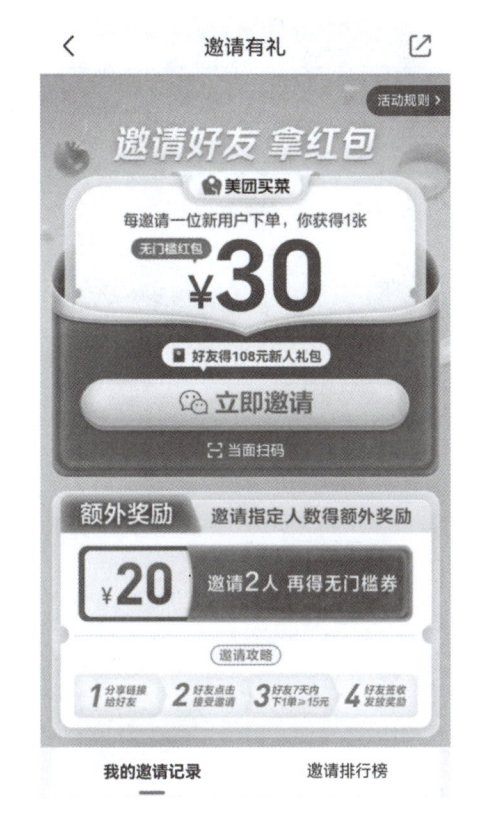

图 2-6　美团买菜的邀请有礼活动

（3）拼团裂变。

拼团裂变，顾名思义就是两个及两个以上的人一起拼购。用户发起拼团，通过社交软件分享给好友，好友参与拼团，共同以低于正常价的拼团价格购买某种商品或服务，邀请者和被邀请者都可以获得优惠的拼团价格。

【案例】

拼多多的拼团裂变

拼多多，是以拼团起家的电商平台，靠这种拼团裂变方式打开了下沉市场，短短几年时间，坐拥几亿用户，可以说是创造了奇迹。在拼多多下单，用户如果想享受较低的拼团价格，至少需要两个人参与，如图 2-7 所示。在这种模式下，用户就会产生拼团裂变行为。拼多多的拼团裂变之所以能成功，有两个关键点，一是抓住了下沉市场用户对于低价的需求，二是充分利用了用户社交资源，使得用户自发地分享拼团信息，并取得了裂变成果。

图 2-7 拼多多的拼团裂变

（4）助力裂变。

助力裂变的实现方式是：用户将助力信息分享给好友，让好友通过一定的操作帮助自己得到收益。助力裂变的关键在于设置好需要助力的人数、目标收益值、助力规则，让用户觉得这是一件可期并可行的事情，一般适用于购物类、教育类产品。

【案例】

拼多多的砍价裂变

拼多多早期推出的砍价活动非常流行，快速积累了大量用户。用户挑选好某个商品后，将砍价活动信息分享在自己的社交圈，好友操作助力砍价，可以降低商品价格，然后用户就可以用较低的价格来购买商品。砍价初期能砍掉很大一部分价格，用户很愿意分享砍价信息并让别人帮忙砍价，也愿意帮别人砍价，但后期随着砍价用户数量的增多，砍掉的价格逐渐变少，用户的砍价意愿就减弱了，甚至出现了"谁让我砍价我就砍谁"的调侃。

(5)众筹裂变。

众筹是近年来比较流行的玩法,就是大家一起为了某个目的共同筹集资源,主要利用好友间的情绪认同、价值共享,再加上外在福利来实现,福利主要是优惠或赠品等,用来增加实现目的的吸引力。众筹目前比较流行的方式有 1 元购、开盲盒、众筹保险、共享经济等。

【案例】

水滴相互保产品的众筹裂变

水滴公司初期就推出了相互保产品,用户每人每月缴费 1 元购买保险,所有用户的所有保险缴费金额构成总承保金额,如果其中有用户出现问题就可以申请保险理赔。通过用户集资众筹共建总体保险体系,每个用户都能以较低的成本获取到较大的保障价值,形成"抱团取暖"效应,所以实现了用户量暴增。

(6)分销裂变。

分销裂变,指通过中间环节的某些角色来构建价值传递链。产品从生产源头到交到用户手中,中间有很多环节可以向用户传递信息价值。在传递过程中增加有利的分销环节,可以让传递变得链条更多、效率更高。分销裂变是目前大家最常用的一种增长手段,不管是在微信生态内,还是产品本身的销售渠道,都越来越多地使用分销方法进行推广,比如很火的微商生意,还有专门做分销电商的爱库存。

综上所述的六种用户裂变方式,按传递者和被传递者之间的裂变关系逻辑进行梳理,如图 2-8 所示。

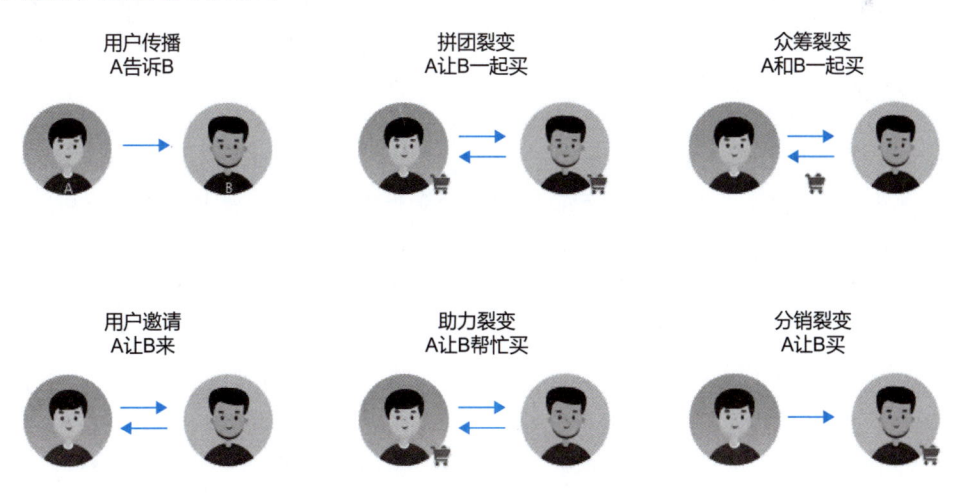

图 2-8 六种用户裂变方式的逻辑与对比

2.1.4 资源互换

资源互换是指，基于互相能够提供对对方有价值的资源，双方进行资源互换合作，以达到各自的目的。互换的资源类型有很多种，互联网行业常用的有产品服务、活动优惠、内容、流量、用户等，互换的资源可以是不同类型的，只要能达到目的，什么都可以互换。

做资源互换的合作对象，或者叫渠道，需要根据互换目的来确定。企业如果想提升品牌知名度，那么渠道的选择范围会比较大，很多类型的渠道都可以进行资源互换合作，只要有流量能更多地曝光、让更多的用户看到自己的品牌，都可以合作。企业如果想拉新用户，则需要考虑两边的用户群体和场景是否合适，对方用户是否是自己产品的目标用户，用户量有多少，跟自己的用户重合度有多少，需要关注投入产出情况。跟对方合作时，还需要考虑好自己能为对方提供什么，毕竟对双方都有利的合作才能长久。同时，提供给对方资源，对自己的业务及关联方有什么影响，尤其是有哪些负面影响，也都需要考虑清楚，不能捡了芝麻丢了西瓜。

【案例】

京东 PLUS 会员项目的资源互换业务

京东 PLUS 会员最初主要是京东稳固和拓展优质用户的一项举措，但很快这一体系就显现出远超传统零售付费会员制的潜力。以京东的技术驱动和业务生态为基础，京东 PLUS 会员体系在需求个性化、场景多元化、价值参与化的框架下持续演变，成为京东精细化经营和挖掘存量市场的一个重要切入点。到 2018 年，在京东场景连通、数据贯通、价值互通的思路下，京东 PLUS 会员体系也持续开拓新版图、新模式。2022 年，京东 PLUS 会员业务再升级，新增麦当劳、七鲜超市等会员权益，并发布了"好生活超级入口"全景图，持续为会员打造好生活超级场景。最终，京东 PLUS 会员为不同领域的合作伙伴提供了多样化、灵活化的合作模式，通过数据驱动各场景的互联互通，实现了全场景权益覆盖，带来了 1+1>2 的协同效益。

在京东 PLUS 会员项目里，合作方可以进行资源互换的方法有三种，用以换取京东平台更多的流量资源，如图 2-9 所示。一是京东 PLUS 京典卡权益，包含购物回馈、生活特权、专享价商品、专属购物节等十二大特权，日均在线权益超 130 项，既有内部权益又有外部生态权益，合作方可以提供权益福利，比如当前合作的有万达电影、华住酒店、麦当劳、王者荣耀等。二是京东 PLUS 会员还有联名卡，合作方提供联名会员优惠的开通价格，如当前合作的有腾讯视频、爱奇艺、哔哩哔哩等。三是"免费送 PLUS 会员"，用户使用合作方积分资产、在合作方开卡或者交易，即可免费成为京东 PLUS 会员，合作方承担用户开通京东 PLUS 会员的费用，比如当前合作的交通银行联名卡开卡送京东 PLUS 会员、中国移动积分兑换京东 PLUS 会员、购买海尔冰箱送京东 PLUS 会员等。

截至 2022 年 7 月，京东 PLUS 会员数量已突破 3000 万，大概 8 个月的时间，联名卡总计为京东 PLUS 会员节省 11.8 亿元费用，生活特权累计被京东 PLUS 会员领取超 6525 万次。这一项目，无论对京东、对合作方，还是对用户，都产生了巨大的价值，实现了多方共赢。

图 2-9　京东 PLUS 会员体系（资源互换）

2.1.5　异业合作

一般来讲，异业合作是指两个或两个以上不同行业的企业为了降低成本、提高效率，通过联合双方资源，共同协作经营，来增强市场竞争力的一种合作策略。异业合作跟资源互换不同，异业合作不仅让企业共享了资源，而且它的重点在于双方在业务上的联结合作。形成异业合作的前提是双方业务有一定联系，所需资源或者目标用户有重合等。异业合作简单地说，就是取长补短和强强联合。

在严峻的经济环境中，市场竞争愈发激烈，不少传统企业由于盈利模式固化、产品服务单薄、营销渠道单一，面临着业务增长瓶颈，急需开拓新的增长点。而行业与行业之间也不再是铜墙铁壁，众多企业开始通过异业合作的方式，抱团取暖、互相借势、跨界合作，然后参与到新兴的行业和领域，增强自己的竞争力。尤其对于传统品牌，借助不同行业、不同调性的风格碰撞，吸引更多年轻用户群体的关注，不仅能实现业务突破，还能提升品牌的影响力，所以异业合作是一种很好的业务增长方式，受到越来越多企业的青睐。

异业合作共享的资源，可以是产品、渠道、用户等。合作之前，需要考虑好合作的资源，资源不同，选择的合作行业不同，合作的形式也不同。比如软件，一种较好的合作就是与硬件厂商捆绑，手机设备卖出去一台，软件就多了一个用户。比如打车服务跟机票业务的合作，给机票用户推荐打车接送机，转化率会比较高。异业合作对于用户的展示，很多时候是以增值服务形式存在的。

企业可以跟谁合作、怎么选，这个问题要回归到本书的主题，即以用户需求为核心，基于用户需求来进行判断，找到能满足用户需求和提升企业经营效率的合作对象。比如，卖婚纱礼服，用户买婚纱应该是要结婚，是不是还要拍婚纱照、办婚宴、去蜜月旅行？找到产品使用场景中相关的其他产品需要，那么，一系列目标合作对象也就有了，然后在里面筛选出与业务最贴合的。再比如，做产后护理服务，用户是宝妈，宝妈一般会需要奶粉、尿不湿等产品，找到这些其他方面的用户需求，可合作的对象也就有了。还有产业链上下游业务方，很多都是很好的异业合作对象。

【案例】

MAC 口红与王者荣耀之间的跨界合作

MAC 联合王者荣耀一起推出了由游戏虚拟世界衍生出的联名口红，如图 2-10 所示。MAC 是备受女性追捧的彩妆品牌，王者荣耀是当下最热门的游戏 IP 之一，二者的跨界合作算得上是强强联合。联名推出的五款限量版子弹头口红非常有创意，热度爆棚，一经发布就成为爆款，上线后的第一天销量就超过了 MAC 之前一个月的销量。另外，MAC 还邀请了当时的人气女团火箭少女的五名成员来代言产品，实现了手游+偶像的双 IP 助攻，进一步提升了联名活动的品牌影响力，实现了流量转化的效果叠加。在联名口红的设计推广中，设计灵感来自王者荣耀中的五位英雄"峡谷五美"，营销方面也融合了许多游戏社交文化元素，比如"吻住，我们能赢"的谐音梗文案，这种由游戏虚拟世界衍生出实体产品的合作方式，既增加了游戏用户对口红的亲密感，又能帮助游戏品牌渗透到用户的生活当中，使品牌双方都获取了收益。五款联名口红都是子弹头口红中的当家色号，抛弃了经典的黑色包装，换上了渐变色，给人眼前一亮的感觉。这个系列的口红在官网上的标价是 170 元/支，在线下专柜、官网、天猫和 MAC 小程序上都有售卖，可以购买的渠道有很多，但用户购买量大，还是有断货的情况。

图 2-10　MAC 与王者荣耀跨界合作推出的联名口红

2.1.6　付费广告

付费广告是指具有目的性的商业广告，是企业为了推广产品和增加用户，以付费方式，通过广告渠道向公众传播商品或服务信息的手段。不同的广告目的可以满足企业多样化的经营诉求，按广告目的不同，广告主要分为品牌广告和效果广告。品牌广告能为企业带来规模化的流量汇入，是曝光度最高的付费推广形式，能够最大化触达用户，提升品牌知名度。效果广告通过定向投放能精准触达高意向人群，投放灵活、效果清晰、可监测、可管控。

广告除了目的有区分，推广形式、计费方式、渠道平台也有很多种，每种广告都有各自的特点和优缺点，不同种类的广告为企业提供了多种选择，企业可以根据自己的实际情况、目标用户定位、需求场景及推广目的选择性地进行广告投放。

1. 付费广告的几种主要推广形式

（1）媒体广告。

媒体广告，就是在媒体上投放的广告，包括传统媒体广告和新媒体广告。传统媒体指报纸、杂志、广播、电视、户外媒体和售点等。传统媒体广告也叫作传统广告，受传统媒体特点约束，传统广告局限较大，阅读观感较差。随着互联网新媒体广告的盛行，传统广告的发展越来越艰难。新媒体一般指微信、抖音、今日头条、微博等互联网巨量社交媒体，新媒体广告以信息流广告、达人推广为主。

信息流广告，也称作 Feeds 广告，即在用户查看的信息流中插入广告信息，并根据用户及场景进行针对性推荐，广告精准度很高。信息流广告随着移动互联网的兴起而呈现爆发式增长，用户体验度相对较好。信息流广告拥有更加可靠的展示渠道，广告内容出现在信息流当中，以文字、图片、视频的形式呈现，点击链接还可查看详情。广告上虽然会标注"广告"二字，但它植入用户视觉焦点内容中，不会像传统广告那样被孤立、被用户忽视。信息流广告这种可靠的展示也带来了更好的转化效果和流量变现效率。就业界的水平而言，信息流广告的流量变现效率是传统广告的 10 倍。信息流广告渠道比较多，投放的重点在于目标用户的定向筛选及创意内容的设计，以及怎样才能圈定目标用户和吸引目标用户点击。

信息流广告目前最主要的投放平台是抖音，抖音是字节跳动公司孵化的一款创意短视频社交软件，日活跃用户数已超过 6 亿，有越来越多的企业和广告主在上面做付费推广。抖音信息流广告，给用户带来原生竖屏的沉浸式体验，适用于线索收集、软件下载、商品推广、品牌传播等场景。广告形式以短视频为主，用一段不到 1 分钟的视频推广自己的产品已是很流行的方式，对于企业来说也是一种全新的机遇。制作短视频，最重要的是内容，要开头第一句话就抓住用户的眼球，要知道刷视频的用户耐心是有限的，如果用户前 3 秒不感兴趣，可能就不会再往下看了。文案写好了，画面根据文案而定，拍摄的时候最好真人出镜，后期剪辑也会多些素材。

信息时代人人都是自媒体，这一重要特点催生了新兴的达人推广业务。现在很多企业都会找一些流量达人来推广产品，达人粉丝越多，推广费也越高。达人帮助企业推广产品，做品牌宣传、推广产品链接或者直接直播带货。达人费用可以按销量抽佣或支付固定金额。寻找达人可以上巨量星图、淘宝联盟等，或者直接联系达人。选择达人时需要注意，达人及其粉丝用户与要推广的产品内容要相匹配。

（2）搜索引擎广告。

搜索引擎广告可以说是付费广告中的老大哥，是一直非常流行的广告类型，主要集中在百度、搜狗、360、巨量引擎等平台，广告主根据自己的产品或服务的内容、特点等，确定并投放相关的关键词，当用户搜索到这个关键词时，相应的广告内容就会展示出来，用户点击后可跳转到广告内容的详情页面，然后进行后续的转化操作。

搜索引擎广告一般采取竞价排名方式，即SEM竞价推广，同一个关键词有多个广告主时，谁出的钱多就优先展示谁，由广告主自主投放、自主管理，通过调整投放价格来影响广告展示排名。SEM竞价推广具有针对性强、见效快、关键词无限、效果可追踪等优点，但缺点也比较多，比如价格比较昂贵、管理复杂、存在无效点击等。

搜索引擎广告投放的关键在于：首先，关键词要选择与所投放产品内容关联性强的，关键词类型可以是品牌词、产品词、通用词、行业词、活动词和人群词，关键词代表了用户的需求，用户搜索什么词，就意味着他有什么样的需求，所以关键词是找准目标用户的关键纽带；接着，投放内容要干练、有重点、有亮点，注意简单直接、醒目突出、理由充分，让用户一目了然并眼前一亮，能注意到产品，但切记不要过度宣传、夸大其词，如果广告内容不切实际，用户即使点击了广告也不会转化，白白浪费了广告费用，还可能给企业招来用户投诉、虚假宣传的风险；然后，精准投放，选择合适投放的时间段、地域范围、用户画像标签等；最后，还有关键词出价、费用效果控制等也要关注。

（3）行业平台广告。

行业平台是指某一行业领域内的综合信息服务平台，比如电商行业的淘宝、京东、拼多多、抖音，生活服务行业的美团、携程等。行业平台广告，就是在行业平台上发布的与行业相关的广告，目前广告业务规模和影响力比较大的行业平台主要有淘宝和抖音。

在淘宝平台进行广告投放，主要工具有三种：一是淘宝直通车，广告按关键词出价高低在淘宝、天猫用户搜索商品的展示结果中展示，按点击量计费，这是淘宝经典的付费推广方式，这种方式的重点在于关键词的选择，关键词找得精准，效果就好，关键词找得不好，转化就少，风险也相对较高，可以先做好测试再正式推广；二是淘宝钻展，这是淘宝平台图片类广告位竞价投放工具，按曝光量计费，淘宝为商家提供了约200个平台优质展位，依靠图片创意吸引用户点击，商家可以根据用户标签设置定向推广；三是淘宝客，也叫淘宝联盟，是指帮助淘宝商家推广商品并获取佣金的人，商家提供自己需要推广的商品到淘宝联盟，并设置每卖出一件商品愿意支付的佣金，用户从淘宝联盟推广入口进入并完成商品交易后，商家支付淘宝联盟佣金，按成交量计费，风险没有那么大，比较保险，适合流动资金不多的店铺。

在抖音平台进行广告投放，主要工具有两种：一是巨量千川，这是巨量引擎旗下的电商广告平台，与抖音电商深度融合，为商家和达人提供抖音电商一体化营销解决方案，通过打通抖音账号、抖音小店、巨量千川账户、资质、资金，提供一键开户和便捷管理功能，实现商品管理、流量获取、交易达成的一体化营销，降低投放和管理成本，有效提升电商营销效率；二是巨量百应，连接商家、达人、机构，提供一站式内容营销服务，商家选择商品并设置商品佣金比例，吸引达人主动报名参与带货，并根据带货金额进行佣金结算。

（4）网幅广告。

网幅广告，是指在网页中用某个固定的资源位来展示的广告，资源位包含 Banner、Button、通栏、竖边、巨幅等，广告内容通过 GIF、JPG、Flash 等格式图像文件展示，还可使用 Java 等语言使其产生交互性，用 Shockwave 插件工具增强表现力等。网幅广告是最早的网络广告形式之一。

（5）插播式广告。

插播式广告，也叫弹出式广告，是指在用户请求访问某个网页时强制性地插入一个广告页面或者弹出一个广告窗口。插播式广告类似于电视广告，都是打断正常内容展示，强迫用户观看的。广告展示可以全屏也可以小窗口，内容可以静态也可以动态，广告可以被关掉，或者展示完固定时间、流程后由系统自动关掉，然后回归用户正常访问的页面。

（6）内容相关广告。

内容相关广告，让广告出现在众多与广告内容相关的信息及网页中，以获取更多广告产品转化和收益。用户正常浏览信息时，出现与信息相关的广告内容，这样的广告内容会更容易匹配用户需求，更容易让用户转化。广告与内容相结合，广告的内容与正常展示内容在类别、形式、风格等某个维度上具有一致性，从表面上看更像网页上的内容而非广告。比如，用户在浏览美食做法时出现的所需食材的商品广告。内容相关广告，可以说是赞助式广告的一种，是对搜索引擎广告的高效补充。

2. 付费广告的计费方式

- **CPT**（Cost Per Time，按时间计费）。国内很多平台广告都是按照展示时间来收费的（一个月多少钱、一天多少钱、一分钟多少钱），常见于贴片广告和开屏广告，这种方式的广告比较粗糙，无法保障广告主的利益，但优点是稳定和省心。

- **CPM**（Cost Per Mille，按曝光量计费）。只要给用户曝光了广告内容，广告主就要为此付费，按每千次曝光为一个计价单位，曝光量越大，费用越高。这种方式常用于提升品牌知名度，适合预算比较充足的大型企业。

- **CPC**（Cost Per Click，按点击量计费）。用户点击了广告多少次，就收取多少次费用，总费用为点击广告一次的单价乘以总点击次数。这种计费方式适用于广告场景和用户都能与广告内容相匹配的情况，点击广告的用户基本上都有潜在需求，所以后面的转化会比较好。比如，百度竞价广告、淘宝直通车广告等关键词广告一般采用这种计费方式。

- **CPA**（Cost Per Action，按行为计费）。按实际完成的有效登记或注册行为来计费，行为具体包括填写问卷、报名活动、注册账号等。这种方式常用于转化门槛较高的社群拉新、App 拉新等。

- **CPS**（Cost Per Sales，按销售量计费）。以实际销售产品数量来计算广告费用，这种方式需要精确地统计流量转化数据，是最直接的效果营销广告，易于控制投放风险和费用总额。CPS 广告联盟就是按照这种计费方式，把广告主的广告投放到众多网站上的，抖音主播大多也采用 CPS 合作模式，根据售卖商品量计算"返佣"。这种方式适合购物类软件和产品的推广。

一般来说，CPM 和 CPT 对平台更有利，适合品牌广告；CPC、CPA、CPS 对广告主更有利，适合效果广告。其中，CPM 和 CPC 是比较流行的计费方式，CPS 是新兴的方式。

3. 付费广告的渠道平台

目前市场上付费广告业务的渠道平台比较多，媒体广告和搜索引擎广告的平台主要有：字节跳动系列的抖音、今日头条、西瓜视频等；百度系列的百度文库、百度竞价排名、百度联盟等；腾讯系列的微信（广点通）、QQ 空间、腾讯新闻、腾讯视频等。

为了进一步了解平台上的广告业务，下面以腾讯系列广告为例，介绍腾讯广告平台的情况，而其他平台的业务逻辑类似。

（1）平台覆盖大量用户和场景。

腾讯平台拥有丰富的流量产品，覆盖大量的用户及使用场景，可触达大部分产品的目标人群，并且可以根据需求进行人群定向圈选。

- 微信：基于微信生态体系，包括朋友圈、公众号、小程序等多重资源，结合用户社交、阅读和生活场景，可利用专业数据算法打造社交营销推广平台，拥有数亿名月活跃用户。

- QQ：是年轻人的主要社交平台，基于其海量用户及社交关系，用黑科技和多元玩法赋能品牌方，在社交、购物、游戏等多场景中对年轻用户进行触达和深度互动。QQ拥有5.69亿名月活跃用户，其中年龄在18~45岁的占76%。

- 腾讯视频：是中国领先的在线视频媒体平台，在移动、PC、TV三种用户端均覆盖大量用户，可在娱乐休闲场景下高效触达年轻高质量用户，让品牌被看见、被喜欢。腾讯视频拥有5亿名月活跃用户和1.22亿名会员。

- 腾讯新闻：是业界领先的新闻资讯平台，可将广告融入资讯场景，持续影响主流消费人群及三四五线城市消费蓝海人群，腾讯新闻拥有2.9亿名月活跃用户，其中60%以上分布在全国一二线城市。

- QQ浏览器：是领先的"搜看一体"综合信息平台，可覆盖多维场景，搜索特色场景可高效触达目标用户，QQ浏览器拥有4.3亿名月活跃用户，单日人均访问次数可高达6.6次。

- 腾讯音乐：是中国音乐娱乐服务行业的领航者，包括音乐流媒体、社交娱乐两大主要业务，涵盖QQ音乐、酷狗音乐、酷我音乐、全民K歌四大产品，腾讯音乐旗下多款产品合计有8亿名月活用户，单日人均使用时长可达70分钟。

- 腾讯游戏：是中国游戏行业的领先品牌，中国最大的网络游戏社区，也是全球用户数最多的数字娱乐平台，拥有140款自研和代理游戏，服务全球数亿规模用户。

- 优量汇：是基于腾讯广告业务生态体系，依托于腾讯广告平台技术和资源，在合作媒体上展示的广告产品，汇集App超过10万个，月度覆盖用户数超过5亿。

（2）平台支持一站式智能投放。

腾讯平台拥有千万级的用户标签体系和先进的广告算法引擎，支持定制化投放方案，能实现全链路系统智能多维定向投放，可高效达成推广活动、应用、商品等各种广告目的，可以助力广告主智能拓客和高效转化。

- 数据洞察：整合腾讯、广告主、合作伙伴等多方的数据能力，转化数据价值为商业价值。
- 智能投手：通过整合平台投放能力及搭建自动投放策略，形成面向行业和广告主的智能投放解决方案。
- 人群定向：广告主无须手动圈选，系统自动帮助广告主寻找更多目标人群，提高转化率。
- 智能出价：根据投放目标和数据分析，实现并优化自动出价，持续提高广告效率和投入产出效果。
- 创意中心：是集案例课堂、智能工具、高效投放于一体的一站式创意服务平台。
- 诊断优化：系统自动监测广告表现，及时发现广告异动，帮助广告主快速判断需要调整的广告。

2.1.7 线下获客

线下获客，一般也叫地推，指线下流量线上化，将线下客户变成线上"用户"，是促进用户增长、追踪用户数据、维系用户关系的重要手段。比如，有些新零售企业自建的线下门店，需要所有的顾客都进行线上下单和支付，支付前需要关注企业的公众号或者下载企业的 App，这样既能实现用户量的增长，又能把用户的基础信息、行为数据及业务数据保留下来，后续可对这些用户进行二次精准触达和转化。

线下获客的方式并不新鲜，但也在发展变化，主要包括以下几种。

（1）扫楼式地推。

扫楼就是一栋一栋、一户一户地上门推广，适合目标用户为小众群体或大客户类型的企业，且能定位到目标用户的位置，主要靠人海战术，关键在于上门推广时推广员的服务、沟通话术及技巧，但目前居民楼和办公楼管理较严，这种方式的地推比较少见了。

（2）扫街式地推。

扫街式地推，也叫流动式地推，分为两种，一是带上礼品送礼品拉客，二是带上产品一边销售一边拉客。沿着街道，见到人就主动去推广，哪里人多、哪里有目标人群就去哪里，操作灵活。

（3）摆摊式地推。

摆摊式地推，找个合适的地方展示广告，比如摆一张桌子，然后放上宣传单、礼品、产品等，吸引用户前来扫码使用产品，再穿上带有产品信息的文化衫，使来到摊位的用户更加精准。通常，在固定的时间和固定的地点持续做推广，效果会更好。摆摊式地推的关键是要选择合适的场地，比如社区、商圈、学校门口或马路边。

（4）实物介质传播。

实物介质传播就是借助实物推广产品，在实物上印刷产品信息，用户在看到实物时就能看到产品信息。常见的实物介质有手提袋、杯子、礼品包装、外卖盒、橱窗、台卡、画册等。另外，地面广告也可借助实物介质进行传播，比如公交站的大屏、电梯间的电子屏、商场的横幅等。

（5）专场活动。

围绕产品相关信息，组织线下场景的专场活动，包括但不限于产品宣传或研讨主题活动、产品展览、合作意向商讨会议、用户沟通大会、用户互动沙龙等。组织专场活动，需要提前确定活动主题和内容，确定主办方公司，做好活动通告和邀请用户，围绕共同话题展开有效沟通，通过攀谈和交流进一步了解用户需求，然后引导用户转化。

（6）线下门店。

随着互联网的不断渗透和互联网业务模式的不断演变，很多行业和企业出现了"线下+线上"融合发展的新形势。传统实体门店发展线上业务，线上业务也开始拓展线下实体门店，企业通过线上和线下两种渠道进行业务的融合发展。比如盒马鲜生、携程旗舰店、链家服务门店等，这些线下门店在进行业务服务和"品宣"的同时，也成为企业拉新获客的重要阵地之一。

上述各种地推方式在落地执行时，都需要做到：第一，选取合适的推广位置，根据要推广的产品特性和用户需求场景，看在哪里推广合适；第二，设置匹配的推广产品内容、活动礼品和物料，不同场景活动利益点可以不一样，例如要在做地推时让用户下载一个App，如果是在社区门口做活动，礼品可以是鸡蛋，如果是在商圈，礼品可以是一瓶下午茶，如果是在学校门口，礼品可以是一支笔；第三，制定简便的用户转化路径，例如扫码注册和下单的流程，对于小程序而言，需要用户扫码授权后注册登录并选择商品下单，二维码图片大小要合适、用户注册要便捷、下单操作要容易；第四，有效管理推广员，做好推广员的招募、培训、激励和考核等工作。

2.1.8 业务创新

业务创新是指企业在把握市场环境和技术变化的基础上，通过建立与市场经济相适应的业务创新体系，不断开发出新的用户需要的产品，从而实现企业的可持续发展。要成功地进行业务创新，其中最关键的因素就是对市场、用户需求的把握，越了解市场和用户需求，业务创新的成功率就越高。

当业务发展到一定规模时，或者现有产品进入疲惫期、衰退期时，企业会根据已有的资源来拓展用户或者开创新业务线，通过业务创新，寻找第二条曲线来构建价值传递链。这种构建价值传递链的核心思路，就是基于已有优势或者资源进行业务创新，企业要想长期发展，除了不断创新，没有捷径可走，创新就是最好的捷径。

业务创新包括模式创新、产品创新、服务创新、运营创新、组织创新等。企业进行业务创新，需要基于市场用户需求，根据企业当前业务模式和业务经营情况来确定相应的解决方案，没有可参考的统一标准。

【案例】

字节跳动的业务创新

今日头条和抖音都是字节跳动旗下的应用软件。今日头条诞生于2012年，是一个通用信息资讯平台，致力于连接人与信息，让优质丰富的信息得到高效精准的分发，促使信息创造价值，今日头条当年以领先的个性化推荐系统从各大资讯平台中脱颖而出。抖音诞生于2016年，是一款主打创意短视频的社交平台，社交属性非常强，抖音通过视频与用户进行互动，深获广大用户的青睐，据统计，抖音拥有超过8亿名用户，其中70%为90后，用户偏年轻化，这些用户群体的消费力和消费水平较高，能够带动高端产品的发展。抖音和今日头条的内容可以互通，无论在哪个平台发布内容，都能同步到其他平台。抖音沿用了今日头条的核心优势，即利用个性化推荐系统，实现内容精准推荐和广告精准触达。抖音能在字节跳动旗下成功，不是传统的内部孵化，而是创新业务第二曲线。抖音成为字节跳动集团继今日头条第一曲线之后的第二曲线。

抖音为字节跳动带来了新的营收和用户增长点。抖音上线后几年的营收不断突破，据相关报道，2019年抖音为字节跳动商业产品营收贡献了 60%~70%的份额，其次是今日头条、皮皮虾、西瓜视频等产品，同时在字节跳动的营收体系中，广告收入占据整个营收的 90%左右。到 2020 年 1 月，今日头条用户量 4.0 亿，抖音用户量 5.5 亿，今日头条和抖音去重后总用户量 7.2 亿，抖音带来的增量用户量 3.2 亿，如图 2-11 所示。

字节跳动的今日头条和抖音

今日头条用户量4.0亿

创新业务第二曲线

抖音用户量5.5亿

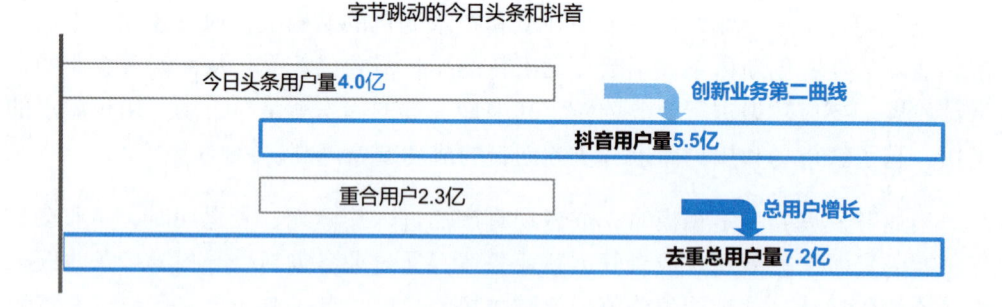

重合用户2.3亿

总用户增长

去重总用户量7.2亿

图 2-11　字节跳动的业务创新

今日头条诞生距今已 10 余年，曾经影响了一代互联网潮流，但在短视频风头正盛的当下，今日头条用户量下滑明显，后来接入了抖音电商上线购物频道，这个上一代的霸主逐渐成为附庸，开始为抖音做嫁衣。对整个集团来说，与其让今日头条的流量逐渐泯灭，不如让其为发展势头正猛的抖音引流，实现回收再利用。

近几年，抖音广告营收在增长的同时，也在逐渐接近天花板，因此，寻找新的营收增长点，是字节跳动下一个重要目标。抖音新发展起来的电商业务，被看作抖音的第二曲线，在 2020 年之后，抖音开始不断优化电商功能，力推直播电商业务。还有被称为抖音海外版的 TikTok，也在快速探索和发展中，Sensor Tower 商店情报数据显示，2022 年 8 月抖音及 TikTok 以将近 6600 万下载量蝉联全球移动应用（非游戏）下载榜冠军。只有不断探索新的第二曲线，才可以实现企业的永续经营和基业长青。

2.2　用户留存：留住老用户

用户留存是非常重要的，拉来用户之后要想办法让用户留下来，不然花了很大的代价获取大量用户，到最后还是一个用户都没有，企业就无法生存下去。

2.2.1 如何定义用户留存

在互联网行业中，用户在某段时间内开始使用产品，经过一段时间后，用户仍然使用该产品的，被称作用户留存，这部分用户占所有初始用户的比例即留存率。简而言之，留存指的就是"有多少用户留下来了"。留存反映的实际上是一种转化，是用户由初期的不稳定状态转化为稳定、忠诚状态的过程。用户留存和留存率的多少，体现了产品满足用户需求的程度和企业服务用户的能力。对于用户而言，留存率越高，说明产品对用户的核心需求把握得越好，产品为用户提供了价值，用户对产品有强烈的依赖。对于产品而言，留存率越高，说明产品的性能服务和用户黏性越好，有利于产品发展及变现能力的提升。互联网产品盈利往往是后置的，没有用户留存也就没有商业价值，投资人一般不会投资一款用户留存不好的产品。

判断用户是否算正常留存，首先要明确判断所需的间隔时间，多久之内留存算正常的用户留存。为了解决这个问题，需要考虑产品的正常使用周期和用户的购买周期。在实际中，不同行业不同产品使用周期差异较大，例如大宝，通过品牌宣传广告语"要想皮肤好，早晚用大宝""大宝天天见"，体现了产品的期望使用频次是每天都用，而且作为护肤品，大宝天天用甚至早晚用是有必要的。在这种正常连续使用的情况下，如果一瓶大宝可以用两个月，那么用户正常每两个月要购买一次，大宝的正常购买周期就是两个月。对比蔬菜，用户天天吃，但产品保质期短，所以用户每隔几天甚至天天都需要购买，蔬菜的正常购买周期就是几天。然后，根据用户正常购买周期，看用户是否在这个周期内有留存，来判定用户是否算正常留存。

每个产品都有自己的正常使用周期，如何确定是多久呢？有两种方法。一是可以参考行业标杆数据，比如游戏行业，大多数游戏类应用的正常使用周期是至少每周一次，对于这些产品，就可以将留存定义为每周登录。二是可以从自己的数据中寻找答案，看正常稳定用户的使用周期，找一个较长的时间段，比如一年，然后找到一组至少做出了两次以上关键行为的用户，计算大部分用户两次关键行为之间的时间间隔，这样计算出来的结果就是用户的正常使用周期。比如，数据显示80%以上的用户每两次使用之间的间隔在7天左右，那么可以认为这个产品的正常使用周期就是7天。

当然，除了正常周期留存，还可以看其他某个时间段的留存，比如固定周期的次日留存、七日留存、月留存，还有无限期留存，即从某个时间点开始，只要后面有留存，不管什么时候都算，以便分阶段监控和分析数据。实际观察和计算留存结果时，需要根据具体的留存周期来进行，通常以产品正常使用周期留存为主，其他阶段性留存为辅。像服装类产品，大部分用户不会每天都购买，所以计算次日留存数据意义不大，而月留存数据更有价值。

判断用户留存率为多少合理，需要有一个平衡点。用户留存率很难达到100%，无论哪个行业，都会出现一些用户因为这样或那样的原因在使用产品之后就不再使用的情况，有部分用户不能留存是正常现象。但是用户留存率不能太低，低留存率则很难积累用户而形成规模效应，企业很难长期立足。而且用户是否能留存是可以被影响的，留存率可以提升，用户留存率虽然越高越好，但受边际效应影响，当达到一定值后要再往上提升时，需要投入的资源会变多，可能不是很划算。用户留存率为多少合理，首先取决于行业特性，不同行业间的差别很大，可以参考所属行业的平均水平，跟同行业的竞争对手去对比，分析留存率是好是坏，然后根据自己的业务情况和发展目的，设置合理的留存率目标。

用户留存率计算，可以根据多种周期进行多阶段追踪。

- 次日留存率=当日用户中在之后的第1天还在使用产品的用户数/当日用户数
- 第2日留存率=当日用户中在之后的第2天还在使用产品的用户数/当日用户数
- 第N日留存率=当日用户中在之后的第N天还在使用产品的用户数/当日用户数
- 7日留存率=当日用户中在之后的7天内还在使用产品的用户数/当日用户数

……

用户留存率分析，可以从下述几个方面进行。

1. 留存时间分布（留存曲线）

固定一个时间和一群用户，看在之后每个阶段的用户留存分布情况，如图2-12所示。

2. 留存率走势

固定留存计算周期，比如次日留存率，看不同时间的用户留存率变化情况，如图2-13所示。

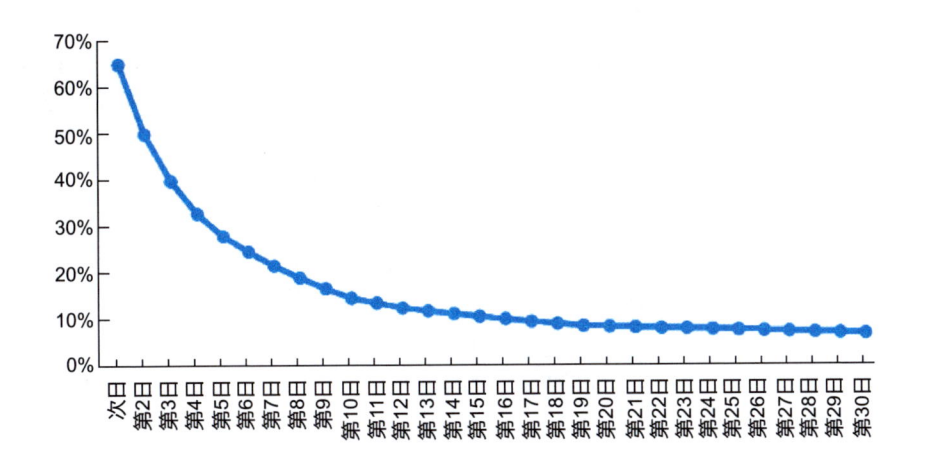

图 2-12　留存时间分布（留存曲线）

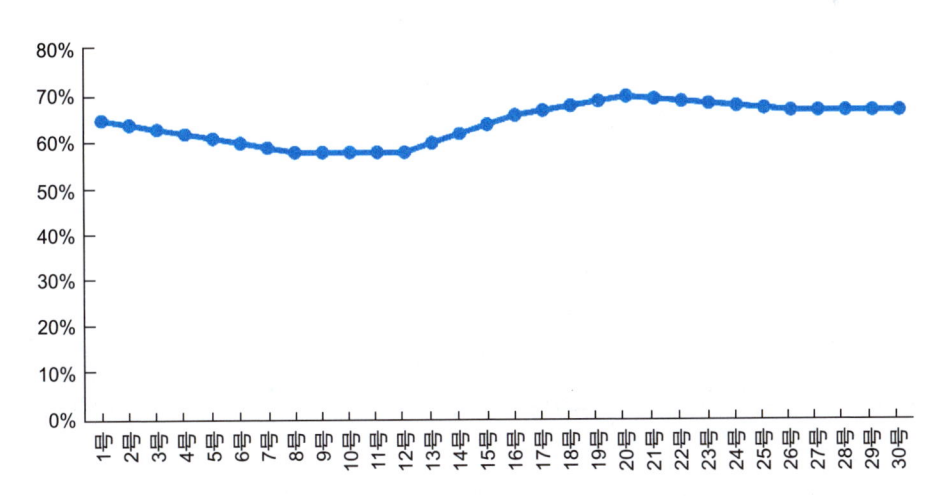

图 2-13　次日留存率走势

3. 区分人群进行分析

（1）区分新老用户。

新老用户对于产品的反应差别是很大的，一定要区分来看。新用户第一次使用产品，由于不熟悉产品服务，很可能中间就流失掉了，但如果用户是老用户，已经了解了产品，认可度、忠诚度较高，自然也就更容易留存。通过区分新老用户，能够更清楚地看到这两类用户的表现，便于发现哪类用户有问题、哪类用户有提升机会。

比如，新用户的留存率下降，很可能是因为新用户没有快速地感受到产品的核心价值，此时需要优化产品，如果还能区分新用户的来源渠道，发现是哪个渠道的用户留存率下降显著，那么就说明这个渠道出了问题，可以看看是否需要调整投放策略。

（2）区分渠道来源。

企业通常同时使用多个渠道来获客，各渠道的用户不同，用户的需求、意向、交易能力等是不一样的，留存也会不一样。需要知道各个渠道的用户留存多少，同时结合渠道费用进行对比分析，诊断渠道问题，以便更好地分配资源。对于高质量渠道增加投入，对于不好的渠道，评估是否有优化提升的空间，甚至停止投放，从而提升效率。

（3）区分用户端。

用户端按类型区分有App、小程序、商家店铺、H5网站等，App还可以继续区分是iOS系统的还是Android系统的。不同类型用户端的用户留存率差异较大，一般来说，网站的用户留存率明显低于App，所以很多企业都在把网站用户往App上转移。

【举例】

分渠道来源的用户留存率分析

通过用户留存率和单客成本两个维度，对各渠道效果进行分析，采用四象限分析法，各渠道情况如图2-14所示，其中的数值不代表实际情况，只用于举例，请大家重点关注分析方法。

对图2-14中的数据进行分析，可以得到：【线下活动扫码】渠道用户留存率较高、单客成本较低，是比较优质的渠道，可以适当增加费用，加大活动推广力度；【用户邀请有礼】渠道用户留存率最低、单客成本也最低，需要想办法提升用户留存率，比如在奖励邀请人时，除了首单有奖励，第二单、第三单也适当给予奖励，激励邀请人拉新用户产生留存，对于被邀请人，新用户的权益也可以覆盖到第二单、第三单上，比如给新用户一个大礼包，里边有多张优惠券，让用户可以下多单时使用，产生留存；对于留存率低而成本高的渠道，则需要分析是哪里出现了问题，是目标用户选取不对，还是存在"羊毛党""刷单"等行为，然后针对具体问题优化解决，如果实在没发现有什么问题，不妨把这个渠道的费用转移到其他渠道上，可能会带来更好的效果。

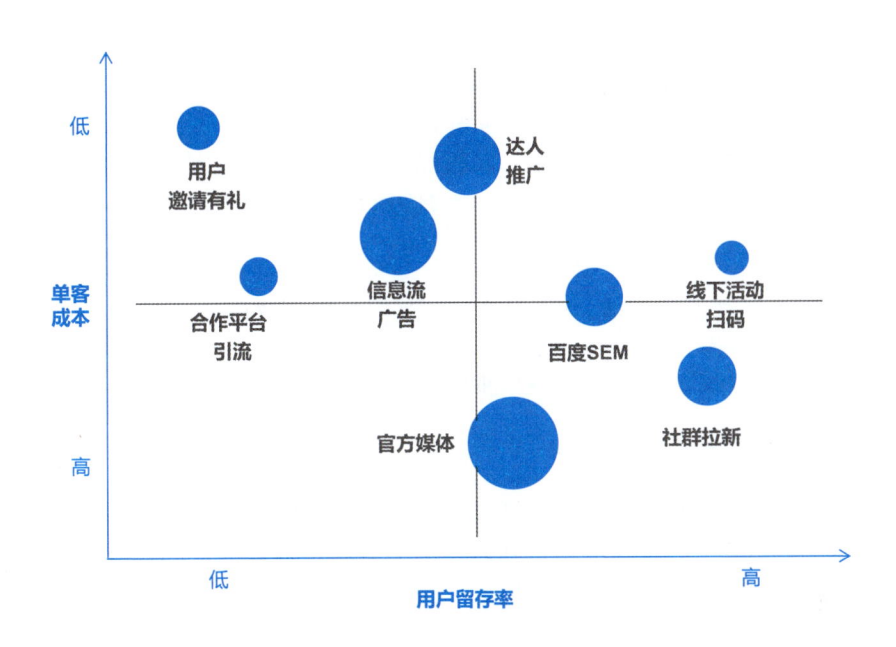

图 2-14　分渠道来源的用户留存率分析

（4）区分产品功能。

一个产品一般有很多项功能，通过分析了解各项功能的使用情况和价值，横向对比其他功能，纵向对比前后变化，对外与相关的细分领域市场竞品做对比，找到某个功能重要的价值提升点，然后针对性地优化功能，可提升整体用户留存率。比如京东 App，里面有京东超市、京东到家、京东拍卖、生活缴费等多项服务，每项服务满足的用户需求、服务的用户、服务的质量都不一样，用户留存也是有差别的，如果想提升京东 App 整体的用户留存率，分功能看，对留存率低的功能，要思考如何能完善功能、提升留存率，对留存率高的功能，要思考如何增加用户数、导入更多流量。

（5）区分频道玩法。

一个产品一般有很多频道玩法，区分的目的也是要精准服务和扬长避短。还是用京东 App 举例，频道玩法有秒杀活动、排行榜推荐、直播卖货、新品首发、发现好货等，只有细分这些频道玩法来分析数据，才能清楚每个玩法的情况。

（6）区分商品品类。

同样的道理还可以用在商品品类上，比如京东 App 的家电、医药、图书、生鲜、美妆等。

2.2.2 影响用户留存的因素

用户之所以在使用产品后留存，归根结底，有两方面原因：一是产品满足了用户的需求，为用户提供了长期价值；二是没有合适的替代产品，或迁移到新产品的成本高。

现产品价值+迁移成本>新产品价值，用户留存

现产品价值+迁移成本<新产品价值，用户流失

1. 用户留存的前提：产品具有长期价值

用户留存的前提是产品满足了用户的长期需求，提供了长期价值。只有 PMF（Product Market Fit，产品和市场达到最佳的契合点）成立的产品才具备用户留存的基础条件，产品正好满足市场的需求，才能令用户满意，如图 2-15 所示是 PMF 金字塔模型。

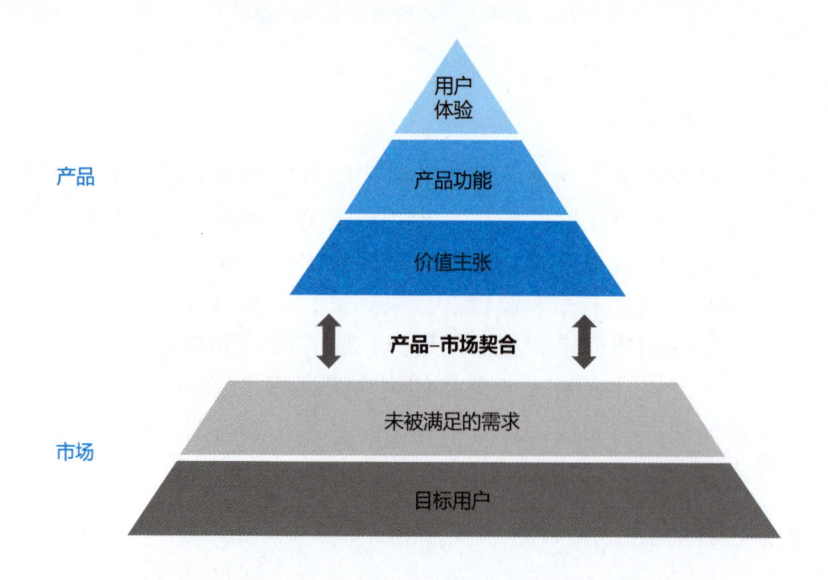

图 2-15　PMF 金字塔模型

怎么判断产品是否提供了长期价值？可以根据留存曲线进行评估，分析留存曲线的基本形态、行业均值、变化趋势。根据留存曲线的形态，一个 PMF 成立的产品，它的留存曲线必然是接近 L 型的，如果曲线是快速下滑且尾端接近 0 的，那么用户留存情况是不健康的，表示产品未能达到 PMF。

PMF 不成立的原因主要有三个：第一，产品是伪需求，使用场景是凭感觉想象出来的，早期用户基本上是通过补贴拉来的，那么，不管用怎样的手段都很难让用户继续使用下去；第二，产品有短期价值但没有长期价值，导致用户流失很快，比如结婚对于大部分用户来说一生只有一次，婚庆服务的产品就很难有用户留存；第三，产品解决方案不够好，产品服务运营不好，也会导致用户流失，比如通过某个渠道拉新来的用户不是产品真正的目标用户，产品价格的竞争力较弱，产品服务出现了大的故障等。

2. 用户留存的关键：迁移成本高于新产品与现产品的价值差值

迁移成本包括两方面：一方面是转向新产品的成本，指用户改用新产品时，除了正常支付新产品的价格，还需要额外付出的成本，包括找到和了解新产品的时间过程、使用新产品的准备事宜和不确定性风险等；另一方面是转离现产品的成本，通常是一种损失成本，包括用户对现产品的认知、使用习惯，以及放弃使用现产品的用户资产、荣誉和社交关系等。对于企业而言，如果产品处于新推出或者拉新用户阶段，就要降低使用门槛，如果产品处于留存用户阶段，就要提升用户迁移成本，也就是增强产品的用户留存能力，让用户在使用之后想留下来、需要留下来、容易留下来。

不管什么产品，一般都是有竞品的，竞品带来的替代选择对用户留存来说有一定的影响，对于企业而言，产品有更好的替代品无疑是最大的威胁。面对竞争的压力，企业需要不断挖掘用户需求、提升产品的价值，以及增强用户留存能力。

【案例】

360 首次推出免费杀毒软件，让其他付费杀毒软件的用户留存率暴跌

360 公司刚开始是售卖第三方付费杀毒软件的平台，当时市面上的杀毒软件也都是收费的。后来，360 公司率先推出了免费的杀毒软件——360 安全卫士，快速占领了杀毒软件市场，把其他付费杀毒软件的用户几乎全部抢了过来，造成其他付费杀毒软件的用户留存率暴跌。相对于收费杀毒软件而言，360 免费杀毒软件无疑是用户的首选，用户不需要支付任何费用，感知价值飙升，其产品价值远远超过了付费杀毒软件。

这一举动对于 360 公司来说，虽然当时被调侃成"搬起石头砸自己的脚"，也影响了自身付费软件业务的收入，但给公司带来了巨大的用户体量，360 公司在这些用户流量的基础上，又推出了 360 搜索、导航、金融等业务，最终给公司带来了不菲的收益。360 免费杀毒软件的成功，一是早早地洞察到了互联网用户

流量的价值，二是杀毒软件对于增加一个使用用户的边际成本很小，只要软件开发出来了，100个用户使用还是10000个用户使用，费用相差不多。

2.2.3 提升用户留存率的方法

1. 通过产品价值留存用户

产品价值是企业生存的重中之重，一款产品如果能够给用户带来足够大的价值，用户留存就是早晚的事情，所以围绕用户需求持续提升产品的竞争力，是所有企业最为看重的事情，没有之一。

（1）完善产品功能和服务体验。

产品功能代表着产品的实际使用价值，产品功能能满足用户什么样的需求，就能给用户带来什么样的价值。产品功能主要包含三方面：第一，基本功能，也是产品的核心功能，是指产品能为用户提供基本效用或利益的功能，这是产品的立身之本，一定要够硬够强，比如技术先进、品质良好、价格合理，产品的基本功能是满足用户需求的主要部分，也是产品对用户价值的最佳体现；第二，附加功能，即产品的连带功能，指产品能为用户提供各种附加服务和利益的功能，比如配送服务、安装服务、技术培训等；第三，心理功能，指产品满足用户心理需求的功能，比如服装，用户需求已远不止防寒遮体，更多的是追求美观和凸显个性。产品功能需要从各个维度考量和设计，提升整体价值。

产品是为用户服务的，产品被使用了，其价值才能实现，而用户在使用产品的过程中的体验决定了其是否对产品服务满意，是否会继续使用产品。所以，要想方设法地提升用户服务体验，包括产品的呈现、使用流程、交互感知、服务项目等。

根据峰终定律，用户对整个过程体验的记忆主要由两个因素决定：高峰时的感觉与结束时的感觉。所以，希望给用户留下好的印象，让用户继续使用产品，就要特别关注用户的Aha时刻和离开环节。比如，宜家用户在离开的时候可以花1元钱获得一个冰激凌。

（2）延长产品生命周期。

世间万物都有生命，产品也不例外。产品从被研发出来到被淘汰的完整过程，就是产品的生命周期，包括产品初创期、发展期、成熟期、衰退期四个阶段。产品生命周期限制了用户留存空间，所以要想用户留存情况更好，先要尽可能延长产品的生命周期。

延长产品生命周期，主要需要做好两方面事情：第一，让产品处于优势阶段的时间延长，就是在发展期和成熟期，把产品做强做大，做强包括产品盈利能力、技术实力、功能体验，做大指多渠道推广和发展，让产品有更多的用户，形成更好的发展态势，有更长的发展周期；第二，延缓衰退期并创新第二曲线，衰退期要稳定经营，聚焦忠诚用户促进用户留存，实现生命长尾收割，同时，确保积极性，在现有产品基础上升级或者开发一些新产品、新功能，实现产品第二曲线再生。

（3）提升产品使用频次。

很多产品的功能和体验是好的，但问题出在使用频次过低，低频的结果就是用户使用之后很难有下一次。需要提升核心功能使用频次，或者增加使用相对高频的功能、服务，来帮助产品提升用户活跃度。让用户更高频地使用产品，对用户留存有直接的促进作用。培养用户的日常登录习惯，将用户沉淀为可以向产品各个功能进行转化的潜在流量，比如常见的签到、每日答题等功能。

提升产品使用频次、培养用户使用习惯的一种常见办法，是通过游戏化的方式呈现产品和服务。游戏化本质是通过类似游戏的方式让用户在自愿的一系列行为中获得乐趣。设计游戏化策略时，洞悉用户在不同环境刺激下的认知行为模式，让用户自己养成习惯，以达到增强用户黏性的目的。比如，支付宝的集福卡活动，京东的免费水果、种豆得豆活动等。

【案例】

去哪儿网完善高频功能

去哪儿网的基础功能是预订机票、酒店等，用户对这些功能的使用频次比较低，不需要时基本不会使用。除了这些基本功能，去哪儿网还在不断完善旅行视频内容、看世界攻略及社区等使用频次比较高的功能，而这些功能可以当成常识储备或者一种娱乐项目，让用户即使不旅行也可以使用，进而提高用户的整体使用频次。

（4）增加产品使用时长。

增加用户使用产品的时长，能够增加用户对产品的熟悉程度和使用深度，让用户更容易留存下来。尤其是核心功能，要让用户能长时间深入地访问产品，可以丰富产品内容、增加访问引导、设置跳出提醒等。另外，增加适当的辅助功能、活动、小游戏等，也可以较好地增加用户使用产品的时长。

（5）拓展产品使用场景。

拓展产品的用户使用场景，一方面是满足用户在多种场景下的需求，让用户在不同场景或有不同需求时都可以使用产品，另一方面则是增加用户触点，这是私域流量的基本逻辑之一，包括 App、网页、微信小程序等，多平台多触点触达用户，用户留存自然也会容易很多。

2. 通过迁移成本牵制用户

面对竞品提供给用户的替代选择，企业一方面要提升自家产品的价值和体验，另一方面则要利用迁移成本，虽然无法干涉竞品产品，但可以通过增加用户在产品中的参与度和投入度，来提升用户迁移成本，减少用户的迁移，提高用户留存率。

迁移成本主要是指在产品中由于用户投入而产生的沉没损失成本。增加迁移成本即增加用户投入的沉没成本。沉没成本是经济学术语，是指以往发生的，但与当前决策无关的费用。用户在产品上投入的沉没成本包括金钱费用、时间精力、社交关系、等级荣誉、情感等，比如用户在产品内有自己的资产、等级标识、粉丝等。用户投入的成本对于用户来说具有一定的价值，用户投入越多，沉没成本越高，迁移的可能性越小，就越容易留存。

（1）打造用户资产。

用户资产包括直接的产品资产和附加资产。产品资产，指已经让用户花过的钱，比如课程包月、次卡、连续订购等，用户正常都会继续使用。附加资产，指除产品外，以其他形式存在的可以给用户带来价值的资产，一般包括优惠券、红包、虚拟人民币（如淘宝的淘金币、京东的京豆、抖音的抖币）、积分、会员权益（如淘宝的省钱卡、88VIP、京东的PLUS会员）等。

选择合适的资产形式，建立用户资产运营机制，让资产流动和运作起来。用户通过一定的投入赚取资产后，可换取对应的服务，享受回报价值，这样用户就会更有动力赚取更多资产，然后投入更多，积累更多资产，从而形成正向循环效应。用户资产越多，用户对资产的兴趣度和依赖度越高，价值感知越强，迁移门槛也越高。另外，用户资产一赚一花都结合产品业务进行，资产流通的同时，也可以带动产品价值的实现。

用户资产的运营是有方法和技巧的，比如优惠券，企业如何通过优惠券让用户留存和转化？优惠券应用非常广泛，尤其在电商行业，优惠券是一种特别火爆的运营手段，一般都会取得显著效果。但也有些优惠券发放不当的情况，造成资源浪费，甚至使用户对这个业务的整体优惠券体系产生不好的认知和抗拒心理，导致后面再发的所有优惠券用户都不买账。优惠券发给谁、怎么发、发多少是个大问题，考虑和解决问题可以从多个维度进行。举个例子，比如从用户场景维度出发，区分购前、购中和购后场景制定优惠券策略。购前，是需要引导用户购买的，可以根据用户需求意向和商品满足程度发放相应的优惠券，比如用户最近访问过某个商品但一直没有下单，可能是因为商品此时价格高，超出了用户预期，发放这个商品的优惠券给用户，用户转化的可能性是比较大的。购中，用户当前在购买商品，希望用户后面还会继续购买，此时，可以结合当前的购买行为给用户种草，比如做当前订单满返优惠券，让用户感知到这张优惠券是因为这次下单获得的权益，于是就有了下次继续购买的记挂和理由；购后，用户已经下过单，想让用户再继续购买，可以给用户推荐关联商品，或者提醒用户周期性复购，发放对应的优惠券给用户。总之，要围绕用户场景和需求提高相应的服务，让用户感知企业是在帮用户创造价值。

（2）强化用户投入。

强化用户投入，包括金钱、时间、精力、情感等，一方面增加用户投入，另一方面对用户投入的信息进行量化，把投入的数据明确地展现给用户，以加强用户对投入的感知。

人们对于失去的东西的价值感知往往比得到的更加强烈，因此利用用户损失厌恶心理，通过增加用户投入，从而促使用户留存。比如，各大电商平台的七天无理由退换服务，通过提供给用户售后保障来降低用户下单门槛，促进交易达成，用户付出了时间和精力来了解、选购商品，收获商品时，如果商品没有特别严重的问题，用户往往不会选择退换。还有很多企业采取饥饿营销，推出限时、限量、限价活动，需要用户抢夺商品购买资格，用户费时、费力抢到资格后一般不会放弃购买，会认为放弃购买不仅失去了商品本身，还放弃了时间成本、资格稀缺性溢价，因此用户会继续转化。

【案例】

华为音乐设计的用户投入项目

华为音乐设计的用户投入项目比较多，包括用户的会员、卡券、花币、成长值、最近播放、我喜欢、下载、歌单、互动消息、我的K歌等十余项内容，并且把这些投入项目信息在相关界面上很好地展示给了用户。对于用户来说，投入的项目越多、投入越深，用户感知越强，用户留存越好。比如，好多用户对待自己下载、收藏的歌单，就像是对待自己的钱包甚至是有生命的宠物一样，将其当成一种私有财产，并且是需要精心呵护、格外珍惜的，会时不时地来"关照一下""欣赏一下"。

（3）提升用户黏性。

用户黏性，是指用户对产品的信任、忠诚、依赖和再消费期望的程度。提升用户黏性可以从几个方面入手：首先，建立用户信任，包括树立企业和品牌形象、完善产品的服务承诺和保障、提升用户口碑等；然后，让用户忠诚，要及时为用户解决问题，提高服务质量，提供更多用户关怀等；最后，加强用户对产品的依赖，增强用户与产品之间的互动，提高用户的沉没成本，比如通过社交关系、社区互动、粉丝、评论、点赞等引导用户投入更多。

用户黏性是用户对产品的一种情感，用户付出的感情也是一种沉没成本，当用户投入感情后，会潜意识地认可产品，不会轻易离开。

3. 通过运营手段提升用户留存

（1）精准用户运营。

用户和产品能长期相伴，需要用户需求和产品功能相契合。一方面，基于用户需求，提供相应的产品服务，优化产品功能。另一方面，也需要基于现有产品功能，找到合适的目标用户群体，针对目标用户进行推广拉新，不断优化现有用户群体结构，让实际用户变成都是需要产品的用户。

（2）培养用户使用习惯。

培养用户的产品使用习惯，每当用户有需求时，大脑直接走思考捷径，自然而然地去使用产品，这是用户留存最理想的状态。可以用"Hook 上瘾"模型，对用户进行强化引导，直到用户形成稳定的产品使用习惯。

"Hook 上瘾"模型让用户养成使用习惯有四个要素：触发、行动、奖励、投入。触发，引导用户采取行动，分为内部触发和外部触发。内部触发以用户情绪、习惯、使用场景为主导，外部触发主要是提示、邮件、权威推荐等。行动，驱动用户的行为，重要的是要满足用户的心理预期。奖励，提供多样的潜在奖励去刺激和保持用户的兴趣，包括社交奖赏、猎物奖赏、自我奖赏。投入，指用户对产品的投入，如果用户对一款产品或者服务投入了时间和精力，那么无形中就提高了用户流失的门槛。

（3）激励用户成长。

围绕用户在产品上的关键行为设立用户成长激励机制，让用户可以感受到自己和产品之间的正向循环关系，进而促进用户向更高的级别成长，实现深度留存。有些产品虽然功能和体验很好，但需要很长时间才能看到效果，导致很多用户放弃使用。需要给用户阶段性激励，满足用户短期利益，给予及时的反馈回报。激励用户相关行为，核心在于奖励的设置，如积分换券、换实物商品等。

（4）提醒用户留存。

人们由于接触的信息太多，往往都是比较健忘的，而且可选择的产品一般也有很多种，导致很多用户会忘记产品的名字、忘记之前的使用体验，甚至忘记产品的存在。在愿意或者可以使用产品的用户中，能主动回访使用产品的只有一部分，如果不去提醒用户使用，没有把产品的新功能、活动及时告诉用户，这些用户很可能就会流失。

2.2.4 预防用户流失

什么是用户流失？前面讲了用户留存，用户流失是用户留存的反面，用户没有留存即用户流失。用户流失也可以通过指标判断，即用户在一段时间内没有关键行为、没有使用产品的操作，就是用户流失。

用户生命周期是从用户开始接触产品到离开产品的整个过程，完整的用户生命周期可分为新生期、成长期、成熟期、衰退期、沉默期、流失期几个阶段，而实际上用户在任何阶段都会有流失的情况，只是每个阶段用户的流失率有所差异，成熟期用户流失率较低，衰退期、沉默期用户流失率较高，如图2-16所示。

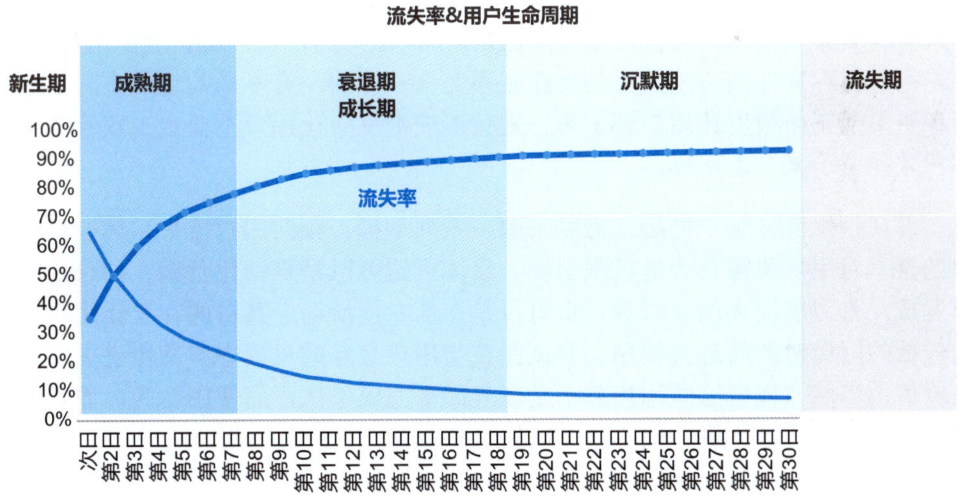

图2-16 用户生命周期各阶段的流失率情况

预防用户流失的关键是建立一套用户流失的预警机制和采取预防举措，对预流失用户进行预警和干预，减少用户流失。

1. 预警流失机制

研究流失用户在流失前的路径、过程，对每个行为和节点都进行数据分析，看哪些指标达到什么阈值或者数据条件时，会导致用户大量流失。然后对这些指标进行监测，后面有指标达到阈值时，会触发预警机制，把预警流失用户的信息和数据通知出来。

一般来说，通过用户留存曲线，可以大概识别即将流失的用户，主要包括两部分：一是已经很久没有复购的用户，即沉默用户，这些用户很可能即将流失，需要及时促活；二是有段时间没有复购的用户，主要是衰退期或成长期的用户，这些用户使用频次较低，需要提频。新生期和成熟期的用户虽然有流失，但通过留存率指标较难判断，而且流失率相对较小，有时候不会重点关注。通过留存曲线，找出留存率拐点，拐点对应的留存间隔时间即预警阈值，从而判断用户多长时间不活跃就是有流失风险的用户。

建立用户流失预警机制，对用户行为数据和产品节奏保持长期、有效的监测，通过对流失预警进行判断，及时采取预防流失举措。

2. 预防流失举措

预防流失比等用户真的流失了再去召回难度要小，效果也会好一点，知道用户在什么情况下流失，流失前他们可能会做哪些动作，然后要防止用户流失，应当选择什么方式让用户觉得被重视从而留下来。做好用户留存就是避免用户流失，但是用户留存和让用户不流失的思路是不完全一样的，有不同的应对方式。用户留存更多从正向角度让用户留下来，避免流失则反向让用户不要走，双管齐下，用户才能留下来、走不掉。

发现预警流失用户之后，需要采取一系列举措，预防用户流失。需要重点考虑的是，对用户关键行为进行强引导，具体措施可以是自动化营销，如自动向用户发放一张力度较大的立减券，也可以是一场专项活动，其目的在于让用户重新以较低的门槛对产品进行使用，并试图在与用户交互的过程中向其传递更多的产品价值。当然，挽留这些用户并不是让其回来完成单次产品使用行为，而是能在合适的时机对其进行重新塑造以实现长久的留存。

2.3 用户激活：召回流失用户

任何一款产品都或多或少地会出现用户流失的现象，减少用户流失以预防为主、召回为辅，已经流失的用户能召回的尽量召回。流失用户的召回机制也是用户运营策略中不可或缺的一部分，毕竟激活一个用户的成本和难度要比增加一个新用户低很多。

用户流失的原因主要分为三类：产品功能无法满足用户需求，用户需求消失，出现了更好的替代品。实际中，大多数情况是因为用户有了其他替代品，所以，召回流失用户的关键就在于，提升产品的用户感知价值，让用户能记起产品，并在需要的时候愿意使用。这就需要对这些用户进行长期关注和研究，通过一些渠道触达用户，通过一些手段转化用户。

对于流失用户，分析他们与活跃用户之间的差异，找到用户流失的真正原因，针对具体问题，制定相应的召回策略。

1. 分析流失用户的特点和原因

首先，要认清流失用户是谁，具有哪些特征，比如用户是从哪个渠道来的？是新用户还是老用户？可以通过用户画像或者分群来对比分析是哪些用户流失了。然后，看流失用户在流失前都做了什么、使用了哪些功能、查看和购买了哪些商品、平台为用户提供了什么样的服务，对比这些方面信息与普通留存用户有什么区别，或者对流失用户进行访谈，看流失用户是什么情况，来判断用户的具体流失原因。

（1）不同渠道用户的流失原因分析。

对流失用户进行渠道维度的分群分析，对比各个渠道之间的差异，结合不同渠道的情况，看是哪个渠道出现了问题，判断是否某个渠道的用户质量不高、渠道带来的用户是否是真实有效的目标用户、用户拉新策略是否合适等。

（2）不同生命周期用户的流失原因分析。

对流失用户进行流失之前的用户生命周期分析，不同阶段的用户情况不一样，导致流失的问题也不一样。

- 潜客期，用户接触产品后，就退出了，一直没有使用产品：产品没有吸引力，用户不够精准，新用户注册流程烦琐，产品使用指导不好。

- 新生期，用户首次使用产品后，没有留存：产品价值感不强，新用户使用体验不好，服务不到位，或者用户是被某个事件触发了使用产品的行为，事件完成后，就不再使用产品了。

- 成长期，用户已多次使用产品，但后来突然不再继续使用：产品使用上手难度大，新用户认知成本高，用户成长激励体系不完善。

- 成熟期，用户稳定高频使用产品，但后来突然不再使用：市场上出现了更好的替代品，产品功能突然异常，不能再满足用户需求，用户资产用完或者失效。

- 衰退期，用户使用频次、交易量下降，后来就不再使用了：产品进入衰退期，产品服务难以维持用户黏性，用户使用欲望逐渐消失，可能是产品本身存在设计缺陷，产品服务不能满足所有用户的长期需求和期望。比如，某旅游网站上，一些发布者发布的攻略质量差、其他用户互动少，部分发布者逐渐失去了兴致。

- 沉默期，用户已经有段时间没来了，过了正常的复购周期，但还没到判定流失的间隔时间：上述所有阶段的用户在流失前都会进入沉默期，所以上述所有阶段的用户流失原因在这里都通用。另外，还有一种可能，就是预防用户流失策略不够好。

（3）根据用户流失前行为的流失原因分析。

通过对流失用户进行流失前行为分析，判断是怎样的行为导致的流失。比如，用户最后一次行为是服务投诉，那么流失的原因就是投诉的问题。用户查看了某个商品但没有购买，可能是商品不合适或者质量有问题，这时就要看是商品推荐逻辑不对，或者商品价格高，还是商品品质不符合用户需求。用户使用了某项功能、参加了活动，则可能功能、活动不符合用户预期……查看具体哪个行为引发了用户的反感和不悦，成为用户流失的导火线。

（4）流失用户调研分析。

对流失用户进行访谈或者问卷调研，收集用户流失的原因。结合想了解的信息，设计调研问题，注意对问题的设计需要技巧，最好是判断题、选择题，最后加一两个开放式问答题，问题答案需要结构化、可量化，以便分析，比如问用户是否对产品的品质满意，可选答案可以是1分、2分……10分，1分代表非常不满意，10分代表非常满意，最后看所有反馈的平均值、众数，同时关注1分和2分用户的具体情况，看为什么反馈这么不好。另外，为了避免直接询问用户流失原因的尴尬，可以侧面问用户对产品的感受如何，产品需要在哪些方面做出优化才能让用户长期使用，与其他同类产品比较，我们的产品哪些方面做得不好等。调研的用户需要具有代表性，能代表流失用户整体情况。调研反馈需要达到一定的数量才能支撑统计分析，量少的话不确定性太大，很容易产生误差。可以适当给予反馈用户一定的奖励。收集完反馈后，进行统计分析，找出用户流失的原因。

2. 召回流失用户策略

首先，判断流失用户召回的必要性和可行性。

不是所有的流失用户都需要召回，召回用户是为了用户的长期价值，但用户回流之后是否会有价值、是否存在什么影响，需要先进行判断，比如一些恶意退单的用户因为风控机制而流失，这类用户是不需要召回的。

不是所有的流失用户都能召回，需要提前弄清楚回流的可能性有多大，用户在什么情况下会回流，比如对于一些一次性使用的产品，用户回流的可能性极小，则需要考虑召回的投入产出效率。

然后，设计流失用户召回方案。

流失用户召回方案，可以通过三方面进行设计，包括召回渠道、召回方式、召回后的留存率，三方面结合起来形成整体方案。由于流失用户的情况复杂多样，用户的问题和需要处理的关键点会不一样，可以根据不同用户设计不同的召回方案，多种方案并行推进，共同提升整体召回效果。

（1）召回渠道。

召回流失用户，主要通过站外渠道触达用户，包括 PUSH、短信、电话、邮件、微信公众号、社群、第三方合作渠道、徽章通知、用户传播等。

PUSH 是 App 在手机设备上的通知。PUSH 需要用户安装 App 并且通知权限是打开状态时才能触达。安卓手机 App 的通知权限一般是默认打开的，如用户想要关闭，则需要在系统设置中配置；iOS 手机用户在首次启动 App 时就会触发应用的推送开关，让用户选择配置，实际推送到达率一般不到 50%。为了提升 PUSH 打开率，可以在合适的场景适当提醒用户打开权限，比如在用户下单后，在下单完成页提醒用户打开 PUSH，以便用户后续查看商品配送信息，让用户在打开 App 时的权限授权页面直接一次性授权全部权限，也是比较主流的做法。推送 PUSH 时，需要控制好推送频次和内容，过度频繁地推送不是很必需的内容，会让用户反感，导致用户关闭推送，甚至卸载 App。

短信、电话，一般管控比较严格，需要根据规则来制定使用方法。一些手机软件可能会屏蔽短信，还有国家部门或者其他相关组织会管控短信，比如在短信内容中放微信小程序链接，一个链接只能服务一个用户。电话可以用人工客服，也可以用 AI 客服，也就是智能机器人。AI 电话可以是单向通知，如设置好一段录音，在电话接通后播放给用户，或者有简单的互动，针对用户可能会回复或者提出的问题，梳理关键词，针对各种关键词设置好对应的回复内容，对用户提出的问题进行回复。

邮件，使用率和打开率较低，现在用得非常少，但也分场合，邮件是比较正式的通知方式。微信公众号，分订阅号和服务号，也都有各自的要求。社群，一般是按地域、等级、意向等区分的，很少会对流失用户单独建群，所以在群里触达用户的时候，要考虑群里的所有用户，避免让用户产生"杀熟"的错觉。徽章通知，就是App右上角的红色小数字，徽章通知可以在很大程度上维持App的存在感，很多用户因为不愿意看到红色小数字或者好奇内容，会忍不住点开。用户传播，指通过用户传递信息给流失用户，比如大促或者互动活动，引导用户分享，让更多用户看到从而实现转化，需要时可适当给予传播用户一定的奖励。

召回流失用户，除了站外渠道，还有站内渠道，在用户端内触达用户，如对虽然未购买产品但访问页面的用户，就可以在用户访问的时候，在主站首页或者通过站内信，把信息传递给用户。同时，站内还要配合站外渠道使用，通过站外渠道把用户拉进来后，需要在站内经过一系列动作才能完成转化，站内作为承接战场，需要把站外宣传的内容、服务落实下来，如用户活动，对用户宣传有什么活动，就需要让用户进来后看到这个活动。

另外，还有线下渠道触达，如现场拜访，虽然成本比较高，但转化率也比较高，有时候也是一种不错的选择。

（2）召回方式。

有了流失用户触达渠道，那么向用户通知什么内容才能让用户转化呢？因为用户流失的原因不一样，关注的价值点也不一样，所以通知内容可以根据具体原因而定，大体可以分为以下五类。

第一，专属福利，给予用户一定的物质或者精神奖励，如商品折扣、专享优惠券、免运费、免费尝新等。

第二，服务通知，如互动提示、复购提醒、订阅服务等。

第三，个性化推荐，根据用户画像和历史行为数据推测用户的喜好与需求，以推送精准的个性化内容，如通知用户浏览过的商品降价了。

第四，活动，通知用户即将开始或者正在进行的活动，让用户不错过活动。

第五，产品上新，将产品的优化亮点、新上功能、新上策略等告知用户，吸引用户体验新服务。

（3）召回后的留存。

召回用户不只是为了一次转化，而是希望用户能被激活，可以长久地活跃下去，所以用户召回后的留存也至关重要。下面分场景来看。

首先，在做召回策略时，考虑需要用户多次使用，比如给用户的福利可以是一个福利包里含多张优惠券，一次只能使用一张，这样用户就可以多次使用了。

其次，在召回用户下单时，引导用户留存，比如下单满返权益、多单累计满减满赠活动、所购买商品的关联商品推荐等。

还有召回用户下单后的场景，在用户下单一定时间后，要适时地提醒用户复购。

3. 评估流失用户召回效果

召回流失用户相当于第二次拉新用户（用户重生），所以效果评估方法大体上与拉新用户的相同，整体方法此处不再赘述，但也有些区别，主要区别在于以下两点。

一是召回用户的投入一般比拉新用户少，因为这些用户已经体验过产品，再召回来的价值大多没有正常留存的用户高，达不到普通用户均值。

二是要区别对待流失用户，不能一揽子掂量，用户有历史数据，用户间的差异肯定是存在的，召回各种用户的效果也不一样，什么用户具有召回价值，怎么改善召回策略，都需要通过详细的数据评估来持续探索。算上召回渠道费用和召回转化费用，分析召回各种用户的 CAC、ROI，看什么用户用什么渠道、什么手段召回的效果会更好。对于好的策略，则扩大范围，增加投入；对于不好的策略，则找到问题进行改进，或者减少投入，优化迭代，逐渐提升整体召回效果。

2.4 全渠道促活：增加用户覆盖率和转化率

纵观整个商业，企业之间一个关键争夺点其实就是用户流量，线下门店注重地段，争夺客流量，线上网店争夺网络流量。而进入互联网的下半场，用户流量越来越分散，为了更多地覆盖用户和提升用户服务，企业有了多种用户流量来源渠道和用户服务端，建立了与用户之间的多个触点。流量渠道包括企业推广的渠道、异业合作的长期入口、用户主动访问、社群等，用户端包括 App、Web/Wap 端、微信小程序、淘宝店铺、抖音店铺、线下门店等。企业对用户的触达有了这么多渠道，那么该如何提升整体效率呢？此时全渠道的概念和运营应运而生。

全渠道，是指企业不再局限于传统的单一渠道模式，在多触点接触用户的基础上，又把所有触点联合起来，如图 2-17 所示，来满足用户任何时间、任何地点、任何方式使用产品的需求，增加用户触达，提升流量转化率。举一个典型例子，用户可以在线购买产品，然后到实体店取货，尤其对于新零售企业，以互联网为依托，打通线上与线下，推动线上线下一体化融合发展，实现人、货、场的相互贯通，以提升用户体验、增加用户数。还有一个典型例子，就是公域和私域的结合，私域已成为当前零售环境下品牌增长的必然选择，公域加私域的混合流量运营成为企业发展的新助推器。

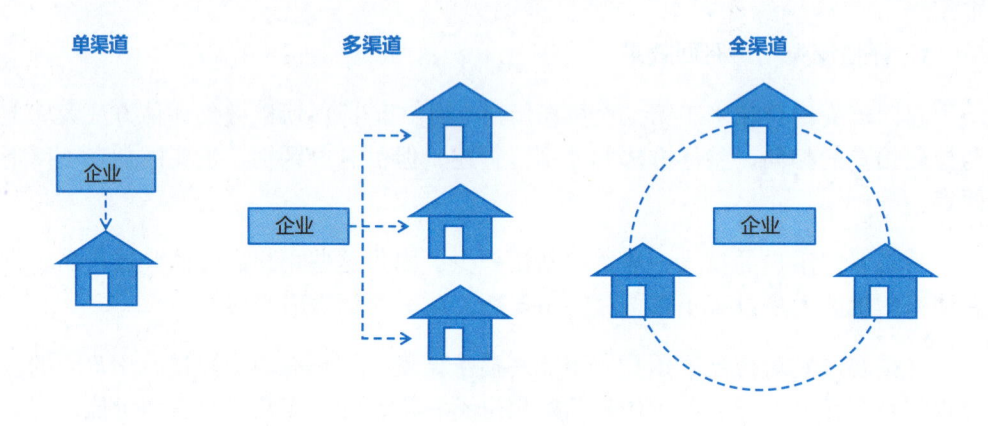

图 2-17 全渠道的业务逻辑

全渠道旨在联合使用多个渠道，其优势在于以下四方面。

第一，能更好地掌握用户。通过研究各个渠道用户的画像、行为、习惯，结合渠道特点，分析用户的需求和喜好，然后利用这些信息，提供个性化服务，提高用户转化率。

第二，通过用户喜欢的渠道与用户互动。为了获得更好的用户体验，理想的情况是公司开放所有渠道，以便用户可以通过他们选择的方式与公司取得联系。借助全渠道，用户可以选择他们想从哪里开始或进行对话，因此企业就应该在那里集中精力。

第三，所有渠道协同的策略效率会更高。协同策略不是要所有渠道的策略都相同，因为每个渠道都有各自的亮点和缺陷，所以所有渠道扬长避短，用一种规则来保持整体高效，渠道间分工明确，相互协同。

第四，增加用户的活跃机会。知道海底捞吗？海底捞是一家连锁火锅店，最基础的生意是到店餐饮；其次是到家外卖，用户线上下单，商家打包商品送货上门，这种方式对于使用场景和配送及时性的要求较高；然后是全国电商，主要是标品化商品，如调料包，用户线上下单，商品可配送至全国，全国的用户都可以购买使用。海底捞通过多个渠道触达和服务用户，获得了更多的用户，多种服务模式满足了用户的多种需求场景，因此增加了用户黏性。

3 推动用户成长

提升用户价值

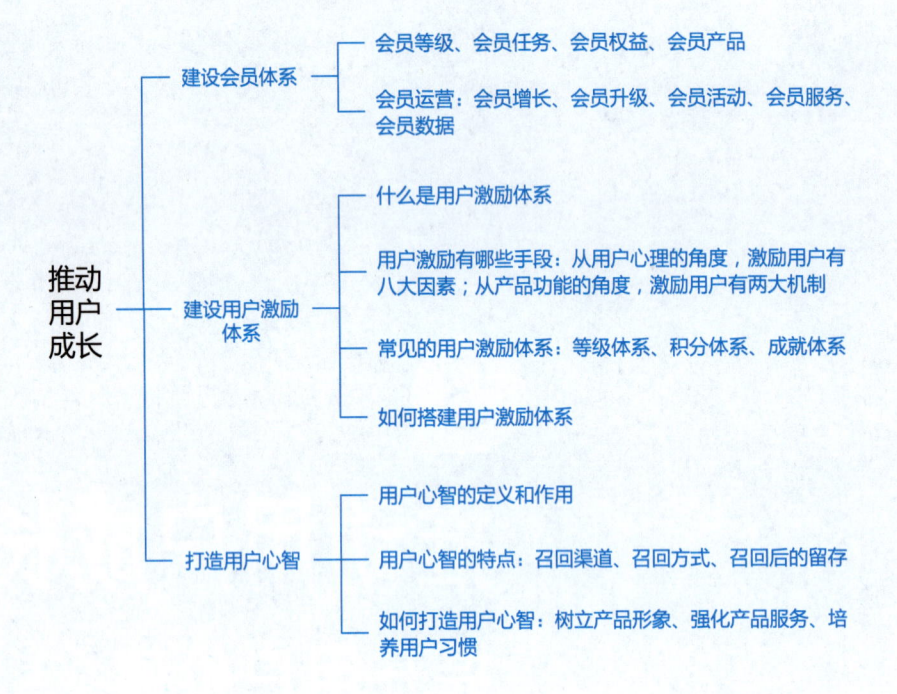

```
                                          ┌─ 会员等级、会员任务、会员权益、会员产品
                       ┌─ 建设会员体系 ─┤
                       │                  └─ 会员运营：会员增长、会员升级、会员活动、会员服务、
                       │                     会员数据
                       │
                       │                  ┌─ 什么是用户激励体系
                       │                  │
                       │                  │  用户激励有哪些手段：从用户心理的角度，激励用户有
  推动               ├─ 建设用户激励 ─┤  八大因素；从产品功能的角度，激励用户有两大机制
  用户 ──────────┤    体系            │
  成长                │                  │  常见的用户激励体系：等级体系、积分体系、成就体系
                       │                  │
                       │                  └─ 如何搭建用户激励体系
                       │
                       │                  ┌─ 用户心智的定义和作用
                       │                  │
                       └─ 打造用户心智 ─┤  用户心智的特点：召回渠道、召回方式、召回后的留存
                                          │
                                          └─ 如何打造用户心智：树立产品形象、强化产品服务、培
                                             养用户习惯
```

当经济发展到一定阶段后，用户需求总量虽然仍然很庞大，但对经济的拉动力却显著下降了，经济已经从增量需求主导的增量市场进入了存量需求主导的存量市场，企业需要突破规模经营的旧模式，变成长久持续的用户经营模式，不断提升用户质量，从存量用户中挖掘价值。

- 增量市场，指市场尚未饱和，尚有很多未被开发的空白，用户还有更多需求尚未被发现和满足。增量市场既可以是行业发展初期阶段，也可以是市场成熟后期品类分化阶段。增量市场是整体规模在增加的市场，整体量在提升或者市场边界在扩大，甚至可以侵入其他相关品类的市场。

- 存量市场，指已经存在的确定的市场，市场总规模增长出现瓶颈，市场竞争讲的是市场份额，主要关注现有用户的维护和争夺。在这种高度成熟的市场中寻求新的商机，企业每进一步就意味着竞争对手退一步，所有企业都会力争、对抗到底。在存量市场中，开发新用户是一个相当"血腥"的过程，常见的是价值链竞争，也就是全面竞争每一个环节。企业在拓展市场的同时，也要从内部着手，在现有用户的基础上做深度耕耘。

存量市场的深耕，关键是要实现用户价值最大化：一方面，提升用户直接价值，基于当前产品，让用户从不活跃到活跃、从访客到付费（如果是付费产品）、从初级到高级、从普通到忠诚，使用户在产品内成长和贡献更多价值，这部分内容将在本章讲述；另一方面，放大用户间接价值，利用用户流量和资源及产品优势，把企业从单一价值点升级为多元价值体，增加流量变现方式、增值业务，拓展产品线等，这部分内容将在第 4 章讲述。

提升用户直接价值的过程，就是推动用户成长的过程。通常的办法是，企业建立用户会员体系、成长激励体系，或者使用用户生命周期模型、RFM 价值模型等，与用户关键行为进行绑定，通过明确的用户成长路径结合不同阶段的引导和提升策略，实现低价值用户向高价值用户的跃迁。还有一种思路是，通过打造用户心智，让用户从心理上产生认同感和忠诚，从而驱动用户行为，实现用户价值的提升。

3.1 建设会员体系

如今，会员体系已经渗透到各行各业，日常生活中到处都是会员，商场、超市、线上购物、外卖平台、视频网站、音乐 App……大大小小的产品几乎都建立了会员体系。

会员体系是产品根据自身需求围绕会员用户产生的管理体系。会员体系包括会员等级、会员任务、会员权益三个基础模块和会员产品、会员运营两大业务模块，如图 3-1 所示。会员体系的业务逻辑在于，会员任务和会员权益通常都与产品的关键行为绑定，通过会员权益吸引用户，促使用户完成使用产品的会员任务，成为等级会员，然后用户可以享受会员权益，而用户享受会员权益需要通过使用产品来实现，在用户继续使用产品的同时，用户便完成了更多的会员任务，成为更高等级的会员，然后享受更多权益，接着再继续升级会员……从而促使用户不断提升会员等级，形成了会员成长体系。在整个过程中，通过权益驱动用户完成任务，通过任务实现用户等级成长。权益是会员体系的核心，会员体系的价值主要是由会员权益体现和决定的。

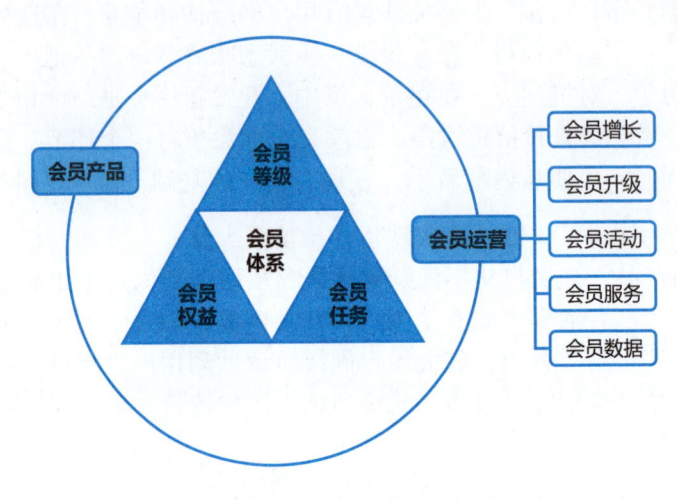

图 3-1 会员体系

会员体系是企业在存量时代突围的法宝，可以带来长期价值，主要体现在：第一，使资源分配更合理，根据会员用户分群，将合适的资源分配给最合适的用户，有效利用资源，充分发挥作用。第二，提高用户留存率，用户通过付出金钱、时间、精力而获取会员身份，使会员的价值感增强，用户沉没成本变高，从而驱使用户持续地产生互动和交易；第三，提升用户价值，也增加了企业收入，会员能带动用户客单价的提高和消费频次的增加，从整体上带动用户 LTV 和业务 GMV 的增长。在存量市场的争夺战中，会员体系功不可没。

如何搭建会员体系呢？从会员等级、任务、权益逐步设计，到会员产品、运营工作开展，我们下面将逐一进行介绍。

1. 会员等级

会员是对用户分层的一种方式，核心高价值用户被定义为会员，企业为其建立特殊的会员机制，进行重点运营，本质是提高用户对企业、产品的黏性，形成持续、稳定的长期利益或行为输出。一般情况下，划分会员等级，为不同等级的会员配置不同的权益，可以吸引用户成为会员，然后通过权益的使用，又可以推动用户向更高的等级发展。通过这种会员分级差异化运营，促进会员成长，最终为企业带来更大、更长久的收益。

如何合理设计会员等级，方法步骤如下。

第一步，确定分级必要性。会员分级能为企业带来很多实质性的好处，但并非所有业务都适合做会员分级，如特别低频的家装、婚庆类产品，用户这次使用了产品，自己都不清楚下次什么时候使用，让他们为了所谓的长期价值而升级会员，就有点天方夜谭了。

第二步，确定分级指标。会员体系的核心逻辑是运营存量用户中的高价值用户，所以需要先确定哪些用户是高价值用户，用什么指标来评估用户价值的高低，需要确定用户分级指标。由于互联网产品获得的收益大部分来源于用户投入的金钱或时间，因此，对于免费会员，交易量或使用频次可以作为分级指标；对于付费会员，会员费用可以作为分级指标。分级指标可以是一个独立的指标，也可以是多个指标的组合。

第三步，确定分级指标阈值，对全量用户进行分级。对于免费会员，按照指标的数值大小，先把全量用户划分为一个个小段，计算出每一小段内的用户数及占比和用户贡献的价值及占比。比如，用交易量作为分级指标时，分段较为简单，可以从 1 到最大值每间隔 10 为一小段，然后根据每个用户交易量的数值，依次计算出每一小段内对应的用户数和贡献分布情况。接下来需要合并小段，形成分段，最终分成几个等级阶段。会员体系一般以 3~5 个等级居多，过多的等级不便于用户理解，而过少的等级则不利于聚焦头部用户，不利于有效分层和用户等级的提升。

合并分段可以遵循二八定律，即 20%的用户贡献了 80%的价值，先筛选出头部用户。合并的时候，既可以基于头部 20%用户，看一下这些用户贡献的占比情况；也可以反过来，基于贡献占比 80%的头部用户，初筛出大概的用户分段，确定分级指标阈值，如图 3-2 所示。筛选完头部用户后，对于剩下的用户，继续按照二八定律筛选第二等级及其他等级的用户。

合并分段也可以根据固定阈值划分，需要分析具体阈值是多少，可考虑三个方面：行业经验、用户行为、运营目标。比如，把交易量和频次作为分级指标，阈值参考交易量和频次达到多少在行业内才是公认的优秀，达到多少用户会表现出忠诚，希望或者要求会员用户达到多少才确定会员等级，如图 3-3 所示。企业具体的分级规则可以根据业务的不同需求来确定，毕竟分级只是用户分层的一个办法，都是相对概念，能合理区分不同的用户即可。

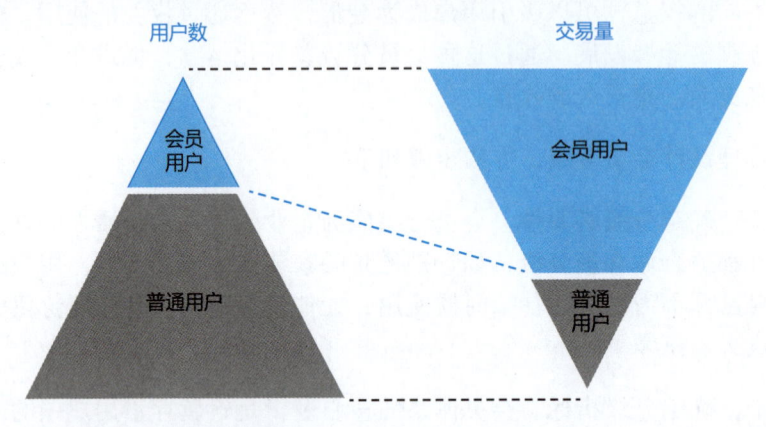

图 3-2　用户分级的二八定律

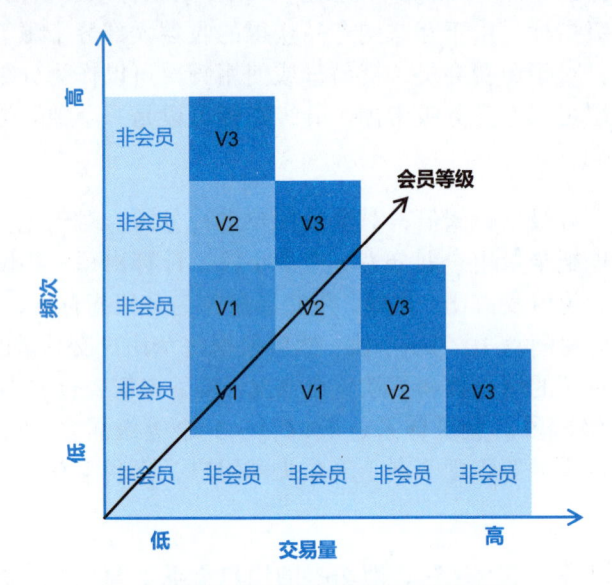

图 3-3　根据交易量和频次确定会员等级

对于付费会员，需要评估不同的会员费用会产生多少会员用户，这些用户的质量和价值贡献是什么情况，会员投入产出比如何，这些都可以根据历史数据推算。比如，会员费用为 120 元，权益价值为 200 元，会员净投入为 80 元/会员。收益方面，一方面是会员直接使用权益带来的交易量增长，比如会员使用权益需要至少交易 5 次，总交易量为 1000 元，这可以用来计算会员 ROI；另一方面，可提升用户质量，比如正常交易 1000 元的用户有 1 万个，会员使交易 1000 元的用户增加了 3000 个，带来了更多的高质量用户。如果会员费少一些，那么会员数为多少、投入产出比如何，可以进行多次推算对比，或者进行快速实验，最终找出合理配置。

第四步，洞察不同等级的用户。对用户进行分析，了解各等级用户的属性、行为、需求，尤其是头部用户。对用户有了充分了解，就知道会员任务、会员权益的设计从哪里下手了。会员任务要提升用户的薄弱环节，会员权益要匹配用户的需求，这样会员体系的逻辑才能贯通起来。

第五步，设计会员等级的时效和升降级规则。会员等级是需要有时效性的，以免用户达成一定等级后不再活跃，却依旧享受权益待遇。会员等级是周期性事件，每个周期的时间多久、等级如何计算，都需要设计规则。传统企业会员一般按年度计算，互联网快节奏企业的会员很多按月度计算，会员等级自然月有效，每个月都重新计算会员等级。比如，上个月交易量达到多少，积分达到多少，这个月能成为多少等级会员，下个月的会员等级再根据这个月的数据计算。有时候，为了让会员等级更具有连贯性，便于用户长期的等级成长，当期等级计算规则会在上期等级基础上进行，把上期等级影响考虑进来，比如出于对高级会员的保护，每次最多只能降一级。

2. 会员任务

会员任务指用户要达到一定的会员等级需要做的事情。会员等级越高，会员任务要求越高。会员任务的设计通常要结合产品的关键行为和提升目的进行。比如，如果想提升用户使用频次，则对应的会员任务就是让用户多次使用；如果想直接促进交易量，则对应的会员任务就是交易金额要达到多少。会员任务按行为类型分为注册任务、访问任务、下单任务、互动任务等。会员任务按发放类型分为领取型任务、触发型任务、派发型任务。领取型任务需要用户领取才能生效，触发型任务需要用户满足触发条件才能自动生效，派发型任务一般需要设置好派发规则，比如固定时间统一下发任务。

付费会员和免费会员，其实是根据任务是否需要用户付费来区分的两种情况。付费会员是用户通过付费购买的会员，免费会员则根据用户信息和行为判断是否满足会员要求，不管是付费还是达到要求等条件，都是会员任务，都是通过一定的门槛来区分用户，从而让一部分用户成为会员。二者的主要区别在于：付费会员是用户花钱购买会员权益，会员作为一种产品形态而存在，为有需求的用户提供会员服务，用户花钱的目的总是想赚更多和省更多，会员权益的逻辑是多买多优惠，用户省得越多，交易也越多，企业收入也就越多；免费会员是用户达到一定的要求，这些用户是优质用户，给他们会员权益当作奖励，也激励更多用户成为会员。不过，也有越来越多的企业选择双轨制，将付费模式与免费模式都融入平台，通过免费会员维系头部用户，通过付费会员提升收入，一举两得。

会员任务难易程度要适中，如果是用户能够轻易完成的，用户不会太珍惜，也没有想要得到的欲望，无法提升用户的转化意愿，具体什么样的任务才算难度适中，要根据业务情况而定。举个例子，游戏用户在充值一次后，留存率会比较高，很容易进行二次充值转化，而从未充过值的用户则留存率极低，所以，很多游戏都会设置首次充值奖励，增加用户的沉没成本，培养用户的付费习惯。但会员任务也不能太难，如果任务完成的希望太小，则用户很难会投入行动。会员任务跟会员权益是挂钩的，用户会通过会员权益来评估会员任务是否值得做，从用户角度看，用户付出一定的代价来获取较大的收益。

有些企业用积分（或者成长值）作为评估会员等级的度量指标，积分是会员体系内的通用货币，通过完成任务获得积分，通过兑换权益使用积分。因此，会员任务就是让用户赚取积分。

3. 会员权益

会员权益是会员体系的核心，为不同等级的会员设置不同的权益规则，利用差异化权益来体现会员的身份价值。会员是否能保持高活跃度和高转化率，就看会员权益是否有吸引力了。

（1）会员权益设计需要遵循四个原则。

第一，会员权益要有实际价值。会员权益是用户做会员任务升级成长的驱动力，只有会员权益对用户有价值，才能发挥作用，会员体系才有意义。

第二，会员权益的设计要围绕产品关键行为，可促成产品交易，促进用户成长，形成业务闭环。比如，交易类产品的用户关键行为是下单，内容类产品的用户关键行为是观看时长，因此设计会员权益时就要围绕下单和观看时长，始终以促进用户关键行为的发生为目的和出发点。

第三，各会员等级的权益要有差异，等级越高，权益越好。不同会员等级的权益之间要有明显区分，这样才会影响用户的感知价值。在设计会员权益时，要让差异尽可能拉大，对高级别会员提供专属的高级别权益，才能凸显会员身份的尊贵和荣耀，从而增加会员等级的吸引力。

第四，会员权益的成本要可控。设计会员权益时需要关注成本，预计花费是多少，能带来多少收益，会员投入产出效果如何，都需要准确评估，中间过程中也要做好数据监控。

（2）会员权益类型主要有两种。

一种是降低用户成本的权益。用户付出的成本包括用户在金钱、时间、精力等方面的投入。在会员权益中，降低用户金钱成本是最普遍的，即为会员提供超值优惠，像会员价、会员券等都是比较常见的手段，用户接受程度比较高，而且效果也比较好。降低用户时间成本的权益也比较多见，表现为省时，形式包括免等待、优先抢购、优先配送等，比如视频网站的免广告权益，电商网站的新品预售、优先发货等权益。降低用户精力成本，就是让用户省心，体现在权益上，通常是提供优质的服务和保障，比如专属客服、操作指导等，减少用户焦虑。

另一种是提升产品价值的权益。找到用户需求点，提供更好的产品功能和服务，让用户感知价值变大。产品价值与用户需求相对等，用户需求根据马斯洛需求层次理论，分为生理和安全方面的生存需求、归属和尊重方面的社会需求、自我实现的成长需求，所以相应地，产品价值也可分为使用价值、社会价值、成长价值。提升产品的使用价值，会员权益通常表现为高级产品、专属服务、升级保障、附加功能等。提升产品的社会价值，一般是凸显用户身份，增强用户社群归属感，比如会员勋章、会员等级标志、会员社群和沙龙活动等。提升产品的成长价值，帮助用户自我实现，体现在会员权益上，可以是提供用户成长机会，赋能用户成长，比如支持用户定制化需求、采纳会员用户的意见建议等。产品提供的价值越基础，权益就越应该围绕使用价值进行设计，对用户的吸引力也就越强。

4. 会员产品

会员产品指会员体系及用户个人会员情况在用户端的信息呈现和业务逻辑的实现。

会员产品中最重要的就是会员中心。会员中心，从传统上讲，是企业组建相对固定的会员组织，通过会员系统与制度，实现信息沟通、利益共享等。通常来讲，互联网产品建立的会员中心，是一个站点，专门为会员提供会员服务，包括可查看会员等级、任务、权益及进行操作处理，通过对会员中心内各个功能的灵活设置，可以从容应对各种不同的场景需求，以最恰当的形式提供优质服务。会员中心全面体现了市场竞争的特点，组织机制更加完善，会员服务更为人性，会员中心帮助企业实现经营理念从"以商品为中心"到"以会员为中心"的转变。

此外，会员产品也需要加入用户端其他页面流程里，比如在"我的页面"中的用户会员信息和会员中心入口的展示，在商品列表页和商品详情页中体现会员任务和会员权益的信息标签，有会员专享价的商品展示专享价格等，以帮助更多用户实现会员任务、权益转化。

5. 会员运营

1）会员增长

有了会员体系，日常运营要做的，最重要的就是关注并提升会员数，做会员的拉新和留存。

（1）会员拉新。

第一步，找到会员目标用户及其可触达的场景和渠道。首先分析会员用户的特征，总结什么样的用户适合成为会员，什么样的用户需要转化为会员，定位会员目标用户。然后看这些用户，在内部有哪些可触达的场景，在外部有哪些适合的推广渠道，怎样才能高效地覆盖和触达。对于内部场景的用户转化，可以对用户的主要路径进行拆解，在关键流程节点尝试实施将会员转化为会员的运营动作，需要注意运营策略不能过度打扰用户的原有流程。比如，新用户在首次使用产品的核心功能后，在下单完成页面，可以受邀免费体验会员；或者老用户在浏览商品时，在商品详情页，提示如果升级会员会有哪些可用的权益和优惠等。对于外部渠道的拓展，目前流行资源互换和跨界合作，比如在其他业务中推广自己业务的会员权益、与合作业务方共同推广双方联合的会员活动等。

第二步，通过感知会员价值促进用户转化。如何让用户最大化地感知到会员价值，从而实现会员转化？步骤如下：首先，引起用户注意，给予用户充分的会员权益曝光；其次，勾起用户欲望，针对用户的痛点，说明会员权益带来的好处，最大化地让用户感知会员价值，最小化地让用户感知会员成本，最好能量化呈现，比如电商常用的省钱计算器，告诉用户加入会员一年可以省多少钱，同时告诉用户一年的会员费用折合成一天才几毛钱甚至几分钱，这样一来，可以非常直白地展示出会员的具体价值；然后，同时刺激用户采取行动，降低用户转化的门槛，让用户快速体验使用，比如免费试用、先用后买。

（2）会员留存。

第一，会员留存需要根据不同的用户阶段精细化展开。对于新会员，可以提供会员服务指引，让用户全面了解会员权益，并清楚要如何高效地使用这些权益；对于成长期会员，要提醒和促进用户使用会员权益，通过使用会员权益培养用户习惯，建立用户对于会员机制的心智；对于衰退期会员，要建立用户流失的预警机制，及时采取挽救举措，提醒用户会员即将降级、即将损失权益，遇到特殊情况时，可适当采取保级措施；对于流失会员做召回，帮助用户回忆会员期间的美好，突出后续会员权益能为用户带来的价值。

第二，会员留存需要根据不同的会员阶段进行差异化运营。在会员中期，如果会员活跃度非常高，可以尝试转化用户购买更长周期会员。在会员后期，即会员快到期时，可以通过优惠让利、活动激励来适度提醒会员留存。

第三，对于付费会员，会员留存就是让会员续费，为了使会员延续时间长久，很多企业推出了自动续费功能，通过较低的长期订阅价格，吸引用户购买，然后每期系统自动续费，如果用户想停止续费，则需要付出额外的操作成本，这也在一定程度上减少了用户流失。

2）会员升级

会员升级的转化：首先，提升高级会员的用户感知价值，宣导高级会员权益，介绍权益与产品结合能为用户带来什么，对比用户的目前会员等级，高级会员权益的优势在哪、能好多少、有多少用户在用等，让用户能经常看到这些信息，从而进行更深入的了解；然后让用户产生升级欲望，最有效的方式是让用户提前试用高等级会员的权益，用户一旦体验到更好的事物，就会认可并愿意继续使用；最后，促使用户采取行动，降低升级门槛，对用户未启动的任务进行辅导，对进行中的任务提醒进度、督促用户尽早完成，对付费会员续费给予折扣价、发优惠券，也可以刺激价格敏感型和优惠敏感型用户进行转化，从而提升会员等级。

3）会员活动

会员用户除了享受会员的常规权益，很多企业会为会员组织单独的活动，比如固定每周几或者每月几日的会员日活动，有的还开辟了会员专场，如会员秒杀频道。

会员活动能带来很多好处，一方面可以服务和提升会员用户，让会员感受到会员身份带来的切实利益；另一方面对非会员用户也会产生吸引力，提高了会员价值和用户转化为会员的动力。但需要注意分寸，非会员用户虽然不是会员，但还是正常用户，该有的服务仍需要给到，会员活动只能作为会员的额外奖励，不能因为一味地追求给予会员福利而抬高会员，降低或忽视了用户常规服务。

4）会员服务

会员体系体现的是一种存量经济，抓住核心用户做深耕，服务体验是关键。设置会员本身就是为了区别于普通用户，所以对会员需要有特殊服务，来凸显会员的尊享感。只有做好了会员服务，让会员被区别对待，才能使会员更具有价值。

会员服务既包括主动提供的服务，如会员等级变动通知、会员任务或者会员权益提醒、会员关怀问候等，也包括被动要求的服务，如会员咨询或者投诉问题的处理，有时候会优先处理，或者为会员用户配备专门的或者高级的客服人员。

会员服务工作的开展需要关注几方面事情。首先，约定好服务规则，控制会员服务预期，并不是所有问题都能解决，也不是所有问题都需要解决，什么问题该怎么解决，需要有标准。然后，引导会员自主学习和解决问题，比如提供自助服务，不仅能节省企业的人工成本，也能节省用户时间，解决日常大部分问题，对解决不了的问题再升级到人工客服处理。最后，监控服务过程，保障服务效果。服务过程需要有记录并做好管控，像常规的外呼电话录音、在线客服沟通记录、客服工单记录、用户拜访记录，这些都比较容易实现。服务效果是比较隐形的，找到能够衡量服务效果的标的物，让效果可以量化评估，如最佳实践案例打造、服务评分，要先能评估效果，之后才能保障效果。

5）会员数据

进行会员体系效果衡量，一方面，会员体系是有费用投入的，所以要重点关注成本、收益指标；另一方面，会员体系是对核心用户的运营，所以也要关注会员用户的渗透、留存、质量和价值指标。

- **会员成本**，指会员权益费用，比如折扣价商品、优惠券的优惠金额。
- **会员收益**，主要包括两方面，一是直接的会员费用收入，二是会员用户的产品交易收入，对比用户在成为会员前后的变化，看成为会员后产品交易额提升了多少。另外，会员收益还包括会员用户的质量提升，但这块收益不好直接进行量化评估，一般会把用户的使用频次、客单价等作为参考进行分析。会员收益除以会员成本，就是会员的 ROI，评估会员投入是否划算。此方法也可以用来评估具体的会员权益、活动，单独计算每一个项目的 ROI，对比分析各种项目策略的效果好坏。
- **会员渗透率**，指在企业目前正服务的所有用户人群中，已经成为会员或高级会员的比例，代表了会员体系的规模和吸引力。
- **会员留存率**，表示用户对会员体系的认可程度，反映了会员体系对会员用户成长的实际促进作用，尤其对于付费会员而言，留存率即续费率，是评估会员体验和决定会员体量的关键。
- **会员质量和价值**，包括会员用户健康成长方面的指标，如会员拉新量、升级率，也包括会员用户在业务关键指标上的表现，如交易频次、ARPU 值。

6. 其他注意事项

会员体系绝对不是用户增长的万能解药，也有其使用范围和局限。

第一，一切用户增长都依赖于产品的价值及体验，如果体验糟糕导致用户流失率较高，而企业企图借助会员体系去提升用户留存率，实际上对用户而言反而是伤害，会加速用户的流失。

第二，会员体系也有业务类型局限，会员体系的核心是提升用户生命周期价值，但有些业务很低频，用户一生只使用一两次，会员体系能起到的作用就非常有限，比如房产、婚庆等行业业务。

第三，会员体系不能只聚焦于短期利益，为了短期的营收增长，设置一些无关痛痒的权益，包装成会员，然后会员定价为 69 元、99 元，这不仅是在侮辱用户的智商，更是在消耗企业的信誉，得不偿失。

【案例】

京东会员

京东会员利用京享值作为评级标准。京享值，是根据用户在京东近 365 天的消费分、近 60 天的活跃分和账户分等综合计算得出的分值，每月 25 日重新评估分值。消费分，是结合用户在京东主站内的购物金额、购物利润、购买品类数量等综合计算得出的分值；活跃分，是由用户登录京东主站 App、评价、晒单、回答问题、开通品牌会员次数、购物天数等累加计算得出的分值；账户分，是完成实名认证、校园认证、邮箱绑定、微信绑定、QQ 绑定后累加计算得出的分值。用户通过完成各种任务赚取京享值，根据京享值享受专属服务。京东会员体系及其业务逻辑如图 3-4 和图 3-5 所示。

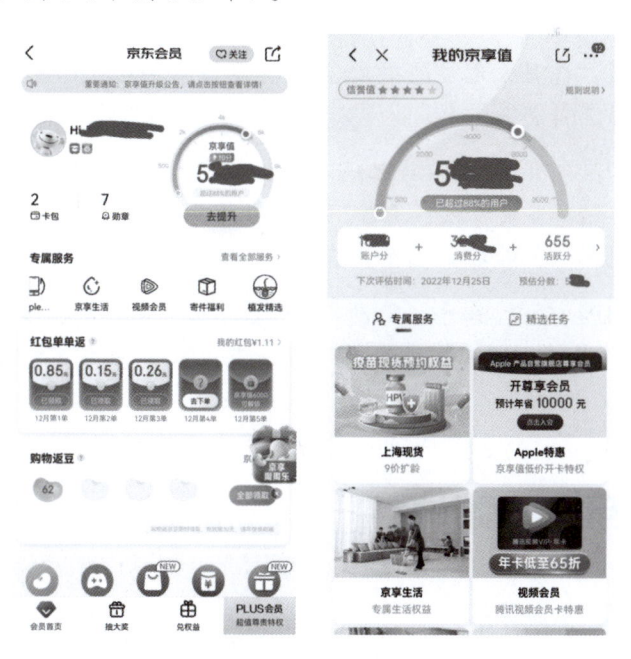

图 3-4 京东会员体系

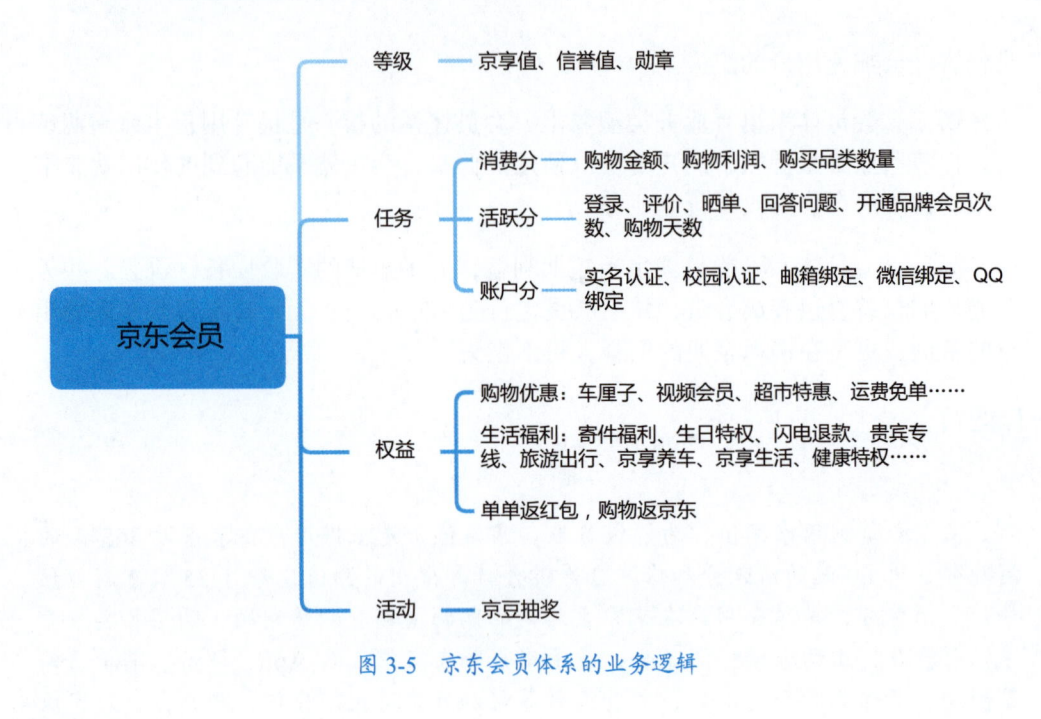

```
                    ┌── 等级 ──── 京享值、信誉值、勋章
                    │
                    │            ┌─ 消费分 ── 购物金额、购物利润、购买品类数量
                    │            │
                    ├── 任务 ────┼─ 活跃分 ── 登录、评价、晒单、回答问题、开通品牌会员次
                    │            │            数、购物天数
                    │            │
                    │            └─ 账户分 ── 实名认证、校园认证、邮箱绑定、微信绑定、QQ
                    │                         绑定
   ┌─────────┐      │
   │ 京东会员 ├──────┤            ┌─ 购物优惠：车厘子、视频会员、超市特惠、运费免单……
   └─────────┘      │            │
                    │            │  生活福利：寄件福利、生日特权、闪电退款、贵宾专
                    ├── 权益 ────┼─ 线、旅游出行、京享养车、京享生活、健康特权……
                    │            │
                    │            └─ 单单返红包，购物返京东
                    │
                    └── 活动 ──── 京豆抽奖
```

图 3-5 京东会员体系的业务逻辑

【案例】

网易云音乐会员

网易云音乐会员是付费会员，根据会员费用（和权益）的不同，分为三种（等级）。

- 畅听会员：包月 8 元，包年 88 元。尊享四项特权：免费下载、会员曲库、无损音质、铃声。

- 黑胶 VIP：包月 13 元，新客限时价 0.88 元；包年 138 元，新客限时价 88 元。尊享 20 多项特权：免费下载、会员曲库、无损音质、铃声、头像挂件、福利券、广告特权、个性皮肤等。

- 黑胶 SVIP：包月 40 元，活动价 28 元；包年 480 元，活动价 348 元。尊享特权：黑胶 VIP、数字专辑、有声书、成长加速、智能硬件、专属装扮等。

3.2 搭建用户激励体系

1. 什么是用户激励体系

用户激励体系，也叫作用户成长体系，指通过找到用户成长的关键路径和核

心驱动力,搭建用户成长的激励通道,从而形成一整套驱动用户成长的运营机制。当产品本身满足用户需求的程度不足以增加用户使用频次和交易量时,就需要通过外因进行刺激,搭建用户激励体系是一种可以考虑的方式。通过用户激励体系,将用户在产品中的某一个或者某一组行为可视化,树立清晰可感知的目标,设定一系列规则和利益刺激,激发和引导用户行为。用户激励体系是互联网产品游戏化设计思维的典型代表之一。

用户激励体系的核心逻辑是,针对用户需求,采取相应的管理措施,以激发用户动机、鼓励用户行为、促进用户成长。激励需要遵循激发性原则,只有激发了用户的自觉意愿,激励措施才能取得激励效果。单纯被奖励诱惑来的用户没有实际意义,只有那些为了满足需求而使用产品的用户才值得被激励。激励不是一次性的事情,要让用户有感知、有进步,通过持续激励,最终促进用户的不断成长,这才算达到了激励的最终目的。

用户激励体系虽然是强有力的运营手段,但不能被滥用。互联网产品前几年有一股潮流,就是无论什么产品,都有一个积分商城,再来一套用户等级体系,天天要求用户签到、做任务,导致越来越偏离产品和用户的核心价值。用户激励体系虽然对促进用户成长有很大帮助,但并不是所有情况都适合使用。一般高频场景更适合使用用户激励体系,如购物、社交、游戏等场景,而低频场景不建议使用。另外,如果产品形态尚未成熟,或者没有形成一定的用户规模,也不要盲目搭建用户激励体系。用户激励体系只是一个辅助功能,只能作为催化剂,用来增加用户黏性和促进用户成长。

2. 有哪些激励用户的手段

激励用户的关键是看用户的需求是什么,基于用户需求进行相应的激励。根据激励的用户心理和产品功能,激励用户的手段总结归类如下。

从用户心理的角度看,激励用户有八大因素。

(1)使命感。

使命感激励的逻辑是,让用户认为自己做的事情的意义比事情本身更有价值。在进行激励时,如果能营造一种产品之外的具有社会使命意义的感觉,让用户主动承担责任,就能激发用户的无限潜能,达到事半功倍的激励效果。使命感的优点在于,用户的自我驱动力比较强,无须额外刺激就能实现转化,而且达成的效果还能继续激励用户,形成正向循环。缺点是缺乏紧迫感,因为这些使命一般距离用户比较远,而且不同用户对使命的定义不一样,同一使命很难驱动所有用户,所以有些用户参与的意愿不会特别强烈。

【案例】

蚂蚁森林的公益活动

蚂蚁森林是一个旨在带动公众低碳减排的公益项目，由蚂蚁集团推出，运行于支付宝平台上。用户参与项目，就是在为国家公益做贡献，用户会自带使命感，而且这种使命感会促使大量用户持续参与项目。用户的低碳行为在蚂蚁森林中可计为"绿色能量"，积累到一定量就可以申请在生态亟须修复的地区种下一棵真树，或者在生物多样性亟须保护的地区认领保护权益。这个项目在 2019 年荣获联合国"地球卫士奖"。据 2021 年生态环境部"全国低碳日"主场活动公布的数据显示，蚂蚁森林自 2016 年上线以来，已累计带动超过 6.13 亿人参与低碳生活，共参与了全国 11 个省份的生态修复工作，累计种下 3.26 亿棵树。这个项目帮助用户和企业共同完成了公益使命，同时，也给企业带来了大量活跃用户。

（2）成就感。

成就感是指用户通常会为自己成功做到的事情感到愉快，利用用户这种成就感心理，通过彰显用户成就，驱动用户克服困难、完成任务。成就感是互联网企业常用的一种激励手段，如等级、排行榜、勋章等都可以给用户带来成就感。

（3）创造性。

创造性会驱使用户全身心地投入创造过程中，不断找出新事物，用户不仅需要表达创造性的途径，还要看到创造性的结果，来满足用户的好奇心、满足感和自我认同感。

（4）占有感。

占有感是指当用户拥有某个事物时，本能地会想要提升该事物的各项性能指标，这一驱动力是人们积累财富的主要欲望来源。

（5）社交影响。

社交影响也是比较常见且很有效的一种激励手段，是激励人们所有社交因素的集合体，包括社会认同、社交互动、伙伴关系，甚至是竞争和嫉妒心理，经常进行的社交活动有利他、合群、炫耀三类。把社交用作激励，形式有很多种，如组队、团购、传播、社群、互动等。

（6）稀缺性。

稀缺性激励，是指用户想要获得某样东西的原因是因为它罕见，自古"物以稀为贵"，可利用稀缺性营造紧张氛围，如限时折扣、限量机会等。

（7）好奇心。

很多时候，人们不知道接下来要发生什么，会被未知所吸引。当某件事物具有不确定性或者超出了日常预见时，人们的大脑就会下意识地关注这件事物，产生好奇心，并进行探寻，这就是好奇心的驱动，如抽奖、开盲盒等。

（8）恐惧感。

人们通常不希望坏的事情发生，尤其是不希望自己的努力和付出没能取得好的结果，所以会想尽办法争取事情往好的方向发展，这都是恐惧感心理在作用。比如，即将消失的机会、即将过期的福利等，就是对这一驱动力的有效运用。

从产品功能的角度看，激励用户有两大机制。

（1）物质激励。

物质指现金或者现金的等价物，物质激励分为两种，一种是特权，另一种是福利。特权，指优先权、优惠权等，是用户在产品中能够获得的一些特殊的权利，当产品达到一定层级的时候，用户规模比较大，需要对用户分层运营，特权就是非常好的工具。福利，是在责任、义务之外为用户提供的免费或者低价的服务、奖励。对于电商、O2O、生活服务等行业的付费产品，物质激励可以为用户带来直接的物质回馈，激励效果比较明显。

物质激励的优点是见效快，能够在短时间内以非常直观的方式吸引用户，促使用户打开产品并使用产品。物质激励的空间是有限的，所以能够给予用户的物质激励也是有限的，同样的物质随着对用户激励次数的增多，边际收益是递减的。物质激励也有负面影响，当持续将物质激励作为用户使用产品的驱动力时，用户可能会忽略产品本身的功能，而将获取物质激励作为使用产品的原因。

（2）精神激励。

精神激励是用户激励体系的精髓所在，只有好的精神激励，才能从本质上激励用户使用产品，让用户从心底接受和认可产品。精神是人的意识、思维活动和一般心理状态，人类的精神需求主要有两种：归属和尊重需求、自我实现需求，所以，围绕精神需求进行的精神激励主要有情感激励和荣誉激励。

情感激励，是通过用户情感反馈机制来实现的，主要体现在两方面，一是人与人之间的社交和认同，二是平台与用户之间的情感共鸣，所以，情感激励以互动激励和平台激励为主。互动激励指通过用户之间的互动作用，如点赞、喜欢、评论等功能，来激励用户，或者激励用户之间发生某种协同关系。平台激励一般体现在产品功能和服务引导上。对于用户来说，社交是生活的必需品，因为社交能够满足用户对友情、爱情、亲情等的需求，对产品而言，增加社交体系的目的在于留住用户，建立产品和用户及基于产品的用户和用户之间的关系纽带，加强用户与产品的联系，从而使产品和用户双赢。大多数产品的社交体系，采取的都是用户和用户之间进行互动的方式，根据操作的复杂程度或者步骤多少，对用户之间的互动行为进行分类，一般包括：轻量互动的点赞、收藏、关注，中量互动的评论、转发、分享，重量互动的聊天等。

荣誉激励，指从给予用户荣誉感的角度出发设计激励机制，通常表现为用户的个人展示信息或者可用功能服务的差异化，有对比、有差距，才能体现出用户特有的荣誉和优越感，用户才有动力提升会员等级。荣誉激励的手段比较多，如成就、徽章等。

精神激励的优点是可持续性好，精神的力量能够长时间吸引用户使用产品，缺点是部分习惯养成类的软件可能会让用户沉迷其中，造成用户不能将自己的注意力放在真正为社会创造价值的地方，此时需要提供能够带来正向价值的产品，通过技术手段防止用户沉迷。

3. 常见的用户激励体系

1）用户等级体系

用户等级体系，指根据用户对产品的参与和贡献程度不同，将用户划分成若干等级，不同等级的用户可以解锁不同的权益。常见的用户等级体系包含用户成长等级、用户特权等级、用户消费等级等。这种用户等级体系，对于企业而言，可以对不同等级的用户进行分层运营，较好地维系用户关系，提升用户的价值；对于用户而言，可视化的等级是一种外在激励，当人们的生活中存在一个等级体系时，人们便会有动力驱使自己争取更高的等级，这有助于用户提升社会认同感和成就感。

用户等级体系的设计需要考虑以下两个要素。

第一，等级阶梯与等级权益差异化。设计一套有差异化的用户等级体系，要让高等级用户持续感觉到高价值，并且激励低等级用户去升级。等级设置多少个合适，主要取决于产品，一般来说，高频使用的产品等级也相对多些。等级分布如何设置，比较合理的办法是采取金字塔式设计，也就是低等级用户比较多，升级比较容易，高等级用户比较少，升级比较难，等级越高，升级越难。权益的差异化体现在满足用户需求上，高等级用户需要被满足的需求更多，或者对于同一需求需要满足的程度更深。不同等级的用户享有不同的权益，等级越高，权益越好，在资源有限的情况下，优质资源一定是向少量高等级用户倾斜的。

第二，等级需要用数字衡量，用户等级体系一般与用户成长值相结合，把用户的关键行为与成长值进行换算，可以综合各种行为，整体计算一个用户的总成长值分数，再根据成长值划分用户等级，使等级规则简单明了。用户等级体系引导用户通过完成指定任务获得成长值，不同任务获得的成长值不同，成长值越多，等级越高。等级往往是单向的，因为用户在平台上的成长是向前发展的，所以成长值是往上增长的。现今有用户等级体系的产品实在太多了，为了能让用户记住产品，成长值的命名最好和自家产品有关联，如淘宝的"淘气值"、京东的"京享值"、航空公司的"里程"等。

【案例】

Keep 的用户 KG 等级

Keep 的用户 KG 等级是用户等级体系的典型代表。KG 等级是由用户在 Keep 累积获取的成长值而决定的，用户达到相应等级的门槛成长值即可升级，用户可以通过完成每日任务来获取成长值。任务包括分享运动记录、进行各项运动等。用户完成等级中的任务即可获取成长值，达到对应的成长等级。每个等级还展示了有多少用户，利用用户成就感、攀比心理，进一步刺激用户升级。

在 Keep 的成长等级中，用户被分为 KG0～KG20 共 21 个等级，等级越高，需要的成长值越高，能够解锁的权益也越多。

KG0——初始等级。

KG1——需要 50 个成长值，1000 万余人在此等级，权益有 KG1 徽章。

KG2——需要 150 个成长值，1000 万余人在此等级，权益有 KG2 徽章。

……

KG19——需要 42200 个成长值，2 万余人在此等级，权益有 KG19 徽章、白色手链、黑色手链、实体徽章、14 天会员奖励。

KG20——需要 72200 个成长值，5000 余人在此等级，权益有 KG20 徽章、徽章礼盒、190 元优惠礼包、30 天会员奖励。

2）积分体系

积分是产品内的虚拟货币，一般只允许在当前产品内使用。用户每次按照指定路径使用产品，都会获得一定的积分，用户用积分可以获取一定的收益。积分体系是激励用户和引导机制的载体，是企业为了刺激用户的某种行为而进行的一种变相的营销手段或者运营策略。不是所有产品都需要积分体系，一般当产品本身对用户的价值不够或吸引力不足，需要通过额外的激励去吸引用户时，使用积分体系比较合适。通过积分体系，用户可以获取和消耗积分。作为货币杠杆，积分体系可以提高用户对平台的黏性和价值贡献。

积分体系主要包括积分的获取和消耗两部分。

（1）积分的获取。

用户完成指定行为可获取积分奖励。积分是有价值的，这就需要用户付出的行为也是有价值的，用户什么行为适合获取积分、获取多少积分，需要根据行为的难易程度及重要程度进行合理的价值换算。设置规则时，需要结合产品和业务情况进行合理评估，需要激励那些与用户成长高度关联的指标。目前互联网常见的积分获取方式，电商类的有交易、晒单、商品评价、满意度评价等，社交类的有签到、互动、分享等。

（2）积分的消耗。

用户的积分需要有可以使用的地方，否则积分将毫无价值。用户使用积分兑换产品服务或者权益，就是消耗积分。消耗积分是积分体系的关键，是用户感知积分价值的方式，用户获取积分的目的就是消耗积分带来的价值，积分的价值越高，用户就越有动力获取积分，获取的积分就越多，然后积分消耗就越大，给用户带来的价值就越大，从而形成正循环。积分的消耗，可以分为被动消耗和主动消耗。被动消耗主要是积分要设置一个有效期，过期积分自动失效，防止积分无限度累积，造成失控。主动消耗，就是给用户消费的地方，让用户主动使用积分，包括用积分直接抵扣商品费用、兑换现金、兑换优惠券、兑换商城礼品、游戏化消耗等。

一个完整的积分体系包含积分获取和积分消耗两部分，只有积分获取和积分消耗保持动态地相互促进，才能发挥积分体系应有的价值。如果积分不能被消耗，则需要对用户进行使用引导，或者增加积分消耗项目的投入，积分只有被消耗了，才能确保积分对用户有足够的吸引力。

虚拟货币还有很多其他形式，如京东的京豆、淘宝的淘金币、美团外卖的米粒、抖音的抖币等，也可以使用其他形式的虚拟货币来搭建用户激励体系，其业务逻辑跟积分体系类似。

【案例】

招商银行的积分机制

招商银行的用户获取积分主要有两种途径，一是通过交易获取奖励积分，二是通过活动获取奖励积分，如推荐新用户、资产达标、下载绑定 App 等。活动奖励积分的规则比较灵活，具体有哪些活动、奖励多少积分，企业可以根据不同阶段的情况和目的进行设置和调整。用户消耗积分，可以在积分商城兑换礼品、参与积分游戏、用积分抽奖等。

3）成就体系

成就体系是把用户的价值贡献量化，形成数据，从而产生激励，例如粉丝数、点赞数、打赏量等，强调的是对用户贡献的肯定。这种激励对创作者来说是比较好的鼓励。

成就的一种直观体现是勋章，指在用户完成某些行为后，给用户发放荣誉勋章，满足用户的成就感和荣誉感。将用户的勋章头衔等标签给予高度曝光，对于用户来说，所获得的勋章就是一种荣誉。要使用户能够感受到这种荣誉给自己带来的精神层面的满足，才能达到足够的激励效应。与等级体系和积分体系不同的是，成就体系中对用户的激励主要是精神层面的，这也使用户成就体系的构建需要对产品的属性和用户的心理有足够的了解。

【案例】

得到 App 的用户成就体系

得到 App 中用户的勋章共有三种类型 26 个，分别为升级勋章 15 个、特别成就勋章 10 个、绝版勋章 1 个，主要用于激励用户在得到 App 中的学习、评论、分享等行为。比如，学习时间超过 30 分钟，即可获得"终身学习"Lv.1 勋章。在这套体系中，又嵌套了等级体系，将同一勋章分成不同的等级，在勋章的底部对等级进行展现。比如"终身学习"勋章，是根据用户在得到 App 中的学习时间为用户颁发的，这个勋章分为 Lv.1～Lv.9 九个等级，用户学习时间越长，等级越高。

4. 如何搭建用户激励体系

搭建用户激励体系，大致可以分为以下几个步骤。

第一步，明确激励目标。

找到产品的激励目标是搭建激励体系的前提，只有清楚为什么要做这件事情，才能有的放矢。分析产品中有哪几类用户，分别扮演什么样的角色，有什么行为，产生什么价值，然后针对有价值或者有提升价值的部分，制定激励策略，明确激励要达到什么目标，有针对性地搭建用户激励体系，比如内容社区不仅要鼓励用户成为内容贡献者，也要鼓励绝大部分用户成为内容消费者。

第二步，梳理激励行为。

用户的行为是用户在产品中的动作，分为一次性行为、连续性行为和重复性行为。从产品的核心利益出发，梳理用户在产品中的关键行为，思考哪些用户的行为是有益的，应该被激励；哪些用户的行为是有害的，应该被惩罚。

第三步，选择激励方式。

用户激励体系有三种：等级体系、积分体系、成就体系，每种体系都有各自的特点和优缺点。在搭建自己的用户激励体系的时候，需要根据产品属性和目标选择适合的激励方式。

如果产品功能较为复杂，无法用一套激励体系激励各种用户，也可以针对不同的功能点建立不同类型的激励体系，甚至可以将这些激励体系进行嵌套组合使用。

第四步，需要注意的事项。

首先，激励要具备及时性。在激励体系中要对用户的行为进行及时反馈，即用户在完成要求的行为后，要能立刻看到自己等级或者积分的变化。

然后，激励要保持有价值。如果用户在完成行为之后，发现获得的等级权益、积分没有价值，或者想要达到下一个等级的成本过高或者过低，那么这个体系的激励效果就会很差。

接着，激励要保证用户的参与度。用户参与的门槛要低，天花板要高。根据二八定律，一个产品中 80% 的收入由 20% 的用户贡献，用户激励体系最重要的目的，一是将低价值的 80% 用户转化成能够带来高贡献的 20% 用户，二是维持 20% 用户继续带来高贡献。因此，对于一个成功的用户激励体系来说，用户参与的门槛一定要足够低，低到让产品的大多数用户都能参与进来，这样才能引导更多非核心用户变成核心用户，将潜在的流失用户拉回产品中，继续使用产品。对于那些能够给产品带来高贡献的 20% 的用户，用户激励体系需要做的事情是维护这批用户的忠诚度，让他们持续提升贡献，激励的天花板一定要高，让这批核心用户也能有足够的参与动力。

最后，激励要持续迭代。搭建一套用户激励体系并不难，难的是根据用户在激励体系中的反馈及激励情况变化，不断优化完善激励体系。在用户激励体系上线前期，对成长路径、激励规则进行说明，对功能的运作情况进行监控，帮助用户参与和成长，快速占领用户心智。在用户激励体系上线中后期，关注激励效果，分析用户行为变化，根据用户的反馈和阶段性进展及新阶段目标，不断优化激励机制。

3.3 培养用户心智

1. 用户心智的定义和作用

在用户场景中，用户的心理状态会有各种各样的变化，这些变化的根源就是用户心智。如果说用户是产品的根源，那么用户心智就是用户需求的根源，用户所做的每一个行为，背后都是他们在具体场景下认知某个事物后的反馈，是用户心智作用的结果。

用户心智的概念，最早提出于1943年，苏格兰心理学家和哲学家肯尼斯·克雷克对用户心智模型进行了阐述，说其是外部客观世界在大脑中所形成的映像，是个体对客观世界中某个事物运作原理的一种内在的认知过程，通过用户心智模型，可以对未发生的事情与状况进行相应的预测，以做出最恰当的反应。用户心智模型是影响用户一切思考和行为方式的背后的形式和规律，是用户认识事物和处理事物的方法和习惯，让用户在有限的信息和能力之上产生合理的解释。

简单来说，用户心智可以理解成用户的思想、经验和知识的总和，它影响着人们对事物的认知和反应。从心理学角度看，心智是人们对已知信息的存储和沉淀，然后通过生物反应实现动因的一种能力总和。从商业的角度看，心智就是用户对企业、品牌、产品的惯性心理认知。

用户心智既是具象的，又是抽象的。它是一切行为模式和思维能力的总和，可以形成于人们的信息加工过程的各个环节，存储在记忆中，并且具有解释客观现象、预测未知事物、熟悉未知环境等功能，进而对用户行为进行指导。用户心智是复杂的，每个人因为拥有不同的物质资源、社会关系、文化教育，进而他们的生活方式、消费观念、文化水平、"三观"也不同，所以这也是每个人独一无二的原因之一。不同的人即使在同一场景同一时间做同一件事，结果也会不一样。

2. 用户心智的特点

（1）用户心智是动态发展的。

用户心智依赖于人的经验与认知，人的经验在不断积累，认知在不断提升，因此心智模型也在不断变化。用户心智的形成是一个动态发展的过程，用户心智并不是一成不变的，会受到环境、教育、经验、他人等因素的影响，并且在先天和后天等多重因素的影响下逐步形成和迭代，用户心智的发展过程分为三个阶段，分别为认知阶段、理解与学习阶段、强化与重构阶段，如图3-6所示。

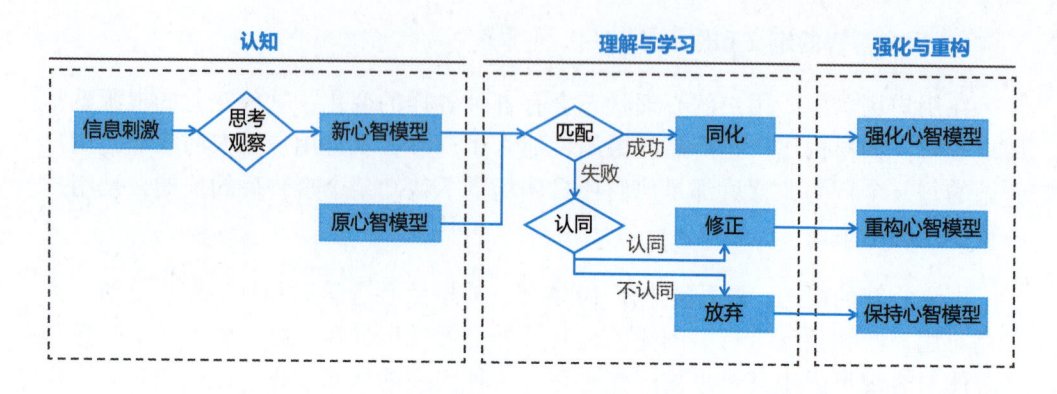

图 3-6 用户心智的发展过程

- 认知阶段：人们不断地感受与接受来自外部的信息，在原有的直接经验和间接经验相互作用的基础上，形成相对自然的新的心智模型，并暂存于记忆中。

- 理解与学习阶段：人们会将暂存的新心智模型与脑中原有的心智模型进行匹配，如果匹配成功，则新心智模型和原心智模型会发生同化作用；如果匹配失败，则有两种情况：如果认同新心智模型，则新心智模型会修正原心智模型，如果不认同，则放弃新心智模型。

- 强化与重构阶段：匹配成功后所发生的同化作用会强化用户心智模型，匹配失败后所发生的认同会对用户心智模型产生重构作用，不断完善用户心智模型。但当匹配失败且不认同新心智模型时，则会保持原心智模型。

用户心智发展不断进入新的阶段，在形成新心智模型后，则会有新的迭代，从而不断完善用户心智模型。

（2）用户心智是可以引导和培养的。

用户对待新事物的心智具有阶段性。人们本能地认为熟悉的即是安全的，刚接触新事物时会处于守旧阶段，持保守态度，然后进入求新阶段，开始尝试探索，探索成功后便进入平稳阶段，人们开始对其习以为常。

在建立用户心智的过程中，我们可以做出更多改变用户心智和行为的方案来影响用户，建立更好的心智。比如，在用户第一次使用产品时，我们会提供优惠甚至免费体验，这就是试图在守旧阶段快速建立用户对产品的认知，以吸引用户，让用户能更多地了解和使用产品。

3．如何培养用户心智

1）树立产品形象

（1）起个好名字。

对于用户来说，每天接收的信息很多，大部分信息都被一带而过，看过即忘。一个简单易记的产品名称是非常重要的，还有 Slogan、广告语，好的文字往往能直击用户心扉，鼓舞人心，表达产品特色，让用户一看就懂，看过就能记住。

【举例】

好的产品都有好的 Slogan

大家耳熟能详的产品广告语案例，举不胜举，比如：脑白金"今年过节不收礼，收礼只收脑白金"，京东"多快好省"，美团"吃喝玩乐全都有"，美团外卖"美团外卖，送啥都快"，去哪儿"想去哪儿就去哪儿"，携程"携程在手，说走就走"，今日头条"你关心的，才是头条"，抖音"记录美好生活"等。

（2）争夺第一。

世界上第一高峰是什么峰？珠穆朗玛峰；那么第二呢？第三呢？相信绝大部分人都不知道，这就是第一的力量。成为第一是定位理论最有效的方式之一，也是企业争抢市场老大的原因，一旦成为第一，就很可能赢者通吃，成为用户心智中的行业首选。

（3）打造特色。

太多企业向往成为第一，但是第一的宝座只有一个，基本上都是行业巨头们在争夺，那么无数的中小企业就没有机会了吗？当然不是，只要深耕自己的独特卖点，切入细分市场，中小企业依然有大把机会。企业可以提升产品的核心竞争力，包括产品性能、性价比、科技含量、用户服务等，选择其中某一项或某几项，打造卖点。

（4）讲述故事。

人们天生对他人的故事具有很强的好奇心，在信息大爆炸的今天，故事仍然是用户每天消费最多的信息之一。好的故事是吸引关注、赢得认同的有效手段之一。

【案例】

戒指的用户心智

戒指本身的使用价值并不高，但被冠以故事之后就有了特殊意义。戒指的起源，据说是古代抢婚演绎的结果，男子抢来其他部落的妇女就给她戴上枷锁，经过多年的演变，枷锁变成了戒指，男子给女子戴戒指就表示"她已归我所有"。所以受这种思想的影响，现在人们会通过送戒指来表达爱意，表示愿意为了爱接受束缚，戴上戒指，从此画地为牢。戒指代表矢志不渝的爱情，是真爱的见证之物，代表了共度一生的愿望。

2）强化产品服务

（1）突出核心价值。

在进行产品推广的时候，有些企业喜欢尽可能地把所有卖点和利益点都展示在用户面前，以彰显产品的强大。殊不知，这样做会适得其反，因为提供的价值太多，会把重点价值稀释掉，让用户分不清产品最能解决的问题是什么，更难以让用户记住这款产品。所以需要提炼产品最重要的核心价值，把这个价值不断重复地灌输给用户，这样才能让用户形成深刻的印象，长时间占领用户心智。一个核心卖点，胜过面面俱到。

【案例】

"去屑就用海飞丝"

海飞丝是洗发水品牌，其主要功效是清洁头发，但所有洗发水的功效都是清洁头发，用户为什么要买海飞丝呢？人们经常被头屑烦扰，想用洗发水去除头屑，于是海飞丝抓住了用户这一需求，主打去屑功能，并大力宣传，推出 Slogan "去屑就用海飞丝"。然后，用户想用洗发水去屑时，自然而然地就会想起海飞丝的产品。

（2）建立服务调性。

服务调性是指服务项目、功能、机制、流程等所体现出来的服务的感知形象。建立服务调性，有助于用户理解、记住和使用产品服务。对于电商行业中卖商品的，一般服务调性有低价好货、买越多越省等，体现出来就是秒杀频道和满减、满赠、满返活动。

（3）提升用户参与度。

在互联网信息时代，企业和用户之间不再是一种单向信息的灌输，而是需要在企业和用户之间搭建沟通的桥梁，以便企业能更好地了解用户需求，为用户服务。让用户对企业产生主人翁意识，甚至参与到产品建设中来。用户对于自己投入劳动和情感而创造的事物，往往会做出较高的价值判断。用户只有充分了解产品，才能产生惯性的心理认知。

3）培养用户习惯

习惯是一个很神奇的东西，可以是习惯于做某些事情，比如很多人经常不自觉地刷抖音、朋友圈、微博，不刷的话就会感觉少了点什么；也可以是习惯于不做某些事情，比如很多人手机里总有几个App从来没有被打开过，这都是习惯的结果。一旦人们形成习惯，就会开始无意识地做出条件反射运作，在特定情境的暗示下不自觉地做出某种行为。

培养用户习惯，就是基于人们的底层思维模式与行为发生机制对用户行为进行设计和引导，通过多次反复训练来帮助用户养成某些行为习惯。培养用户习惯的核心，是要解决上瘾理论中的三个关键点：说服引导、强化激励、巩固认同。

（1）说服引导。

说服用户是引导用户行为的基础，而行为一般受制于能力、动机、触发器，只有当三者同时作用时，用户才会被说服，然后按照设计好的路径去完成行为。能力方面，用户自身的能力一般是比较难改变的，可以通过降低行为的要求，使用户可以完成行为。动机方面，渲染完成行为的正面作用，表述不采取行动的负面影响，激发用户的内在驱动力。触发器，在未形成习惯之前，需要依赖外部提醒和刺激促使用户行为的发生。

（2）强化激励。

通过激励引导用户行为。激励包括两方面：一是通过正向的奖励进行激励，趋向获利是人的本能，没有人会拒绝正向鼓励；二是通过负向的惩罚进行激励，规避损失也是人的本能，损失所激发的力量是等量收益的两倍甚至以上。制定奖惩机制，培养用户按期望完成行为的习惯，驱使用户向好的方向发展。

（3）巩固认同。

巩固用户行为，培养用户自觉完成任务的习惯，让用户产生认同，从而形成行为习惯。巩固认同的方法有很多：可以引导用户对产品持续投入，用户投入得越多，就会越认同和依赖产品；可以为用户创造自我实现的机会，提升用户认同感；可以让产品持续有用，不断满足用户的个性化需求，使用户感知并认同产品的价值。

【案例】

"双十一"购物狂欢节

"双十一"购物狂欢节，是被打造出来的节日，而且养成了强大的用户心智。自从2009年开始，每年的11月11日，以淘宝、京东为代表的电商平台就会利用这一天来进行大规模的促销活动。随着举办企业、活动规模、用户数量的增加，这一活动逐渐成为中国互联网界最大规模的商业促销狂欢活动，成为名副其实的全民购物盛宴。2012年，阿里巴巴取得"双十一"商标的专用权。2021年，"双十一"总交易额天猫为5403亿元、京东为3491亿元。

"双十一"购物狂欢节的用户心智，结合上述用户心智打造方法，体现如下。

- 起个好名字、讲述故事、说服引导：每年11月11日本来是"光棍节"，"光棍"们需要犒劳自己，给自己买礼物，"狂欢"进一步刺激了这些用户需要有节日的仪式感，同时说明了活动的定位是可以让用户狂欢，给了用户足够的购物理由，成功勾起了用户的购物欲望。

- 争夺第一、打造特色、突出核心价值、强化激励：很多平台"双十一"期间会打造全年最低价，让用户欲罢不能。

- 建立服务调性、巩固认同：每年"双十一"期间都搞活动，固定时间和节奏。

- 提升用户参与度：活动前全面触达用户，最大范围地宣传活动，活动中提醒用户，利用各种活动优惠吸引用户参与。

- 巩固认同：比如预付款功能，用户预付部分费用后可在活动期间低价购买商品。

"双十一"购物狂欢节对拉动内需是一个积极信号，但不能沉醉在逐年攀升的数字泡沫中，如果想获得长足发展，无论是企业还是用户，都必须更加理性。"造节"只是形式，内核是建立用户心智。"双十一"本来是"光棍节"，现在被打造成了购物狂欢的节日，随着互联网零售业务的兴起而发展壮大，后面会走向何方，需要企业和用户继续探索合适的发展道路。

4 增加用户贡献

放大用户价值

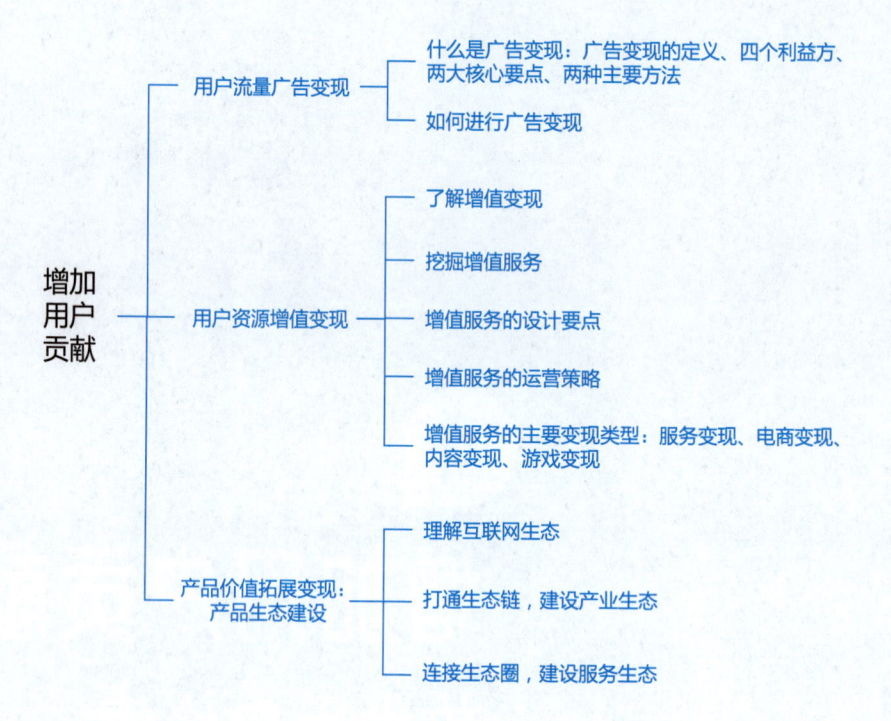

```
                                    ┌─ 什么是广告变现：广告变现的定义、四个利益方、
                    ┌─ 用户流量广告变现 ─┤   两大核心要点、两种主要方法
                    │                  └─ 如何进行广告变现
                    │
                    │                  ┌─ 了解增值变现
                    │                  │
                    │                  ├─ 挖掘增值服务
  增加               │                  │
  用户 ──────────────┼─ 用户资源增值变现 ─┼─ 增值服务的设计要点
  贡献               │                  │
                    │                  ├─ 增值服务的运营策略
                    │                  │
                    │                  └─ 增值服务的主要变现类型：服务变现、电商变现、
                    │                     内容变现、游戏变现
                    │
                    │                  ┌─ 理解互联网生态
                    │  产品价值拓展变现： │
                    └─                 ├─ 打通生态链，建设产业生态
                       产品生态建设     │
                                       └─ 连接生态圈，建设服务生态
```

用户规模多了，直接价值也提升了，要进一步增加企业收益，就要继续放大用户价值，考虑产品基础服务之外的用户间接价值贡献，进行商业化变现。当然，用户价值除了产品直接交易价值、商业化变现价值，还有很多种价值，比如用户资产及用户数据资产价值、传播裂变价值、口碑价值等，这里我们只重点讲述其中比较重要的商业变现价值。

互联网商业化的演变，从最初注重流量，依赖广告变现，过渡到重视流量背后的用户资源，挖掘用户多元化消费价值变现，这也成了一个大的发展趋势。放大用户价值，主要可以从三个方面进行：一是利用已有用户流量做广告变现，二是利用已有用户资源增加增值服务，三是通过当前产品服务扩展生态产品。

收益是企业的根本，所有企业都在用各种方法提升商业化变现能力，获取更多用户价值。比如好多产品有基础版和高级版，基础版用户可以免费使用，里边会有广告，高级版提供高级功能，免广告，但是需要用户花更多钱才能购买。很多工具类、内容类产品也摸索出了一条路，先提供免费服务吸引用户，有了用户之后，直接利用用户流量售卖广告赚钱，或者再向用户提供其他收费服务。

4.1 用户流量广告变现

在互联网行业有一个公式：

$$用户 = 流量 = 金钱$$

当一个产品聚合了用户之后，这个产品就会产生相应的商业价值。我们经常会听到用户和流量这两个词语，虽然流量不一定都来自真正的用户，但用户却是一种流量资源，而且是能带来价值的流量资源。

互联网从诞生之日起，流量就成了一个绕不开的话题。而近几年，伴随着流量红利的消失，行业监管政策的趋严，以及经济环境的变化，使得依靠流量增长驱动业务增长的模式逐渐失去了以往的效率，互联网已经回归商业本质，进入了存量博弈时代。流量变现是当下商业化的主基调，深度理解与挖掘流量价值，把流量作为一种产品（此时的流量被叫作商域流量），根据某种商业目的按照某种商业逻辑对流量进行分配，找到最佳流量商业化模式，才能做好生意。

众所周知，广告行业是万亿元级的市场，广告是最普遍、最快速的变现模式之一。当一个产品有流量时，最直接了当的变现模式就是广告，只需要少量人力支持，就可以持续产生收入。

1. 什么是广告变现

1）广告变现的定义

广告，即广而告之，是为了某种需要和目的，通过一定介质和展现形式，公开而广泛地向公众传递特定信息的一种宣传手段。广义上讲，广告包括经济广告和非经济广告，非经济广告是指不以商业活动为目的的广告，又称效应广告。狭义上讲，广告仅指经济广告，又称商业广告，是以商业活动或者盈利为目的的广告。

广告变现，是针对商业广告而言的，就是企业利用已有的用户流量，接入广告业务，对用户展示广告信息，从中赚取广告服务费用。

2）广告变现的四个利益方

广告涉及四个利益方，包括广告主、媒体、广告商和受众用户。广告主是想为自己的品牌或产品做广告的人；媒体是提供广告位置的载体；广告商相当于中介，帮广告主找媒体，帮媒体找广告主；受众用户是看广告的人。

在互联网环境中，有些中小型网站、App、个人IP虽然流量不大，但是质量很高，有广告展示的能力和需求，有些广告主广告体量比较小、投入资源有限，但也想做些广告推广，如果这些广告主和很多媒体分别谈投放，或者媒体和很多广告主谈合作，都非常不方便。这时候就需要广告商把这些媒体集合到一起，把广告主集合到一起，媒体和广告主都只需要跟广告商谈判即可。一些比较大的企业，会搭建自己的广告平台，既是媒体又充当广告商的角色。

3）广告变现的两大核心要点

一是注重用户体验，不能无限榨取用户价值。企业进行广告变现，或多或少会影响用户体验。许多企业因为生存压力或过于追求收益，无限制地接入展示广告，虽然在短时间内收入增长了，但却缩短了产品的生命周期，最终损害了长远利益。用户是企业的血液，始终把用户体验摆在第一位，努力提升用户黏性和满意度，才是维持健康发展的硬道理。

二是提升流量变现效率，降低运营成本。随着企业对用户体验及变现效率的追求，广告逐渐从积分墙、展示类广告过渡到信息流广告、原生广告，广告的内容和形式越来越贴合用户精细化场景需要，广告运营越来越注重效果。

4）广告变现的两种主要方法

在当前广告变现的方法中，主流方法有两种：自售广告和接入第三方广告平台。

自售广告是比较传统的方式，企业凭借自身力量拓展广告主，但因人群未精准划分，对于广告主来说投放效果没有保障。当企业广告达到一定的体量之后，在人力和财力资源足够的情况下，可以考虑自主搭建广告投放平台。但因广告平台体系庞大、架构复杂，从零搭建投入成本较高，风险也相对较大，发展到不同阶段的企业可以根据自身的情况谨慎考虑并选择。

这种方式的优势是，将流量售卖的主动权掌握在自己手中，收入和质量可控，不必担心对接广告的内容素材；不足之处则是，从流量的销售、体系的搭建到后期的运维，都需要很高的成本和很长的时间周期，费时费力且风险也高。

目前较为普遍的广告变现手段，是接入第三方广告平台。第三方广告平台往往拥有更加丰富的广告主资源、更加专业的技术支持、更加完善的业务服务，对企业来说，时间和投入成本都比较低，回报相对较高，适合新启动广告业务的企业和资金实力没那么雄厚的中小企业。

常用的第三方广告平台有字节系的巨量引擎旗下的穿山甲、腾讯系的优量汇、百度系的广告联盟等，都具有一定的业务规模、广告资源和服务能力。比如穿山甲，是一个全球开发者成长平台，具备很多优点，包括：

- 广告资源实力雄厚，穿山甲背靠字节集团和巨量引擎海量商业化资源，拥有数十万优质广告主，涉及上百个行业领域。
- 广告内容监管严格，平台内有严格的广告素材审核机制，对广告主经营资质、行业商品规范进行严格审查，7×24 小时全天候智能巡检、实时监控，精准识别各种作弊行为，全面保障收益公平与生态健康。
- 广告素材样式丰富，平台提供八大核心样式，囊括目前市场上常见的各种样式，包括图文类、视频类，以及互动广告，原生样式全场景覆盖，帮助企业平衡收益和用户体验。
- 平台服务完备，不定期推出的各项激励计划，为新手开发者提供良好精准的帮助，全方位扶持开发者成长。

2．如何进行广告变现

第一步，确定广告位。

广告位就是投放广告的位置，包括开机屏幕、Banner、推荐位、按钮、信息流等，都可以用来投放广告。可以对自己的产品内适合做广告位的资源进行盘点，每种广告位各有特色，价格和计费方式可以不同。

- 开机屏幕广告，需要拥有自己独立的客户端，对用户强打扰，广告内容最好能和产品匹配。

- Banner广告，在互联网产品里最为普遍，只要有空位且广告内容不是很打扰用户的内容，都可以投放。

- 信息流广告，适合资讯类、社交类、电商搜索引擎产品，在内容列表里投放广告信息。

- 插入式广告，适合视频类、阅读类产品，比如视频中间或者公众号文章里插播一条广告。

第二步，寻找广告资源。

进行商业化广告，要分析市场上的广告平台或者广告主，评估是接入第三方广告平台，还是建立自己的广告交易平台，再或者是自己寻找广告主。有较大流量的产品会建立自己的广告交易平台，通常出于变现效率考虑，一般企业会对接多个广告平台、广告商或者广告主。寻找广告资源时，需要考虑：自己的用户适合什么样的广告，广告素材与广告位是否匹配，产品与什么平台兼容性比较好，对方技术的稳定性如何，效果是否可靠。广告费用不是越高越好，先要看广告内容是否符合自己产品的用户需要，商业化要在保证用户体验的前提下对商业收入负责，需要权衡，综合各方面因素，评估哪些广告用什么方式计费，效果会最佳。

第三步，设计广告规则。

设计广告规则，就是要确认好：广告的内容、形式等广告素材，广告的用户、时间、频次等展现规则，以及广告的流程、路径等转化规则。广告内容方面，最好匹配自己的产品和用户特点及需求，重点体现广告对象的特点和优点，严格控制内容的质量；广告形式，需要跟广告位样式、风格、要求相协调，需要有广告标识，在不打断用户使用产品本身的连续操作的前提下，尽量吸引更多用户进行广告转化；广告展示时，要在合适的时间向合适的用户进行展示，注意频次限制，要适可而止，根据广告费用并权衡广告对用户的影响来控制广告投放。广告转化流程、路径尽量精简和便捷。

第四步，上线广告运营。

广告并不是确定广告位接入广告资源后上线了就可以，一般在签约合作的时候，都有局部放量测试阶段，测试的目的主要是看用户反馈和计算变现效率，同时也让广告商或者广告主有一个预估的量，以方便部署广告内容和服务。测试是一个非常重要的环节，通过测试可以判断广告的可行性和变现效率，寻找广告的最佳实现办法，然后再大范围投放。为了提升转化效果，需要的话可以适当给予用户一定的激励，比如浏览广告可以赚积分、领红包等。

第五步，跟踪广告效果。

商业化的目的是获得商业收入，关键是变现效率。在广告上线后，对数据效果的持续跟踪就显得非常重要了。针对广告的投放情况、转化效果和用户反馈，通过多个维度分析结果，可以不断地优化调整广告策略。广告数据指标主要有以下几个。

- 填充率：填充率=实际投放量/可投放量，反映了广告资源的多少和广告位的使用程度。
- 点击率：CTR=点击量/曝光量，反映了广告的精准度和用户的转化效果。
- 关闭率：关闭率=关闭量/曝光量，反映了用户对广告的厌恶程度。
- 停留时长：停留时长=广告位展示时长/展示次数，反映了广告对用户的吸引程度。
- ROI：ROI=广告收入/广告成本，即投入产出率。

需要注意的问题：同一个广告内容如果长期没有太大变化，变现效率会随着用户的点击消耗而下降，需要避免素材同质化。

4.2 用户资源增值变现

互联网在早期吸引用户的方式是免费和补贴，但是免费和补贴都不是长久之计，用户量很大但最终失败的例子也比较多，企业最终是需要盈利的。企业往往先利用免费的基础功能快速聚集用户、沉淀用户并牢牢地抓住用户，然后通过增值服务收费，实现盈利。

互联网自从出现之日起，免费与盈利之间的关系就如同一枚硬币的两面，始终形影不离却又永远不能相逢，而作为免费与盈利之间的桥梁，增值服务自然而然地成为互联网企业发展的焦点。事实上，在公众所熟知的免费产品中，增值服务依然有着非常广阔的发展空间，能够为产品创造千万元价值，为互联网企业带来非常重要的一笔收入。

1. 了解增值变现

1）什么是增值变现

增值变现是指通过开通常规服务以外的增值服务来收费。增值服务一般是指在产品或服务定义的基础服务之上延伸出的，为了更好地商业化变现或者服务用户而设计的，超出产品基础服务范畴的产品或者服务。互联网产品增值服务大都体现在功能层面，而这种增值服务一般是差异化和个性化的，同时也比基础服务更加优质。

2）为什么要做增值变现

增值变现可以给企业带来收益，同时也可以满足小众用户的需求。企业的最终目的是营收增长，通过增值服务，向用户收取更多费用，增加了企业收入。而收费的增值服务往往也是更优质的，可以给需要的用户更多选择。

增值变现的好处还在于，不扰乱产品的核心功能和用户体验，可区分出优质付费用户和普通用户，便于用户分层管理和精准运营。如果产品足够"高频"，或者切入点"很痛"，用户付费意愿会增强，增值服务可作为一种可靠的变现方式。但要平衡好普通用户与付费用户的关系，不能顾此失彼。

3）增值服务和基础服务的区别

- 从关系上看，增值服务依托于基础服务，又超出基础服务，增值服务跟基础服务既有联系又独立运营。

- 从产品周期来看，产品前期集中在基础服务上，产品的中后期将重心转向增值服务。

- 从功能上看，基础服务提供的是一些基本功能，增值服务提供的是高级功能。

- 从必要性上看，基础服务是必不可少的服务环节或功能，增值服务一般是用户可选择性使用的服务环节或功能。

- 从费用上看，基础服务免费或者费用较低，增值服务费用相对较高。

2. 挖掘增值服务

挖掘增值服务，需要围绕产品基础服务和用户，明确解决什么用户的什么需求，给什么用户提供什么样的增值服务能产生价值。如何找到合适的增值服务，有下面几种方法。

第一，关键词联想法。

关键词联想法是指对市场产品关键词进行提炼，然后将关键词进行联想和关联，分析相关市场，最后确定增值点。

第二，服务升级法。

针对产品服务，在基础服务的基础上，挖掘其他方面的功能或者服务，可以从以下几个方面进行挖掘。

（1）差异化服务，通过满足小众用户的小众需求，寻求专业的、特色的、多样性的功能或服务。

【案例】

QQ 的会员装扮

QQ 一开始没有具体的变现形式，只是一个免费软件，大家可以互相聊天，后来上线了 QQ 会员装扮等付费功能，用户可以通过支付不同的费用获取不同的装扮工具，满足用户个性化的装扮需求。

王者荣耀的游戏装备

王者荣耀的基础部分是一款免费游戏，但里边有些游戏装备是需要付费使用的，对于一些资深用户和痴迷玩家，如果想要玩得更好，就需要付费获得高级装备，而且付费越多装备越好。王者荣耀仅皮肤的收入在高峰时就达到了每天 1 亿元。

（2）深度服务，提供更加深入的服务内容，帮助用户更好地使用产品，提升效率或质量，比如电商产品的技术培训，以及一些工具型的产品，当免费的功能无法满足用户需求时，就会触发付费服务。

【案例】

百度云盘

使用百度云盘时，用户如果没有购买会员，下载速度只有几百 KB，如果购买了会员，下载速度会快很多，甚至快十倍以上，即会员用户可以享受更好的服务。如果用户想要上传或下载的文件比较大而且又不愿意等，那么就只能"买一个会员"。

（3）便捷功能，为一些周边的功能或者服务提供更加便捷的入口，或者提供便捷性的服务，比如美图秀秀的商品抠图、加水印、自动打码等。

（4）安全性能，通过增值功能提供更加安全的平台环境。

（5）尊享服务，通过视觉标识、功能特权、专享服务、荣誉体系等，提升用户的尊贵感。社交类产品，像陌陌、探探等，有一定的用户基础，产品的用户黏性比较强，用户不会像使用工具产品那样用完即走，产品受众又偏年轻化，用户有追求个性、优越感的需求，所以可以为用户提供一些尊享服务。

（6）定制服务，支持用户定制服务，满足用户的特殊需求。

第三，层次服务法。

产品有五个层次：基本功能，是产品的核心；基本形式，指产品实体，比如外形构造；属性和条件，指用户期望的服务；扩展产品，指附加服务和利益，包括运送、使用指导等；潜在产品，指可能的所有增加和改变。

除基本功能外，产品的外在形式、相关服务等要素都会成为用户评判产品的一部分。面对具有同样基本功能需求的用户群体，可以围绕产品基本功能之外的其他层次进行拓展，增加功能或者服务。

- 增加新的外在形式，比如可口可乐的各种表达瓶、礼品的包装等，可以满足不同用户的价格、审美、情感等方面的需求。
- 增加新的服务形式，比如产品的质保服务、优惠换购活动等。
- 满足用户其他需求，可以在核心功能不变的情况下，差异化某些功能，形成不同配置，比如汽车的升级配置。

第四，需求挖掘法。

针对产品的使用场景，挖掘用户需求，考虑用户在使用产品时还需要哪些服务。比如电商产品的履约配送、上门安装、售后支持，用户购买的打印机在使用时还需要墨水，用户在找工作时需要猎头推荐、简历指导、面试辅导等。

针对用户的特点，挖掘用户需求，考虑使用产品的用户是谁，有什么痛点或痒点。比如宝宝树的用户一般都是宝妈，而宝妈一般需要母婴用品、育儿知识等。

3. 增值服务的设计要点

第一，了解产品用户状况。

产品是什么，提供的是商品信息、内容还是工具，明确了产品的定位才能针对这个产品进行深度运营。

用户是谁，企业的产品是面向 B 端用户还是 C 端用户，用户具有哪些特征，用户群体类型不同，运营采取的策略也将不同，了解了用户才能对其进行服务。

第二，选择合适的增值服务。

可以通过前面讲述的方法来挖掘增值服务，找到适合自己产品和用户的增值服务。

分析可行性，用数据说话，从自身产品及用户数据出发，结合行业数据，分析机会点和可提升空间。如果存在同类产品或功能，可以通过分析竞品的发展情况及市场占有率来获取有效数据。常用的分析方法有：

- SWOT 分析，基于内外部竞争环境和竞争条件下的态势分析，研究企业的优势、劣势、机会、威胁，从中得出一系列带有决策性的结论。
- 4C 分析方法，以用户需求为导向，努力降低用户的购买成本，充分关注用户购买和使用的便利性，有效地跟用户双向沟通增值服务。

第三，确定增值服务价格。

根据一般定价模型，价格由产品的成本和利润组成，产品在不同阶段可以通过调节成本和利润的比例确定产品价格。在产品的早期，可以调低利润的比例，以拉新用户为主，到后期再放大利润的比例，以赚钱为主，提高企业营收。

还有一种常见的定价方法是市场用户导向定价法，根据市场竞争和用户需求确定价格。另外，差异化定价、以"9"结尾定价、基于经营情况动态调价等，也是比较重要的。

增值服务作为特殊场景的功能服务，可以考虑附加费法，包括：

- 分类计价，以前被含进总价格的产品或服务，现在分开定价。
- 新的价格构成，以前未被标价的产品或服务，现在有了一个独立的价格。
- 转嫁成本，企业以附加费的形式将增值服务的成本转嫁给用户。
- 目标导向，附加费多少直接影响用户量多少，是调控增值服务用户量的一种手段，通过各项服务想要达到的用户量目标，反推需要设置的价格。
- 优先服务费，是一种利用高支付意愿优势的收费方法。
- 小费，也是一种附加费。

以上各种定价方法也可以组合使用。

4. 增值服务的运营策略

1）快速实验迭代

从功能层面来说，增值服务满足的一般是非大众化需求，或者该功能不影响大部分用户的基本使用；从运营策略的角度来说，需要逐步开放给用户，即先小范围投放，结合用户的反馈，不断地迭代优化，然后慢慢开放给全部用户。

2）提升付费转化

精准触达目标用户，提升用户购买意愿，降低用户使用门槛。常规的新用户免费体验、限时打折、口碑营销等都是提升付费转化的有效手段。另外，可以借助跟基础服务的关系，跟基础服务进行联动，基于用户场景，引导用户购买增值服务。

3）通过数据驱动

不同服务阶段，数据分析思路也不同。在服务上线初期，关注对原有产品和用户的影响，分析服务上线前后产品和用户整体数据的变化，比如用户量、新增用户数、使用频次、交易量、留存率等，同时关注用户对新服务的反应，评估该服务是否存在问题、是否需要优化、是否要继续做；在发展期，关注用户对新服务的需求度和认可度，分析用户转化、留存和体验情况，评估用户是否愿意为此买单；在稳定期，做常规数据分析，考虑如何提升新服务价值，扩大用户规模，增加企业收益。在后期，分析还有哪些需要优化的地方，该服务要如何继续做下去。

5. 增值服务的主要变现类型

1）服务变现

服务变现，是指通过为用户提供产品的基础服务之外的高级服务而获得收入。互联网本身属于第三产业，就是服务业，都是来做服务的，企业为用户提供某种服务的时候，解决用户的某种需求，就可以获取一定的服务酬劳。服务包括服务升级法中的各种服务，这些服务是在不影响用户正常使用基本功能的情况下，增加的更高级的服务，可以满足用户的个性化需求。简单来说，就是把产品区分成基础免费版与高级付费版。

服务变现的优点是，不扰乱产品的核心功能和用户体验；缺点是，用户的免费习惯不易改变，要培养用户为服务付费的习惯具有一定的难度。

2）电商变现

电商变现通俗来说就是"卖货"，如果企业本身不属于电商行业，可以通过加入电商元素来获取收入。

电商变现主要有三种方式：电商 CPS、自营店铺、自营电商。

- 电商 CPS 是指电商的代运营，因为电商涉及商品采购、仓储、配送，所以一般中小企业很难覆盖全产业链，更适合选择电商 CPS。电商 CPS 最简单的方式是接入淘宝、京东等平台，分销商品，然后赚取分成佣金，企业只需要进行选品招商、上下架商品展示、结算费用等，成本较低。
- 自营店铺是指入住第三方电商平台，在平台上开通自己的店铺，自主经营店铺商品。
- 自营电商是指自己搭建电商平台，包括商品供应、交易、物流的全套系统，还需要把控商品的品质和服务。一般来说自营电商长期盈利空间比较大，但是需要投入大量的人力物力，成本相对较高。

通过电商变现，可以深度释放用户的消费需求，满足用户剁手的欲望，提升用户对产品的想象空间。同一产品的用户一般会具有共同的标签、属性、爱好、需求，容易找出规律，挖掘出对于他们来说的通用商品。在垂直类产品中，用户对产品建立的信任感，能够超越普通流量的价值，产生垂直场景的变现溢价。电商变现的核心在于场景化、社区化、个性化及内容化，而不是简单地嵌入一个商品。电商变现需要做好从产品场景到电商场景的转换，通过社区或者内容进行个性化引导。

【案例】

Keep 通过发展自有品牌电商获取主要收入

Keep 是一款健身 App，是国内最大的在线健身平台，其基础功能是免费的，拥有超过 2 亿运动爱好者用户。Keep 以自有品牌产品、会员订阅、线上付费内容、广告服务作为主要变现路径，2021 年实现营收 16.20 亿元，从收入结构看，自有品牌产品销售收入占据半壁江山。在电商板块，Keep 产品以健身工具和运动装备为主，试图满足用户多场景下的运动消费需求，借助品牌影响力和用户心智认知，实现电商变现。

3）内容变现

很多人听过这一句话，叫作"内容为王"，互联网时代信息大爆炸，但在庞大的信息中，更需要有价值的内容，用户对内容的需求越来越大，也愿意为有价值的内容付费。

内容平台的用户主要有两种——内容输出者和内容接收者，内容变现的主要模式为接收者付费、输出者赚钱、平台分成。对于企业来说，可以搭建PGC或者UGC平台，对内容收取直接的版权费或者间接的服务费，实现收益。对于网红、大V、KOL等个人IP来说，一般有着不俗的能力和阅历，可以将自己的内容打包成课程或者制作成视频，推广出去，然后赚取版权费或者打赏费。

内容变现比较典型的方式是近几年比较火的知识付费和直播打赏。

知识付费指知识的接收者为所阅览的知识付出费用，本质在于把知识变成产品或服务，从而收取费用。近几年，随着短视频的流行，知识付费行业迎来了新的热潮，各个领域的越来越多的精英开始进入内容创作赛道，职场、商业认知、财富成长等课程层出不穷，内容愈发垂直化、多元化、细分化。还有一对一付费咨询服务，对内容的专业性要求较高，常见于心理咨询、理财规划咨询等定制性比较强的内容领域。

直播打赏的运作逻辑是，用户在直播平台上购买虚拟币，再用虚拟币兑换打赏礼物，在观看直播时，把礼物打赏给主播，等直播结束后，由平台对打赏礼物进行价值折算，平台按事先约定的比例提取分成，剩下的部分归主播所有。

【案例】

知乎的内容变现

在知乎平台上，用户可提问并支付费用，答主接单回答后可赚取费用。这个模式有点像收费版本的UGC社区，运营的关键是要有高质量的答主，而知乎本来就拥有这些用户资源，所以做知识付费便手到擒来。后来很多企业也做知识付费产品，第一步就是来知乎挖人。

4）游戏变现

游戏变现是指游戏公司通过各种游戏道具、服务等来获取收益，变现的主要形式是内购，简单地说就是销售虚拟物品。很多用户玩游戏买道具已经是一种习惯，用户沉浸在游戏中时很容易产生消费行为，游戏的变现能力可谓是毋庸置疑的。游戏作为音乐产品、视频产品、娱乐产品、社交产品等的综合体，比其他产品更具代入感和互动性，用户一旦认同了游戏中的身份，为游戏"埋单"就指日可待了。游戏的收费逻辑比较符合人的心理，即便长期运营下来，也不会影响用户体验。

放眼国内外有实力的互联网公司，不管是自己开发的还是代理提供的，都有自己的游戏业务或者游戏化产品。传统游戏一般比较复杂，中小企业没有实力开发，但是随着移动互联网的兴起，手机游戏变得越来越流行，特别是休闲娱乐类游戏，越来越受欢迎这类游戏开发相对简单，而且大多数都是单机类型游戏，大大缩短了开发周期，省去了高额的服务器成本，成为各个企业抢占的制高点。

游戏变现，一方面可以通过游戏直接赚取费用，另一方面游戏还可以作为中间载体，通过加入广告、电商变现元素，间接赚取费用。游戏或者游戏化产品可以给企业带来更多的活跃用户和更高的用户忠诚度，对于企业来说也是一种收益。

【案例】

腾讯游戏是游戏变现界的楷模

游戏业务一直是腾讯的重要收入来源，占比曾一度接近 60%。腾讯游戏最高明的一点是它的基础部分永远是免费的，先通过免费吸引用户，之后赚钱的策略是，不断更新版本来构建消费场景，让以前强的道具功能现在变弱，引导用户充值或者消费，再更新版本。腾讯游戏的成功在于对市场及用户的深刻理解。

4.3 产品价值拓展变现：产品生态建设

产品生态建设，指基于当前产品，借助生态范围内的业务及用户的联系，整合各种相关资源、能力，拓展产品或寻求相关合作，可以实现产品价值拓展，收获用户贡献。进行产品生态建设，拓展生态内的其他产品，一方面是纵向的上下游产品，打通生态链，建设产业生态，另一方面是横向的相关产品，连接生态圈，建设服务生态。

数字化时代的到来，给企业带来更多机遇和发展空间的同时，也使企业面临日新月异的技术变革和空前激烈的竞争，企业要长久更好地发展，需要做出相应调整。于是企业纷纷推进业务升级，拓展生态链上下游产品和生态圈相关产品，寻求更多合作，积极探索从单一业务发展到多元业务体系，进行产品服务生态建设，增强企业竞争力，最终创造更多价值。

如何拓展产品？许多企业往往只从市场机会出发，简单地增加产品，而忽略了业务和服务的内在逻辑，其结果就是效率没有提升，用户不买账。拓展产品，一方面要从企业自身能力和资源优势出发，分析已有产品及其价值观跟什么产品结合价值会更大，看适合做哪些产品；另一方面要从用户出发，根据用户心智和需求，看用户需要哪些产品，因为产品从来不是目的，而是手段，真正的目的是通过产品来满足用户的某种需求，所以要根据用户需求确定产品，结合内外部市场情况，分析总需求空间有多大，企业竞争优劣势如何，发展机会有多少，最终决定适合拓展的产品。

1. 理解互联网生态

互联网和数字经济带来了新的发展机遇，各个行业各类企业级应用如雨后春笋般涌现，但是产品服务线上化仅是互联网升级的冰山一角。互联网的本质是一个层次分明的系统，从下至上包含三个层级，基础层是硬件设施和软件服务基础，中间层是资源整合工具和业务管理技术，顶层是应用服务。传统企业互联网化、数字化，使得互联网生态出现了新的特征。

随着互联网从消费互联网到产业互联网的演进，互联网生态的核心从流量竞争变为行业协同。消费互联网以用户为中心，以流量竞争为核心，通过满足多数用户的需求来获取流量，通过引入合作伙伴实现对用户需求场景的全覆盖，来增强用户的黏性。经历了囤积需求流量、拓展渠道流量、创造差异流量三个阶段，消费互联网行业格局基本稳固。几家头部互联网企业通过构建生态，对内更好地实现资源集中，对外扩展企业的服务边界。产业互联网以产品为中心，以行业协同为核心，由于行业特点各异，生态构建需要结合具体行业属性定制解决方案。企业要根据自己所处行业和互联网层级，拓展产品业务，实现资源、能力、服务的互补和契合。

互联网生态发展战略，总体上可以概括为合纵连横。互联网生态系统由纵向的生态链和横向的生态圈组成。生态链关注产业链条中的生态建设，重点是一条龙的生产和服务，打通产业链上下游，形成完整的业务闭环，进而更好地布局企业自身业务。生态圈强调产品与其他相关产品的连接，重点是全方位服务，针对业务场景和行业特点，融合相关产品的能力，形成完整的服务合集，从而更好地服务行业用户。打通生态链，连接生态圈，通过合纵连横，实现1+1>2，如图4-1所示。在各种互联网生态战略之下，企业不仅要有单打独斗的能力，还需要有与整个生态协同的能力。

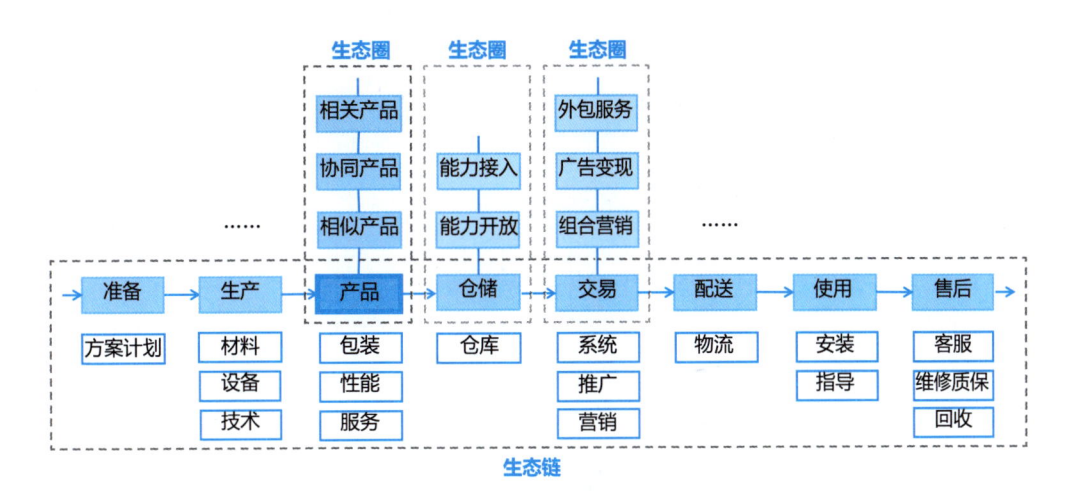

图 4-1　产品生态

【案例】

腾讯产品生态

腾讯通过覆盖技术+产品+营销+管理等企业经营的各个环节打通闭环生态链，通过腾讯云、微信支付、小程序、小游戏、公众号、企鹅号、腾讯企点、腾讯广告、企业微信、腾讯会议等一系列产品服务构成生态圈，加码B端用户产品拓展和生态建设，在推动腾讯生态业务取得进展的同时，助力合作伙伴实现业务增长，如图4-2所示。另外，腾讯产品生态还包括外环生态，即腾讯收购、投资、合作的站外企业产品，此处不展开叙述了。

2. 打通生态链，建设产业生态

打通生态链要做好以下几点。

1）理清生态链

建设生态链之前，企业需要先进行分析，理清产品生态链，包括：了解产品的整个生态链，以及产品所处的业务环节（比如是生产环节还是服务环节），它的上下游环节是什么，它们之间有什么业务逻辑，相关企业产品的情况和市场竞争如何，等等。

2）打通上下游产品

根据生态链的分析，进一步评估如何打通上下游产品，看哪种方式合适，是自己拓展产品还是寻求业务合作，然后把当前产品和上下游产品进行结合，制定协同机制。

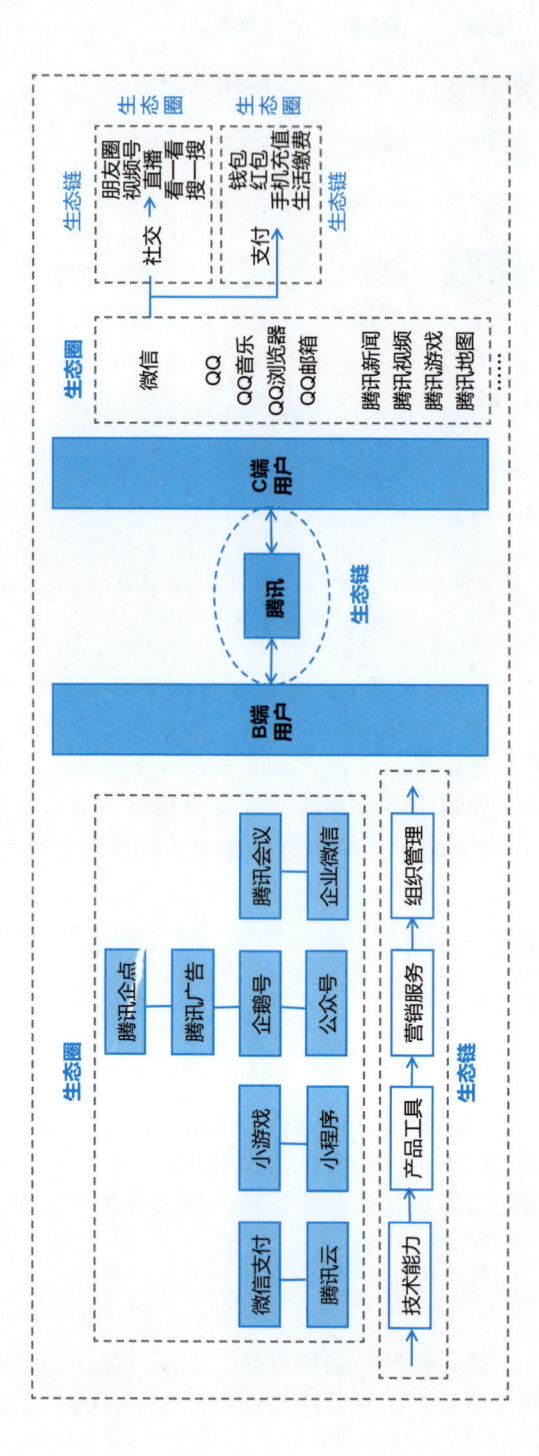

160 用户运营全解：数字化时代如何经营用户

图 4-2 腾讯产品生态

3）做好价值衔接

生态链中的产品具有产业上下游关系，协同时需要做好价值衔接，比如生产环节怎样配合效率更高，服务环节怎样协作效果更好，从而共同创造更多价值，然后根据各方成本投入和价值贡献来分配利益。

3. 连接生态圈，建设服务生态

连接生态圈要做好以下几点。

1）寻找机会点

有些企业会惯性地保护现有业务，企业服务局限于以往的行业范畴之内。为了突破限制，成功走入生态圈，企业需要改变传统思维方式，需要跳出产品看行业，跳出内部看全局。企业需要充分了解生态圈所呈现的复杂性和不熟悉的机会，需要对用户服务旅程的关键点进行深入的战略性思考，需要探究整个生态圈的价值链，根据各个产品之间的业务逻辑，找出能给企业带来重大改善的发展领域，拓展产品或者寻求业务合作。

2）掌握控制点

控制点是指那些能够最好地发挥能力、引入资源、把握需求、拓展产品或者合作、创造价值的位置，掌握控制点是企业立足生态圈的基础。通过一个或多个控制点的影响力，占据主导权和主动性，可以让企业更好地融入生态圈，接触新行业、新技术、新产品、新用户群体，延展触角，获取更多业务机会，创造更多价值。

3）重新设计价值链

生态圈本质上通过价值链整合重组来创造新的价值，企业需要找准产品的价值定位，平衡好与其他产品或企业之间的价值关系，根据生态圈的体系机制和协同逻辑及企业自身的发展需要，重新规划价值实现方式，鼓励协作共赢。

4）注重科技驱动

科技进步推动了生态圈的发展，比如 5G 技术让连接变得更便利、软件服务的 SaaS 产品和平台服务的 PaaS 产品让企业及产品之间的连接方式成倍增多，还有企业数字化转型、数据及数据技术和工具的普及，让企业能够更深入地了解用户、市场和其他企业和产品。通过科技驱动，企业可以迅速提升服务水平，精准定位生态角色，高效协同其他企业和产品，共建生态体系，极致地发挥生态效用。通过科技驱动，企业可以以前所未有的模式，制定生态圈战略并获取更多生态价值。

【案例】

小米的生态圈

小米最开始是以手机产品起家的，后来通过生态圈建设，不仅在手机行业稳定立足，还一步一步发展壮大，拓展出了众多智能产品。小米利用自身的品牌影响力、销售渠道、资金资源，扶持各个细分赛道有潜力的企业，补全自己的品牌产品线，覆盖更多市场和用户，最终构建了一个强大的小米产品生态圈，如图4-3所示。

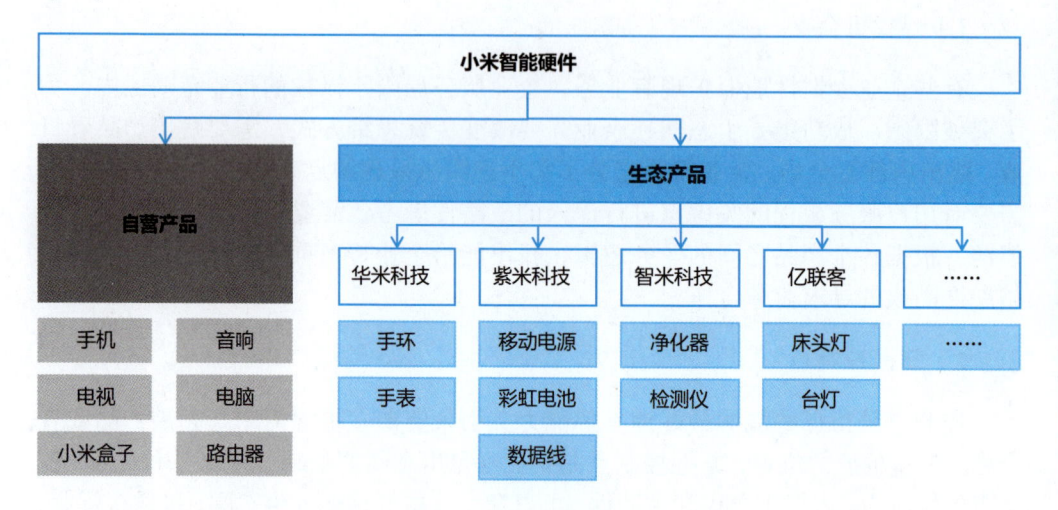

```
                        小米智能硬件
                    ┌───────┴───────┐
                自营产品          生态产品
                                ┌────┬────┬────┬────┐
                              华米科技 紫米科技 智米科技 亿联客 ……
     手机    音响             手环   移动电源  净化器  床头灯  ……
     电视    电脑             手表   彩虹电池  检测仪  台灯
    小米盒子  路由器                  数据线
```

图4-3 小米产品生态圈

小米为何打造生态圈，原因有两点：第一，生态圈是小米品牌能力的高效利用，小米通过极致性价比的手机形成了独特的品牌影响力，生态圈产品可以快速复制、放大小米的品牌价值，形成规模效应，降本提效；第二，生态圈是小米的护城河，小米手机发展到一定阶段，市场增长不足，竞争激烈，加上供应链制约、创新乏力，销量会回落，而有了生态圈的加持，随处可见的小米生态产品，尤其是高频消费产品，便是一个个流动的小米品牌广告，为小米赢得了大量用户，同时也分散和降低了企业风险。

小米生态圈背后的商业逻辑，是用投资的方式，参股不控股，找最牛的团队建立合伙关系，用小米的品牌、价值观、平台和资源，协同合作伙伴做出最好的产品，保证其自主性，充分发挥生态优势。小米拓展产品围绕手机逐层展开，生态投资以手机为核心，聚焦周边、智能硬件、生活耗材三个方向，产品之间互相连接和使用统一App控制，多产品协同应用，提升了整体的产品功能价值、服务能力和用户黏性。

5 用户精细化运营
巧用用户模型

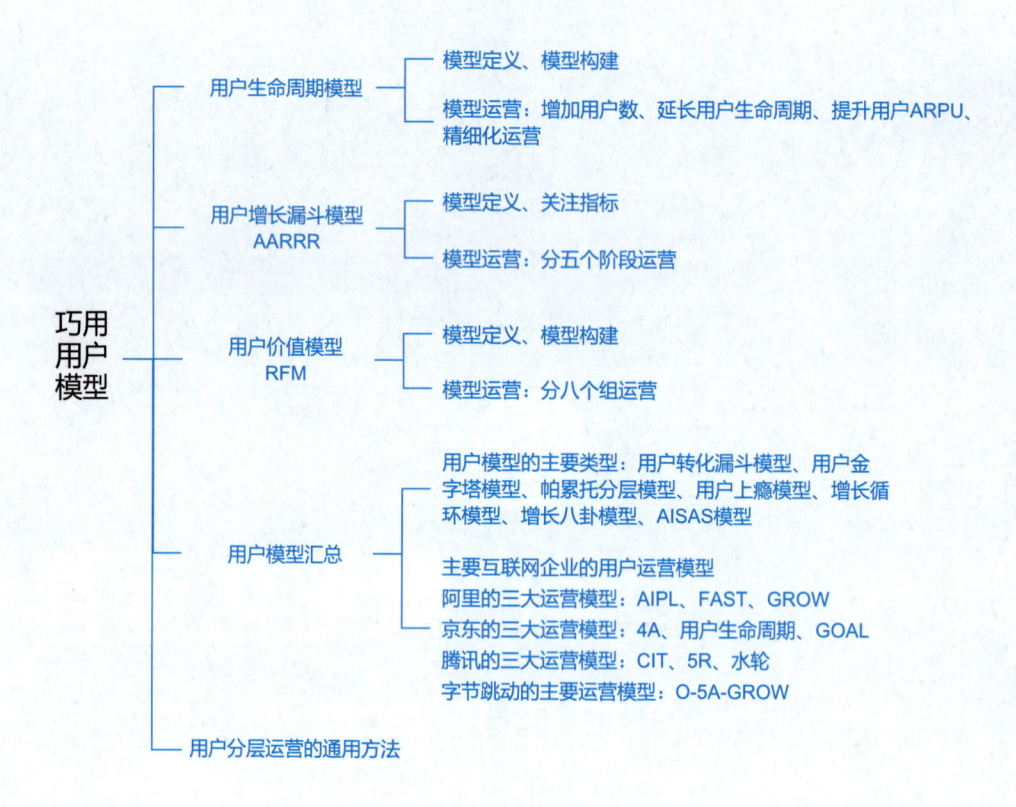

用户运营全解：数字化时代如何经营用户

```
                        ┌─ 用户生命周期模型 ─┬─ 模型定义、模型构建
                        │                    └─ 模型运营：增加用户数、延长用户生命周期、提升用户ARPU、
                        │                       精细化运营
                        │
                        ├─ 用户增长漏斗模型 ─┬─ 模型定义、关注指标
                        │   AARRR           └─ 模型运营：分五个阶段运营
                        │
  巧用                  ├─ 用户价值模型 ────┬─ 模型定义、模型构建
  用户 ─────────────────┤   RFM             └─ 模型运营：分八个组运营
  模型                  │
                        │                    ┌─ 用户模型的主要类型：用户转化漏斗模型、用户金
                        │                    │  字塔模型、帕累托分层模型、用户上瘾模型、增长循
                        │                    │  环模型、增长八卦模型、AISAS模型
                        ├─ 用户模型汇总 ────┤
                        │                    │  主要互联网企业的用户运营模型
                        │                    │  阿里的三大运营模型：AIPL、FAST、GROW
                        │                    │  京东的三大运营模型：4A、用户生命周期、GOAL
                        │                    │  腾讯的三大运营模型：CIT、5R、水轮
                        │                    └─ 字节跳动的主要运营模型：O-5A-GROW
                        │
                        └─ 用户分层运营的通用方法
```

5　用户精细化运营：巧用用户模型

用户精细化运营，指用户颗粒度更精细、运营策略更精耕，是基于用户不同的群体、渠道、使用场景、行为等情况，根据不同情况下不同的需求和问题，结合企业所处的发展阶段和目标，对不同用户使用不同的运营策略或者办法，以达到不同用户不同的运营目的，从而实现整体用户目标。用户精细化运营意味着更关注用户运营效果，更依赖数据化驱动，更重视投入产出效率。

从目前的局势来看，不管是大企业的用户持续增长问题，还是中小企业的拉新效率问题，都遇到了瓶颈，在总用户流量规模有限的情况下，怎样才能更高效地获取用户，并对已有用户进行更有深度的挖掘和价值提升，已成为企业发展的重中之重，所以用户精细化运营尤为关键。用户精细化运营的必要性，主要体现在以下四方面。

第一，市场空间瓶颈。随着各行各业的快速发展，增量市场空间越来越小且疲态尽显，而存量市场的竞争也愈发激烈，低成本拉新、一刀切运营等粗放式用户运营已成为过去式，企业逐渐向各个细分领域渗透，开始对细分领域用户进行精细化运营。

第二，用户需求差异性。每个用户都是独立的个体，由于其特点、喜好、需求、场景等不同，用户的需求具有差异性，既多样化又个性化。然后用户不断细分和组合，产生如单身族、健身族、剁手党、粉丝党、宝妈、二次元等众多的用户群体，不同群体的用户需求不一，而同一群体的用户需求会有雷同，需要对细分群体用户进行精细化运营。另外，对于已有的用户，差异性也比较明显，如不同生命周期阶段、不同地区的用户，其特点和问题及需要提升的目标不同，运营方法也要不同，也需要差异化运营。

第三，产品同质化严重。由于用户需求有限，所需主要产品相对固定，很多企业想方设法地满足用户需求，纷纷提供各种各样的产品，导致企业内部和企业间相同或者相似的产品越来越多，市场上产品同质化问题特别明显，大家在产品都雷同的情况下，如何让自己的产品脱颖而出，其中一种办法就是通过细分用户需求来精准地定位产品特性，赢得用户青睐。

第四，技术进步加持。企业数字化转型、数据及数据技术的发展，让企业挖掘用户需求和精细化运营都有了支持。说不清是技术推动了精细化运营的进程，还是精细化运营的需求衍生了技术，无论如何，精细化运营的时机已经成熟。

进入移动互联网时代，企业运营的核心是用户，一切都围绕用户展开，用户精细化运营是企业为满足用户需求的异质性而集中有限资源进行有效运营提升的行为。在系统自动化实施层面，在抽象理论的指导下，基于用户画像标签和各种数据，通过算法等大数据技术，实现用户的差异化运营。很多时候，用户颗粒度会精细到每一个用户，这就是用户的个性化运营。在人工运营层面，一般按照某种逻辑对用户进行分层，然后基于不同用户的特点和运营需要，对分层用户进行差异化运营。(简单说明一下用户分群和用户分层的差别，用户分群是按照某个或者某些维度将用户划分成不同的群体，用户分层是一种特殊的用户分群，需要不同群体之间存在层次关系。)

用户精细化运营，不管是个性化运营还是分层运营，都可以通过模型的方式来实现。如果说精细化运营是术，那么个性化运营和用户分层运营就是道，而用户模型就是道中之道。

本章主要讲述用户分层运营，其中前几节介绍用户分层的模型，最后一节概括介绍用户分层运营的通用方法。

5.1 用户生命周期模型

用户生命周期指用户从首次接触产品到最后流失的整个过程，该过程包括几个阶段，用户在不同生命阶段具有不同特点，对产品参与和价值贡献的程度也不同。用户生命周期和产品生命周期是两个概念，产品生命周期是一款产品从创意概念到研发上市再到死亡的全部过程，衰退期的产品也会有新用户下载使用，新上架的产品也会有用户不使用。

用户生命周期模型是用户运营体系的基础，只有对用户的生命周期有清晰的了解，才能准确描绘出用户在使用产品过程中的成长轨迹，进而制定有针对性的用户提升策略。在存量用户时代，更应该围绕用户生命周期，从用户生命周期的每个阶段去切入，对不同阶段的用户进行划分，并分析其特征和行为，然后通过差异化的运营手段来延长用户生命周期，获得更多的用户总量和生命周期价值。但需要注意的是，不是所有产品或者业务阶段都需要管理用户生命周期，比如初创期的产品，因为用户量级不多而且大部分用户都是新用户，可以暂时不做用户生命周期管理，而是把资源和精力集中在产品优化和用户拉新增长上。

1. 模型定义

用户生命周期模型对用户生命周期进行划分，通常分为 7 个阶段：潜客期、新生期、成长期、成熟期、衰退期、沉默期、流失期。各阶段的定义如下。

- **潜客期**：从开始接触产品到首次使用产品核心功能之前的时期，指有过浏览、访问或者完成注册，但还没有使用产品核心功能的用户。

- **新生期**：从首次使用产品核心功能到一段时间内的留存之前的时期，指有过首次使用产品核心功能，但在一段时间内还没有多次使用的用户。用户留存需要有时间期限，在期限内的才是留存成长，如果用户过了期限还没有留存，则直接进入沉默期，后面需要重新激活。

"首次使用产品"是一个泛指概念，指用户刚开始使用产品，这里定义为第一次使用只是一个例子，实际可以是第一次使用，也可以是第一次和第二次使用，或者其他一系列操作，可以根据产品实际情况延伸定义。"留存"的概念也一样，泛指用户对产品的使用成长，这里用的是多次使用即频次提升，还可以使用其他衡量指标，包括广度、深度、价值，既可以是这些指标中的一项，也可以是多项指标组合，具体视产品属性和业务情况而定，比如对于电商产品的理解，广度是SKU宽度，深度是购买件数或者核心品类渗透，价值是交易金额。后面的"稳定""衰退"等概念逻辑也一样，都是泛指。

- **成长期**：从开始留存使用产品到形成稳定使用之前的时期，指经过多次使用产品，用户发现了产品的价值，并有了一定认可度，但还没有达到常规使用产品的稳定频次。

- **成熟期**：达到常规使用产品的稳定频次的用户，通常为忠实用户，用户贡献较多的活跃时长、交易次数、收入金额等。成熟期的用户价值最大，是产品最重要的用户，也是能够带来最多收益的用户。

- **衰退期**：从稳定使用产品到使用频次有所下降的过程，指有过稳定频次使用产品，但后来使用频次变低的用户。这个阶段的用户价值开始走下坡路，在线时长、购买次数等关键指标也在下滑。

- **沉默期**：指已经有一段时间没有再次使用产品的用户，距离上次使用已经间隔一段时间，超过了正常的留存周期，但还没有留存使用，用户后面可能会继续使用，也可能会流失。

- **流失期**：指超过一段时间未再次使用产品的用户，后面通常不会再次使用产品了。流失期在沉默期之后，用户未使用产品的时间超过了沉默期。流失期用户的判断，在一些产品中用户有明确的流失行为，比如卸载App、关闭账户，但这些行为数据比较难统计，另外大多数产品是不能准确判断的，只是用户一直不使用产品，但又不清楚后面会不会再用，所以大家统计的流失用户，很多时候只是一个相对概念，指截至统计时间点或者在某个固定时间段、间隔期间，用户还没有留存就是"流失"。流失的用户一般自己不会主动使用产品，但可以召回这些用户，对用户进行重新激活。

用户生命周期描述的是整体用户的生命路径，是理想用户的完整生命过程，但不是所有用户都会经历完整的用户生命周期，也不是必须经历每一个阶段或者必须按顺序进入下一个阶段，很多用户可能在新生期、成长期、成熟期因为各种原因就直接沉默流失了，也有用户进入沉默期或者流失期后重新被激活而再次进入新生期，衰退期的用户提频后还可以进入成长期。用户生命周期各个阶段之间的转换，代表着用户生命的发展过程。希望用户更多更健康地成长，最终都能稳定到成熟期。用户生命周期的完整过程和发展路径如图5-1所示。

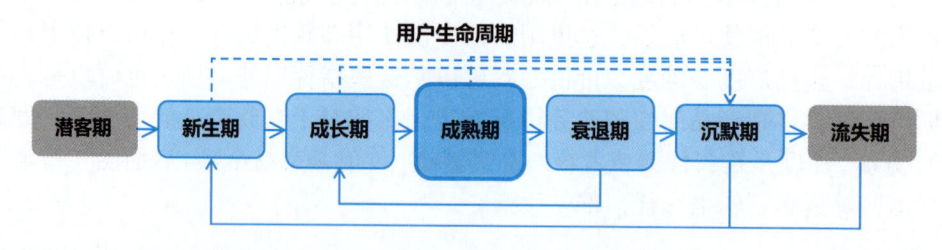

图5-1 用户生命周期的完整过程和发展路径

用户生命周期模型完整又精细化地展示了用户从产品使用前、使用中到使用后的所有阶段，主要有三个显著特征：第一，业务性，用户生命周期是从业务的角度定义用户关系的，以抽象的方式概括了用户从最初接触产品到首次使用产品及成为忠诚用户的理想路径，然后到衰退、沉默的过程，这种方式有利于业务目标的实现；第二，通用性，用户生命周期是用户闭环提升的一种通用方法，同时能考虑到产品的属性需要，可以根据具体的产品和用户特点对用户进行相应的生命周期分层和运营，适合大部分产品的全用户运营；第三，实用性，用户生命周期管理是洞察用户的工具，可以用来了解产品当前用户所处生命周期阶段的情况，例如潜在用户、新用户和忠诚用户的比例，然后在实际运营中，精准定位用户，制定分层的精细化运营策略，提升用户价值。

2. 模型构建

从本质上说，用户在产品中的成长，是用户对产品的熟悉度、黏性、忠诚度、使用心智和习惯等方面的提升。因此，搭建用户生命周期模型，首先需要了解业务逻辑，确定模型的关键指标及判断规则，从而定义模型；然后根据用户发生的行为，基于这些指标的进展程度，判断用户处于生命周期的哪个阶段，从而进行用户导入，构建模型。

第一步，梳理业务逻辑。

梳理用户从开始接触产品到使用产品核心功能再到流失的主要环节，确定业务关键点和用户关键行为，画出核心业务逻辑图。电商类产品的业务逻辑如图5-2

所示，用户关键行为是下单和复购。

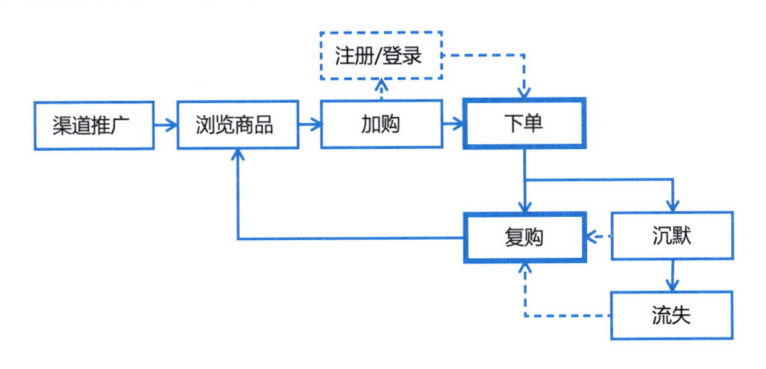

图 5-2　电商类产品的业务逻辑

第二步，计算用户生命周期长度。

目前互联网行业使用用户生命周期较多，主要有两种计算方法：一是完整生命周期计算法，计算用户从使用第一天到最后一天的间隔天数，取所有用户的平均值或者中位数、众数，或者通过全周期留存曲线找出流失拐点的间隔天数，即生命周期天数。注意统计的用户必须经历过一个完整的生命周期，如果统计的用户不是完整的生命周期，那么计算结果也是不完整的，其中有一个特殊情况，统计目前所有用户从第一天到最后一天的间隔天数，计算出来的就是截至目前的生命周期天数情况，也可以用来进行实时分析和指导。二是函数法，在一个周期内（如半年），计算新用户截至当前的平均使用天数，通过构建模拟合幂函数，预测在较长周期内（如两年）的使用天数，作为用户生命周期。

第三步，确定判断指标。

根据业务逻辑和关键点确定模型判断指标，判断指标是对关键点进行数据描述或者衡量的指标，用来作为划分模型阶段的依据。继续上述例子，用户关键行为是下单和复购，那么关键指标就是转化率和购买频次，沉默和流失环节的判断指标是当前时间距离最后一次下单时间的间隔。

第四步，确定判断规则。

不同行业、不同企业的不同产品，其用户生命周期模型也会有不同的定义。在获得关键指标和用户生命周期长度之后，结合业务和用户等情况确定指标判断规则，划分模型阶段。用户生命周期的各个阶段是一个相对概念，主要目的是进行用户分层，只要能把各个阶段的主要用户群体区分开来，指标和阈值都可以灵活调整。

各项指标及阈值的具体计算，可以考虑以下四方面因素。

- 行业特点：根据产品行业属性和市场及竞对情况，判断应该达到什么程度，比如生鲜电商类，卖的菜篮子商品都是用户日常所需的快销品，用户需要达到一定高的频次才能成为正常稳定用户。

- 历史数据分析：用户什么指标达到什么程度，会有什么样的表现，比如生鲜电商类用户的频次达到多少之后用户的留存率是稳定的，沉默期、流失期用户多长时间未下单时留存率会出现拐点等。其中，沉默期、流失期用户也可以通过用户生命周期长度和订单间隔天数来确定。统计所有用户的订单间隔分布，通过确定有订单间隔天数的大部分用户如 80%用户分位数，来确定沉默期用户的划分标准，流失期可以在沉默期的基础上进行增加，比如用 95%用户分位数来确定流失用户。再具体一点，用户订单间隔天数按升序排列，头部 80%分位的间隔天数在 15 天以内，然后结合用户生命周期长度判断若这个 15 天是合理的，那么可以将 15 天作为用户沉默期的界定标准。

- 运营策略：划分用户阶段主要是为了进行用户的分层分析和后续精细化运营策略的提升，需要结合运营策略的时间点和节奏，如运营是按月进行数据评估和策略制定的，那么阶段划分的指标规则也尽量按月来，像按月统计的新生期用户、交易频次、交易额等。

- 实验确认：实施模型实验或者试运行，基于效果寻找合适的指标和阈值，比如对流失用户分别实施不同流失天数的召回策略，观察产生的效果，召回率一般呈阶梯下降趋势。如果存在一个值，当实施召回策略的天数超过这个值后，召回效果出现大幅下降，那么这个值就是定义流失期用户的阈值。

对电商类、工具类、直播类、游戏充值类产品的用户生命周期模型常用的判断指标和规则进行梳理，如表 5-1 所示。

第五步，导入用户。

将用户按上述判断指标和规则进行生命周期阶段划分，建立用户生命周期模型，并定期更新用户的阶段状态，管理维护模型。

表 5-1 用户生命周期模型常用的判断指标和规则

用户生命周期阶段	判断规则（示例）			
	电商类产品	工具类产品	直播类产品	游戏充值类产品
潜客期	近 30 天有访问，但从未下单	近 15 天有访问，但从未使用过产品核心功能	近 7 天有访问，但从未看直播超 30 分钟	近 7 天有访问，但从未充值
新生期	近 30 天只有首次下单	首次使用产品核心功能	首次看直播超 30 分钟	首次充值
成长期	下单月频次为 1~4 次，且非新生期非衰退期	使用月频次为 1~4 次，且非新生期非衰退期	观看周频次为 1~3 次，且非新生期非衰退期	交易月金额低于 1000 元，且非衰退期
成熟期	下单月频次为 5+次	使用月频次为 5+次	观看周频次为 4+次	交易月金额高于 1000 元
衰退期	下单月频次为 1~4 次，且上月为成熟期	使用月频次为 1~4 次，且上月为成熟期	观看周频次为 1~3 次，且上月为成熟期	交易月金额低于 1000 元，且上月为成熟期
沉默期	近 30~60 天未下单	有段时间未使用	有段时间未观看	有段时间未交易
流失期	近 60+天未下单	更长时间未使用	更长时间未观看	更长时间未交易

3. 模型运营

用户生命周期模型和企业经营最本质的目的都是提高业务收入，而收入的影响因素从用户生命周期维度拆解如下：

$$收入 GMV = 用户数 \times 用户生命周期价值 LTV$$

$$用户生命周期价值 LTV = 用户生命周期长度 LT \times 用户月均贡献 ARPU$$

其中，用户生命周期价值 LTV，指的是用户在整个生命周期中为企业带来的收益总和，包括已经发生的和未来可能发生的。如图 5-3 所示，用户生命周期价值 LTV 就是图中蓝色部分的面积。如果把用户价值比作一个长方形，那么用户生命周期长度和用户月均贡献就是这个长方形的长和宽。

因此，用户生命周期模型的运营需要围绕三方面进行：增加总用户数量、延长每用户全生命周期时长、提升用户在各生命周期阶段中的价值贡献（ARPU）。因为每个用户的 LTV 都不一样，一个用户不同阶段、同一阶段不同用户的 ARPU 也不一样，企业需要专注于那些可以带来更大利益的用户群体和生命阶段，实现更高效的运营。

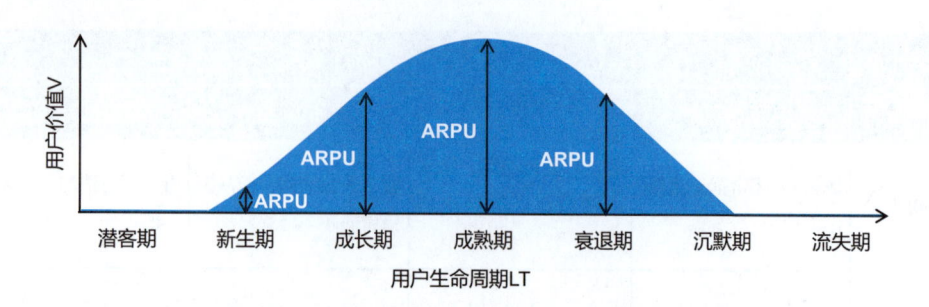

图 5-3　用户生命周期价值 LTV

1）增加总用户数量

用户可以划分为新增用户、现有用户、流失用户，从用户生命周期模型的角度来看，增加总用户数量分以下三步。

第一，增加新用户。新用户对应潜客期和新生期，在这两个阶段怎样才能提升流量触达和用户转化。提升流量触达，一方面通过外部渠道推广，另一方面可以借助现有用户做裂变拉新，主要是针对成熟期用户，利用用户对产品的认可和忠诚，增加用户裂变效果。提升用户转化，对潜客进行产品使用的指导和引导，促进其对产品核心功能的使用。

第二，维持现有用户。通过对用户生命周期的划分，可以更加明确各个阶段用户的特点和需求，从而采取措施增加生命周期整体及各个阶段的长度，让用户长期留存。通用用户留存办法见 4.2.3 节，这里多了用户生命阶段分层，可以通过分层来进一步精细化运营，比如对不同阶段用户进行个性化推荐和差异化服务来满足用户不同的需求。

第三，减少流失用户。建立用户流失预警机制，对即将流失的用户采取及时干预动作，让用户恢复使用；制定并施行流失用户召回办法，对流失用户进行激活，让用户重新进入新生期和成长期；分析用户流失原因，解决导致用户流失的问题，优化运营策略，减少用户流失。相关内容已在 4.3 节介绍，此处不再赘述。

2）延长每用户全生命周期时长

延长每用户全生命周期时长，让用户尽可能长时间健康地留在产品内，为产品贡献价值。主要从以下两方面进行提升。

一是延长生命周期整体长度，让用户的留存时间更长久。延长用户的有效生命周期，主要是通过运营手段减少用户的沉默和流失。预防用户沉默流失，通过预警机制和干预办法，减少用户沉默和流失的发生。针对已经沉默或者流失的用户，做用户召回，重新激活用户，减少用户沉默或流失的数量。另外，延长用户成长期、成熟期、衰退期长度，也是在增加生命周期整体长度，让用户不断成长、保持更长时间成熟、放缓衰退，而且衰退期的用户可以再提升回来，重新回到成长期和成熟期，形成发展闭环，让用户一直留存。

二是增加成长期和成熟期的用户数量和阶段长度，让用户更健康地成长。成长期是用户成长的阶段，成熟期是用户价值最大的阶段，这两个阶段的用户量和长度代表了用户的健康程度，需要有提升，让用户从其他阶段更多地进入并保持更长时间的停留。运营提升办法包括用户成长体系的会员体系、激励机制，都可以用来提升用户的使用频次和黏性，还有周期性的活动、营销动作，以及产品功能服务的改进等。

3）提升用户在各生命周期阶段中的价值贡献（ARPU）

提升用户在各生命周期阶段中的价值贡献（ARPU），一方面将用户尽量留在成长期和成熟期，尤其对于有过高价值的用户要重点留存或者召回，然后重点需要增加用户在成长期和成熟期的月均贡献ARPU，体现在用户行为上，就是转化、交易频次、客单价、留存，提升办法如下。

首先分析数据，围绕成长期和成熟期用户进行路径、标签、行为等方面的数据分析，找出用户的价值关键点。用户路径分析，指对主要转化路径进行数据分析，评估哪条路径更优、如何设置转化更好；用户标签分析，要看大部分用户符合什么特征，如性别、年龄、区域、喜好、收入都是什么情况等；用户行为分析，指分析用户交易行为，看高价值用户普遍发生过什么类似的关键行为，判断用户的哪些行为和产品的哪些功能或者服务影响用户的后续行为，比如查看多少个商品后会选择下单、交易多少次之后留存会高、使用积分支付的后续活跃和留存都比较好；从用户身上除了获取以上三种数据，还可以结合用户渠道来源、业务信息等进行分析。

然后针对找到的一些可发力的关键点，设计对应的运营策略，对用户进行引导。具体办法包括产品功能服务优化、个性化推荐、精准营销、用户成长激励、用户心智习惯培养等。以个性化推荐为例，展开进一步介绍，个性化推荐的关键是通过挖掘用户需求和偏好进行相关产品推荐，比如先分析用户对什么商品的兴趣度高、转化率好，发现规律和联系，构建用户和商品的关系模型，再针对通过模型判断出来的转化效果较好的用户和商品，一边增加该类商品的投入，一边扩大该类用户的覆盖触达，来促成更多转化。

其中，构建用户和商品的关系模型的操作方法为：第一步，建立商品标签，同用户标签一样，商品也有画像标签，包括商品本身的属性和信息，如商品分类、包规、价格、折扣力度，也包括商品的数据表现，如交易用户量、交易频次、平均购买件数、复购率等，对于逻辑复杂的没有办法通过数据直接产生的标签，还可以人工打标，如商品的需求场景、目标用户群体等。第二步，通过历史数据，对用户和商品进行细分标签维度的关联，构建关系模型。第三步，校验和修正模型，在一定数据量的支撑下，通过结果查看标签和关联的精确性，如果标签或者模型不精确，则进行修改，最后得到每个商品的准确标签和一个令人满意的关系模型。

4）用户生命周期模型运营

用户生命周期模型运营，一方面把生命周期作为一个整体进行运营，实现上述三项目标；另一方面区分各个阶段，基于各阶段的特点和阶段间的联系，进行精细化运营，促进每个用户的生命成长和价值实现。

（1）潜客期。

潜客期用户都是产品的潜在用户，针对这个阶段的运营，主要目标是获取更多用户并转化为新生期用户，主要可以做两方面事情，一是优化推广渠道，二是提高新用户转化。

优化推广渠道，找到高质量渠道和高效获客方法，提高获客量，获取更多用户，详见 4.1 节。

提升新用户转化，提高用户从开始接触产品到访问注册再到使用产品核心功能成为新用户的转化率，打造 Aha 时刻，让用户感受到产品价值，满足用户的个性化需求，服务更多用户，优化转化路径，让用户转化率更高，增加使用操作指导和活动，或者利用营销引导，提升用户转化效果等。比如，交易类产品促进访客进行首次购买，通常使用打折、补贴等优惠形式，新用户由于对产品缺乏了解和信任，不确定产品价值，购买意愿和动力较弱，需要通过提供优惠来弥补用户的试错成本，促进新用户转化。

以优化转化路径为例，进一步讲述如何提升新用户转化。先对流量数据进行分析，比如可以通过桑基图直观地看到流量的来源和去向，发现问题和机会，然后实施针对性提升办法。第一，对非主要路径上的流量进行分析，通过产品功能、运营策略引导等办法，让这些流量回归主要路径。第二，对流失严重节点进行分析，通过相应策略减少用户跳出。举个具体例子，通过桑基图分析发现，用户打开 App 后，首页有一部分流量去向了横幅广告，而且用户浏览广告后就直接流失了，此时，运营需要关注，是否广告位置太醒目，能否换个广告位，或者广告内容没有营养，对用户造成负面影响，需要换掉广告内容。第三，优化主要路径，让主要路径更容易进入和流转，让路程更短，比如推送重要内容的弹窗，把重要内容主动弹到用户眼前，直接介入用户路径，引导用户沿着设置好的路径发展。第四，提升主要路径转化，比如增加新手操作引导或者任务激励，通过一步步地引导、完成、奖励，让用户聚焦在主要路径，快速完成转化。总之，运营的办法很多，但目的都一样，就是通过各种手段让用户更多更好地转化。

（2）新生期。

新生期用户都是产品的新用户，针对这个阶段的运营，主要目标是让用户留存并转化为长期用户，主要事情就是促进用户留存。需要引导用户多次使用产品，并逐渐培养用户心智和使用习惯。

进入新生期，用户已经对产品产生了很好的印象，接下来应该趁热打铁，搭建新用户成长路径，新用户怎样从首次使用到多次使用变成长期用户，比如多次下单是同一商品周期性复购还是关联商品打包购买，还是交叉商品多次购买等，用户下次下单需要有哪些操作，然后通过各种运营手段或激励措施，促进该成长路径中每个环节的发生和转化。

（3）成长期。

成长期用户已经有过产品使用经验，对产品也有一定了解，针对这个阶段的运营，主要目标是让用户成长并转化为成熟期用户，主要事情是促进用户成长。让用户更多地使用产品，养成用户心智和使用习惯。

运营策略可以延用上面的用户成长路径。另外，还有用户成长体系、用户心智和习惯培养，相关内容已在前面章节中有过介绍，这里不再赘述。

（4）成熟期。

当用户来到成熟期后，用户对产品已经有深厚认同感和高忠诚度，用户价值是最高的，是关键价值实现阶段，针对这个阶段的运营，主要目标是延长成熟期和持续提升用户价值，主要事情是做好用户服务和提升用户价值。

用户服务方面，对核心高价值用户，提供更多更好的优惠福利、售前售后服务、用户关怀、用户尊属感等，运营办法如会员机制和用户等级体系运营等。

用户价值的提升，主要包括三个方向：第一，通过用户进行传播，提升企业品牌知名度和影响力；第二，通过用户进行裂变，增加新用户；第三，通过用户增加收入，提升用户 ARPU，包括用户直接交易收入和间接贡献收入，运营方法如交叉营销，引导用户高频次、高客单、高利润地交易，或者增加增值服务、广告变现等。

（5）衰退期。

衰退期用户是从成熟期衰退而来的，使用频次和黏性等指标有所下降。针对这个阶段的运营，主要目标是提升用户重新进入成长期或者成熟期，主要事情是促活用户。

首先分析用户衰退的原因，是产品不能满足用户需求还是产品服务不好，还是用户有其他替代品，或者用户需求变少，然后针对问题提出解决办法。如果是产品价值变低，则需要优化产品，如丰富功能、升级技术、提升品质和性价比；如果是服务不好，则哪里出现问题就解决哪里，如缩短配送时长、完善售后保障、改进客服机制等；如果用户有其他替代品，则对比双方优劣势，扬长补短，提升自己的竞争力；如果是用户需求变少，则尽量增加高频需求的产品功能，但需要注意，有些产品的使用就是一次性或者一个周期，比如婚庆，一般用户一生只结婚一次，使用完就不再有需求，也不会有第二次使用，用户生命周期很短，这种情况没办法也没必要要求用户长期、多次使用，所以运营重点需要放到其他方向上，比如不断增加新用户、拓展其他相关产品等。

（6）沉默期和流失期。

沉默期和流失期用户对产品是熟悉的，曾经使用过，但是有段时间不使用了。针对这个阶段的运营，主要目标是减少流失，激活用户重新进入成长期，主要事情是触达和激活用户使用。

首先分析用户流失的原因和关键诉求，然后解决用户的问题和需求，制定相应的提升办法，包括升级产品功能、丰富营销活动、增加用户权益、提醒用户使用等，最后把相关信息通过站内外渠道触达用户，提升用户感知度和使用转化率。

5）数据分析

对用户生命周期及各个阶段的数据进行分析，有四方面好处：第一，进行数据监控，及时了解情况和发现问题，如新增用户数、流失用户数是否有异常波动；第二，进行洞察分析，通过分析各阶段用户的构成、需求、行为和相互转化联系，加速新用户成长，减少老用户衰退和流失，提升用户价值；第三，进行运营支持，基于不同阶段的用户属性和数据的多维下钻，识别影响业务发展的关键用户，制定针对性的运营策略，并在运行之后进行效果评估和优化迭代；第四，进行预测和预警，通过系统算法拟合关系模型，预测后续发展情况，识别可以提升的高潜用户和需要处理的问题或风险用户等。

下面整体总结用户生命周期模型，把用户生命周期划分为几个阶段，通过生命周期整体运营，以及基于阶段特点和联系的分阶段精细化运营，促进用户生命周期的健康成长和价值提升，如图 5-4 所示。

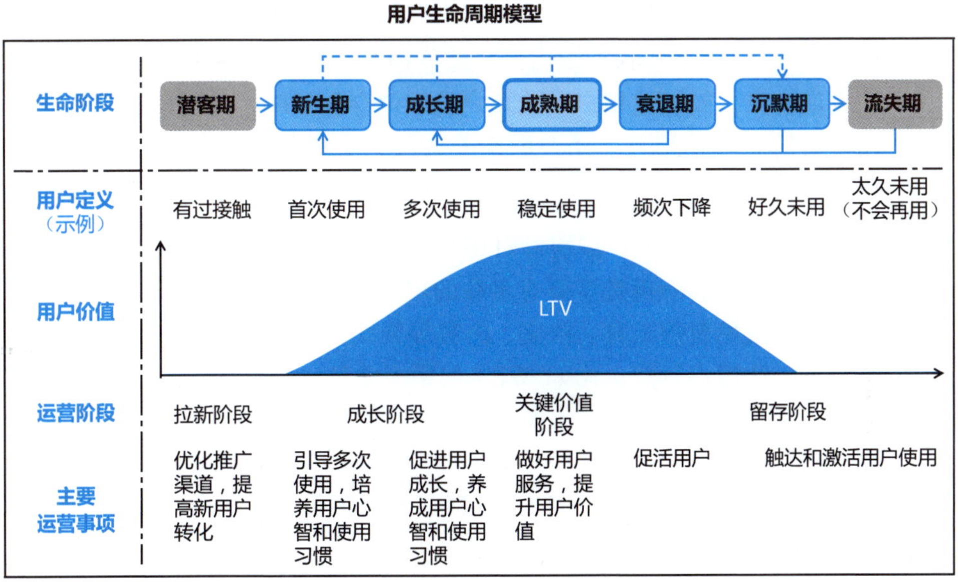

用户生命周期模型

生命阶段	潜客期	新生期	成长期	成熟期	衰退期	沉默期	流失期
用户定义（示例）	有过接触	首次使用	多次使用	稳定使用	频次下降	好久未用	太久未用（不会再用）
用户价值				LTV			
运营阶段	拉新阶段	成长阶段		关键价值阶段		留存阶段	
主要运营事项	优化推广渠道，提高新用户转化	引导多次使用，培养用户心智和使用习惯	促进用户成长，养成用户心智和使用习惯	做好用户服务，提升用户价值	促活用户	触达和激活用户使用	

图 5-4 用户生命周期模型机制及运营

5.2 用户增长漏斗模型

1. 模型定义

用户增长漏斗模型（AARRR），是一种以用户为中心的着眼于漏斗转化的用户分层数据分析及运营模型。AARRR 模型是硅谷著名风险投资人戴夫·麦克卢尔在 2007 年提出的用户生命周期模型，因其掠夺式的增长方式，也被称为海盗模型，或 2A3R 模型。AARRR 指用户生命周期中的五个环节。

- **获取用户**（Acquisition）：指获取用户访问流量、下载应用、注册账户等，是从用户触达认知到成为产品新用户的过程，即用户拉新。用户运营的第一步，毫无疑问，是获取用户，使用各种推广手段，如广告投放、KOL 推广、App 应用商店分发、地推、用户裂变等方式，获取新用户，持续扩大用户数量。

- **激活用户**（Activation）：指用户使用产品核心功能，即用户转化，一般交易类产品指用户下单。获取用户后，希望成为真正使用产品的用户，通过优化转化流程路径、精准推荐产品内容、完善新用户指导、增加新用户免费试用或优惠体验权益等方法，促进用户使用转化。

- **留存用户**（Retention）：指用户持续使用产品，即用户复购。不能用户体验完就流失，要沉淀用户，让用户长期留存和活跃，通过用户成长体系、用户心智和习惯培养、用户激励等方法，实现用户留存，保障核心用户规模。

- **获得收入**（Revenue）：指通过对用户进行某些手段而实现现金收益，即商业变现。变现的前提是需要有足够的用户基础，再加上一定的变现方法。产品如果是免费的工具、社交、内容等类型，则需要提供相对高价值的增值服务，让用户付费，比如 WPS 的稻壳会员、腾讯视频的会员、得到的付费课程等，或者进行广告变现及产品生态变现。产品如果是零售、服务等收费类型，则要考虑产品功能、种类、品质、价格是否具有优势，是否可以最大限度地满足用户需求，然后结合促销等营销活动，提升用户交易。

- **用户传播**（Refer）：也叫口碑传播，指利用现有用户的社交影响力进行品牌或者产品的对外价值输出，同时也是获取新用户的一种有效方法。通常来说，即利用一个事件来吸引用户自动分享传播，以达到一传十、十传百的效果。社交网络的兴起，使得用户传播有了施展的场所和高效的传播介质，用户传播成本很低，而且效果可能很好，因此也叫病毒式传播，比如互联网产品到处可见的邀请有礼活动。从用户传播到获取新用户，用户增长形成了一个螺旋式上升的轨道，对于优秀的产品，用户传播及裂变转化率较高，就能很好地利用这个轨道，不断扩大自己的用户数量。

AARRR 模型的五个环节，一环扣一环，紧密连接，相辅相成，任何一环的状况都会直接影响到下一环甚至整个模型周期，任何一个环节提升一点效率，就意味着整体效率会得到联动增长。

2. 关注指标

在 AARRR 模型中，AARRR 是五个方面，不是五个指标，更不是一个用户的五种状态。通过 AARRR 模型系统化地拆解五大类用户行为，可以让我们更清晰地知道每个环节需要关注的重点指标，如图 5-5 所示。

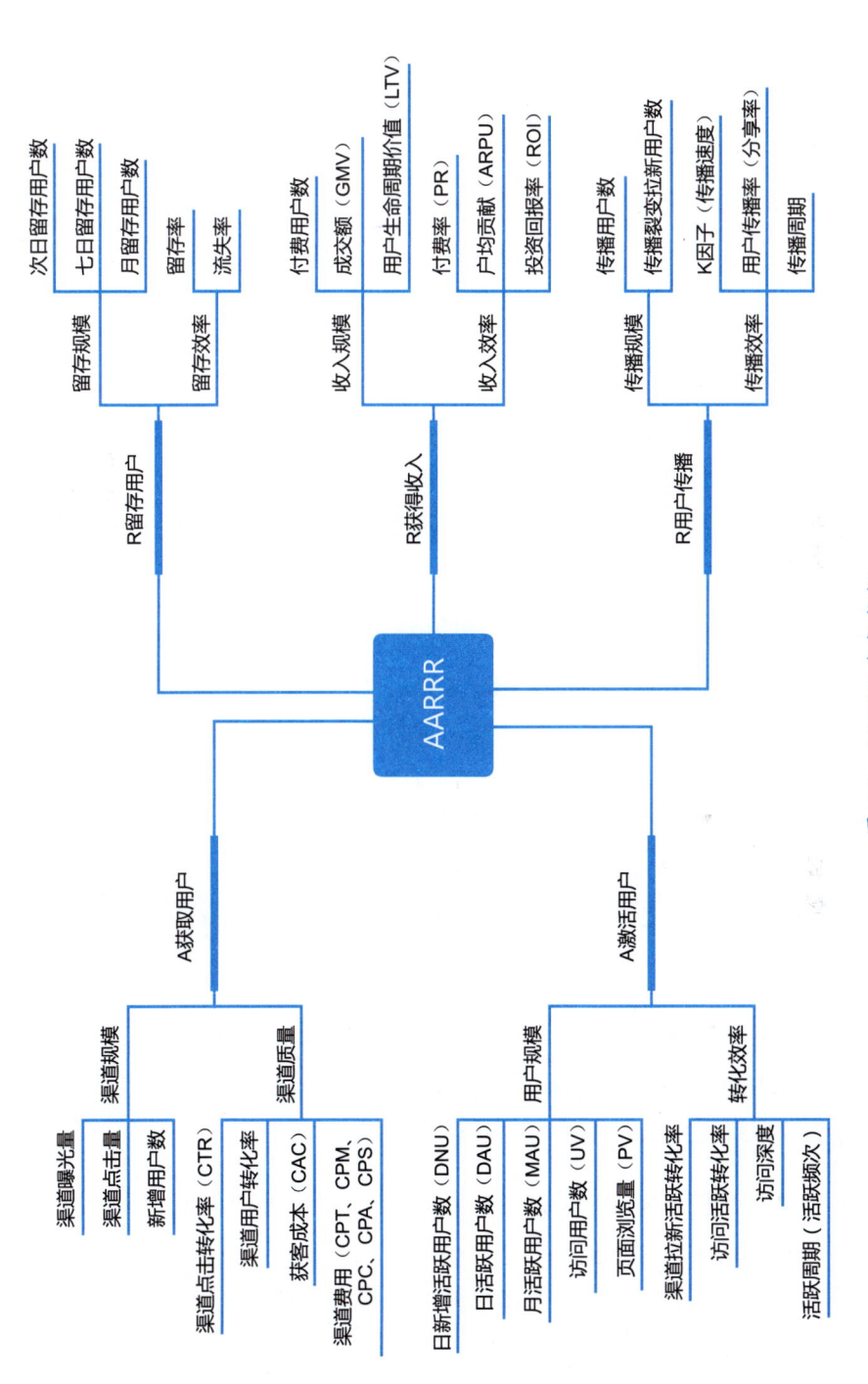

5 用户精细化运营：巧用用户模型 179

图 5-5 AARRR 数据指标

（1）获取用户。

从用户触达到使用产品的过程中，关注各个拉新渠道的用户规模和转化质量。

渠道规模指标有三个。

- **渠道曝光量**，指广告曝光次数。
- **渠道点击量**，指广告点击次数。
- **新增用户数**，指新增使用产品的用户数。

渠道质量指标有四个。

- **渠道点击转化率（CTR）**=广告点击次数/广告曝光次数，是互联网广告常用术语，指有多少比例的广告曝光被点击。
- **渠道用户转化率**=新增用户数/渠道曝光用户数，指有多少用户因为广告曝光而转化成产品的使用用户。
- **获客成本（CAC）**=拉新总费用/新增用户数，指获取单个新用户的花费成本。
- **渠道费用（CPT、CPM、CPC、CPA、CPS）**，指渠道推广费用，按推广时间、曝光量、点击量、行为量、交易量中的某种指标方式计费。

（2）激活用户。

相比于获取流量而言，更重要的是转化活跃用户。（注，用户活跃，一般指用户使用产品的核心功能，不同类型产品的活跃定义不同：交易类产品即用户下单，其他产品如用户实名认证，社交产品用户添加好友，工具产品用户使用工具等。此处以交易类产品用户下单转化为例进行陈述。）

用户规模指标有五个。

- **日新增活跃用户数（DNU）**，指每日新增下单用户数。
- **日活跃用户数（DAU）**，指每日下单用户数。
- **月活跃用户数（MAU）**，指每月下单用户数，一般按照自然月计算，月内用户排重。
- **访问用户数（UV）**，指访问产品应用、网站、网页的用户数。
- **页面浏览量（PV）**，指访问页面总次数。

转化效率指标有四个。

- **渠道拉新活跃转化率**=DNU/日新增用户数。
- **访问活跃转化率**=DAU/UV，指每日访问用户有多少比例下单转化。
- **访问深度**=PV/UV，体现用户访问页面多少，用户访问深度越大，说明用户对产品的兴趣度、活跃度越高，依赖性也就越好。
- **活跃周期（活跃频次）**=MAU/DAU，指月活跃用户月度平均活跃时间间隔，可以看出用户每间隔多少天下一次单，用来评估用户下单周期性和黏性。比如 MAU 是 30 万个，DAU 是 10 万个，MAU/DAU 就是 3，用户活跃周期是平均间隔 3 天下一次单；从另外一个角度看，DAU 10 万个代表了月内累加日活跃用户数是 300 万个，再除以 MAU 的 30 万个，得出 10，表示用户活跃频次是平均一个月内下单 10 天，跟前面的计算结果活跃周期 3 天下一次单是一致的。MAU/DAU 介于 1 到 30 之间，但两种极端情况在现实中一般不会出现。不同类型产品的活跃周期相差较大，产品的活跃周期需要与产品所属行业的其他产品或者竞品进行对比分析。

（3）留存用户。

用户留存代表了用户黏性和忠诚度，侧面体现了产品质量，是影响用户规模的因素之一。

留存规模指标有三个。

- **次日留存用户数**，指日活跃用户中在活跃次日也活跃的用户数。
- **七日留存用户数**，指日活跃用户中在活跃之后第 7 日也活跃的用户数。
- **月留存用户数**，指活跃用户中在活跃之后 1 个月内也活跃的用户数，有时候以动态 30 天为一个月，有时候用自然月计算。

留存效率指标有两个。

- **留存率**=留存用户数/活跃用户数，指活跃用户中有多少比例用户留存下来。
- **流失率**=100%-留存率，指活跃用户中有多少比例用户流失，是用户留存的反面，用户要么留存，要么流失。流失率是产品进入稳定期后需要重点关注的指标，如果说留存是产品前期关注累积用户的情况，那么流失则是产品后期关注用户稳定性，如果流失率较大，就是在警示异常，需要排查哪些用户流失了，为什么流失，问题出在哪里。

（4）获得收入。

用户运营的最终目的是获取用户价值，企业获得收益。

收入规模指标有三个。

- **付费用户数**，指产生付费交易行为的总用户数，同转化用户一样，付费用户也可以区分为新增付费用户和留存付费用户。（注，前面活跃用户以交易类产品用户下单转化为例进行陈述，此种情况时，用户活跃就是付费，两个指标是一样的；但对于其他转化口径的活跃指标，跟付费就是两回事了，付费可以是广告、增值服务变现等方面的定义。）
- **成交额（GMV）**，指用户成交付款金额。
- **用户生命周期价值（LTV）**，即用户的终身价值，指用户在生命周期内创造的收入总和，可以看成是用户无限期累积的 ARPU。

收入效率指标有三个。

- **付费率（PR）**=付费用户数/活跃用户数，指活跃用户中有多少比例进行了付费转化。
- **户均贡献（ARPU）**=GMV/付费用户数，指付费用户产生的平均成交额，一般以月度为周期计算。
- **投资回报率（ROI）**=LTV/渠道费用，指每单位渠道拉新费用带来的用户价值回报。

（5）用户传播。

大多数产品都采用激励手段刺激用户进行传播裂变，这种老带新方式是一种比较良性的循环。

传播规模指标有两个。

- **传播用户数**，指发起传播动作的用户数。
- **传播裂变拉新用户数**，指因受到其他用户的传播影响而新增的使用产品的用户数。

传播效率指标有三个。

- ***K*因子（传播速度）**=（每个用户发出的邀请用户数）×（收到邀请的人转化为新用户的转化率）=传播裂变拉新用户数/传播用户数，为用户传播速度的量化指标。当 K 大于 1 时，表示一个老用户能带来至少一个新用户，用户群就会像滚雪球一样增大。当 K 小于 1 时，用户群增大到某个规模时，就会停止通过自传播增长。

- **用户传播率（分享率）**＝传播用户数/UV，指访问用户中有多少比例用户进行了传播动作。
- **传播周期**，指用户完成从传播到转化新用户所需要的时间，通常传播周期越短，意味着用户裂变传播的时间效率越高。

【轻松时刻】

通过 K 因子理论的延展，懂得理解方法的重要性

在用户传播的范畴里，或者单纯地认为获取用户只有用户传播这一种方式，那么一个老用户在其生命中至少要拉来一个新用户，即要求 K 大于 1，用户传播才有意义，才能保持总用户量不下降，才能支持业务长期发展。

用同样的逻辑，我们放大了看，认为用户与用户之间的关系不仅限于用户直接传播用户，而是当前整体用户情况会影响未来可能用户情况。而实际业务中，用户都是在不断流入和流出的，每个用户都有生命周期，都有流失的那一天，总有老用户流出，这就需要不断地有新用户流入，才能保证整体用户规模。那么，要想业务长期发展，就需要拉新用户量大于流失用户量。

咦？到了这里，大家是不是会在想这个结论好像有点熟悉，没错儿，这就是前面讲过的用户增长的本质逻辑。

此处进行延展，是想跟大家说明，其实，好多方法的底层逻辑都是相通的，大家不仅要学习方法、了解方法，更要理解方法，然后在实际运用时，就会衍生出无数种方法和可能。

3. 模型运营

通过 AARRR 模型进行用户分层分析和精细化运营，但不是必须走完五个环节，也不是每个环节都得做到极致，或者一味追求某个环节指标的高低，而是整体找到最适合自己业务的平衡模式。每个产品因为面对的用户及需求不同，发展阶段和环境不同，业务的运营手段也不同，就催生出不同的业务模式。在这些模式下，AARRR 模型形态不同，五个环节会产生出不同的排列组合。AARRR 五个环节是有优先级的，不能一视同仁，需要有所取舍。基于当前状况，为确保核心业务价值和发展目标，要分析哪个环节最重要，要重点解决什么问题，然后制定运营策略。

1）获取用户

首先分析业务发展阶段和目标方向，基于产品的特点，确定目标用户，然后与推广渠道进行匹配，确定获取办法，再设计转化流程路径，促成用户使用转化。通过合适的推广渠道，以合适的方式获取精准用户，追踪数据效果，不断迭代策略，以达到良好的获取规模和效率。

第一，定位目标用户。

了解市场需求和竞品的用户情况，结合产品价值，确定目标用户群体，了解用户的特点、习惯、意向。

第二，确定获取办法。

用户获取主要有三方面的关键因素。

首先，获取渠道，主要分为三种，包括自有渠道、第三方渠道、用户裂变，渠道的详细情况已在 4.1 节介绍过，此处不再赘述。

其次，在渠道中投放的产品内容，包括产品信息、产品活动等。产品信息指产品的具体功能、服务、商品等，产品活动指用户福利活动、业务主题活动、产品营促销活动等，前期推广的产品内容必须要有亮点，才能吸引目标用户，可以多结合热点、流行元素，以获取更多关注。

然后，转化流程路径，用户通过触点进入产品后，需要有好的产品服务和运营策略，才能让用户快速使用转化。从产品角度看，简化注册流程，必要时可增加产品介绍和注册指引。

2）激活用户

激活用户是让用户使用产品核心功能，关键是将用户需求与产品进行匹配，并设计产品 Aha 时刻及主要路径，让用户快速找到 Aha 时刻，关注路径上的各个节点及转化情况。

第一，精准匹配需求。

用户使用产品，表示用户具有一定需求，产品一般包含很多功能、服务和信息点，而用户需求只是其中一小部分，需要挖掘和识别用户需求，帮助用户找到匹配的信息点，通过优化用户搜索功能、系统推荐策略、细分产品分类导航和主题频道等，精准匹配用户需求，提升用户服务水平。

第二，打造 Aha 时刻。

Aha 时刻，是指用户首次确认产品对自己有价值的那一刻。对用户做好分层和分群，针对性地提供不同的服务和价值，并让用户感知到产品的价值所在，产生 Aha 时刻。从用户角度看待问题，找出用户关注的、需要的价值，然后交付给他们。比如内容类产品，内容标签提示访问量、关注量、好友互动情况，毕竟大家都看的内容才是好内容，好友关注的信息也是自己想关注的，同时个性化推荐方式及瀑布流式呈现，与自己相关的和自己感兴趣的事情更能让用户产生认同感，好的内容一个接一个，不断提升价值，这几个功能服务叠加在一起，让用户在看内容时就能感知到内容的强大价值，成为用户 Aha 时刻。

第三，定义关键路径。

产品属性不同，关键路径会有很大的差别，根据产品核心功能及其主要转化操作，确定关键路径。交易类产品的关键路径是对商品或服务的感知（曝光）、意向（访问）、加购、下单、支付，社交类产品的关键路径是建立联系、产生互动行为，内容类产品的关键路径是查看内容。

用户刚使用产品时，对产品功能还比较陌生。这时候，简短流畅的产品功能介绍和简洁明了的转化引导就十分重要，比如很多页面第一次打开时，有浮窗提示功能操作。要尽可能简化用户关键路径的操作步骤，避免用户因厌烦而流失。

第四，制定运营提升策略。

从运营角度看，需要扶持新用户、促进活跃转化，推动运营提升策略，包括免费试用、专享权益、优惠活动等，这些都是比较常规又比较有效的激活方式。

另外，对于付费渠道拉新来的用户，可以把部分费用用在激活环节，针对激活用户支付渠道拉新费用，推动渠道从源头外获取更精准的用户，同时连同激活环节一起制定用户拉新及激活的整体解决方案，要把费用用在刀刃上，从而提升整体效率。

3）留存用户

留存用户是互联网行业对老用户的另一种叫法，指使用产品一段时间后仍然继续使用该产品的用户。用户留存的前提是产品对用户能持续地产生价值。有些不是需要用户每天都使用的产品，需要根据产品的功能属性，确定产品正常的使用周期，来评估用户需要的留存周期，然后制定留存策略。

对企业而言，扩大用户规模至关重要，而留存率是决定用户规模的主要因素之一，留存率越高，累积用户越多，用户规模越大。留存率也是检验用户质量的重要指标，如果一个渠道用户的留存率比其他渠道低很多，那么这个渠道用户的质量会比较差。留存率的高低也能直接反映出用户对产品的认可和依赖程度，通过对用户留存或流失的原因进行深入分析，找到产品优化迭代的方向。留存用户对企业收入也有重要影响，一方面体现在整体留存用户的规模上，另一方面体现在单个留存用户的价值上，用户留存时间越长，生命周期的价值贡献越大。

在互联网流量红利逐渐见顶的情况下，提升用户留存率是用户运营工作的重中之重。

第一，优化产品功能。

留存用户的根本在于能否向用户提供持续满足其需求的优质产品，产品足够好，好到能为用户带来足够多的价值而让用户爱不释手。一个产品的用户留存率跟产品类型有很大关系，比如社交类产品的留存率一般较高。在用户需要和企业力所能及的情况下，尽量优化产品的核心功能，丰富辅助功能，以提升产品的性能、价值及价值覆盖。

第二，提升服务体验。

留存用户的另一个途径，是向用户提供令其感到愉悦的优质服务，服务足够强，强到能让用户因感受到上帝般的体验而流连忘返。用户之所以愿意留存，是因为对产品的服务比较满意，所以需要优化用户服务体验，包括产品的使用过程、服务结果和用户心理感知。

第三，培养用户习惯。

培养用户习惯，就是通过一系列机制引导用户多次使用，针对不同场景的用户分别采取办法：对使用场景，用户正在使用产品时，给用户种草，让用户有下次再用的念想和动机，比如订单满返活动；常规提频，通过有规律的活动、有节奏的营销、有心智的玩法，增加用户使用次数，引导用户长期稳定地留存，比如每天秒杀活动、签到领钱功能等。通过增加用户的使用时间，提升用户黏性和留存率；周期促活和流失召回，对即将达到或者已经超过产品正常使用周期但还没有回来的用户，进行有效触达和使用提醒。

第四，挖掘用户留存的关键点。

根据分析，找到用户留存的关键点，比如内容类产品，用户浏览 5 个内容就能达到很好的留存，然后将此设定为目标，让更多用户达到这个目标，用户自然也就留存了。

第五，建设用户成长体系。

好的用户成长体系，可以让用户对产品的使用深度、广度和频次逐渐增强，提升用户留存率。常用的用户成长体系有会员和等级、积分、成就体系等。

4）获得收入

获得收入，是企业经营的根本。互联网企业获得收入的主要来源包括产品服务使用付费、产品信息交易付费、增值变现。产品服务使用付费，即付费应用，对这种形式的产品目前国内用户的接受程度比较低。产品信息交易付费，就是常说的交易类产品，比如电商、生活服务等。增值实现，指通过增加额外的产品、服务、业务来增加收益，比如付费会员服务、广告业务。

企业增加收入，一方面增加收入来源，比如增加产品信息覆盖范围或者增值服务项目，另一方面针对每项来源的收入都增加金额。可以对收入构成进行拆解，然后分析每个组成部分的问题和提升机会，通过细分维度去制定提升方法。无论以上哪一种收入，都直接或间接来自用户，用户获取、激活、留存对获取收入来说是必需的基础。只有用户基数大了，收入才有可能增加。

比如电商，主营业务是售卖商品，属于产品信息交易付费，GMV 收入构成如图 5-6 所示，逻辑公式如下：

$$GMV=用户数 \times ARPU=用户数 \times （下单频次 \times 客单价）$$
$$用户数=新用户数+留存用户数=（传播裂变用户数+其他渠道用户数）+（次月留存用户数+隔月激活用户数）$$
$$客单价=商品种类数 \times 单品件数 \times 件单价$$

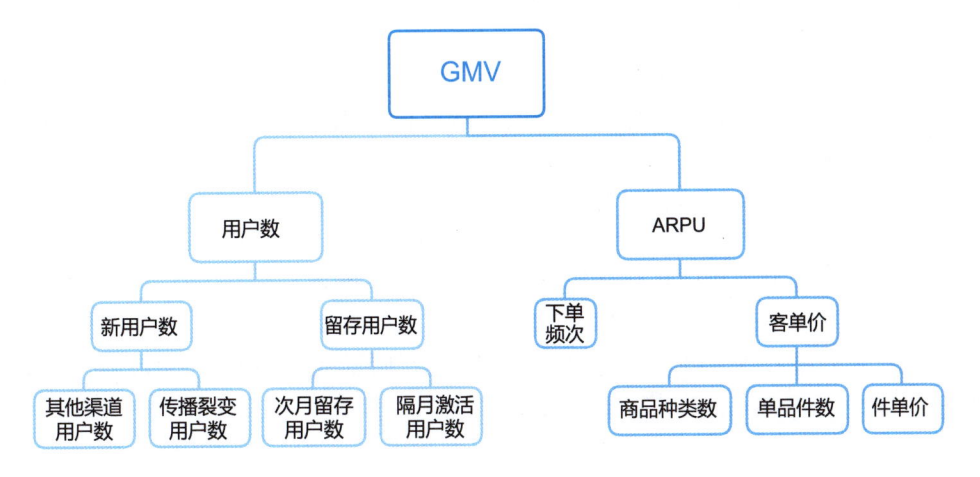

图 5-6 GMV 收入构成

所以，想要提升 GMV，可以从提升传播裂变用户数、ARPU、商品种类数、单品件数等维度进行。

5）用户传播

用户传播，是最近十年才被广泛研究的运营方法，指通过用户分享传播产品内容给更多的用户，借助用户口碑和社交关系，提高企业和产品的品牌影响力，并促进更多用户使用转化。通过 2.1.3 节介绍，用户传播是所有用户裂变的基础，用户裂变无论是拼团裂变、邀请有礼，还是分销转介绍等，都需要用户先进行分享传播。

同样，用户传播也有核心驱动因素：种子用户、传播动机、传播内容、传播动作、裂变路径。

- **种子用户**：指发起传播的用户，包括哪些用户容易传播，需要哪些用户进行传播。

- **传播动机**：用户为什么进行传播，是满足自己需要、满足他人需求，还是想获取精神或者物质激励，怎样才能让用户愿意传播。

- **传播内容**：用户传播的东西是什么，是一个商品、一个活动，还是邀请信息，怎样才更加有吸引力。

- **传播动作**：用户如何进行传播，是分享图片到朋友圈，还是发送链接到微信群等，怎样才能便捷高效。

- **裂变路径**：被传播用户看到传播内容后，如何操作转化，怎样才能增加转化。

根据产品的用户情况，针对各个因素和整体机制，设计传播办法。最好的用户传播，是把用户的社交价值发挥到最大。一轮传播结束后，新的用户进来了，又开启了新的一轮传播循环，周而复始，就会源源不断地增加用户。

下面整体总结 AARRR 模型，从用户运营的维度去思考整个闭环，其实就是在各个环节发挥用户运营的价值，从用户的角度出发，让获取用户、激活用户、留存用户、获得收入、用户传播五个环节高效协同发展，周而复始，形成用户池的自增长，如图 5-7 所示。

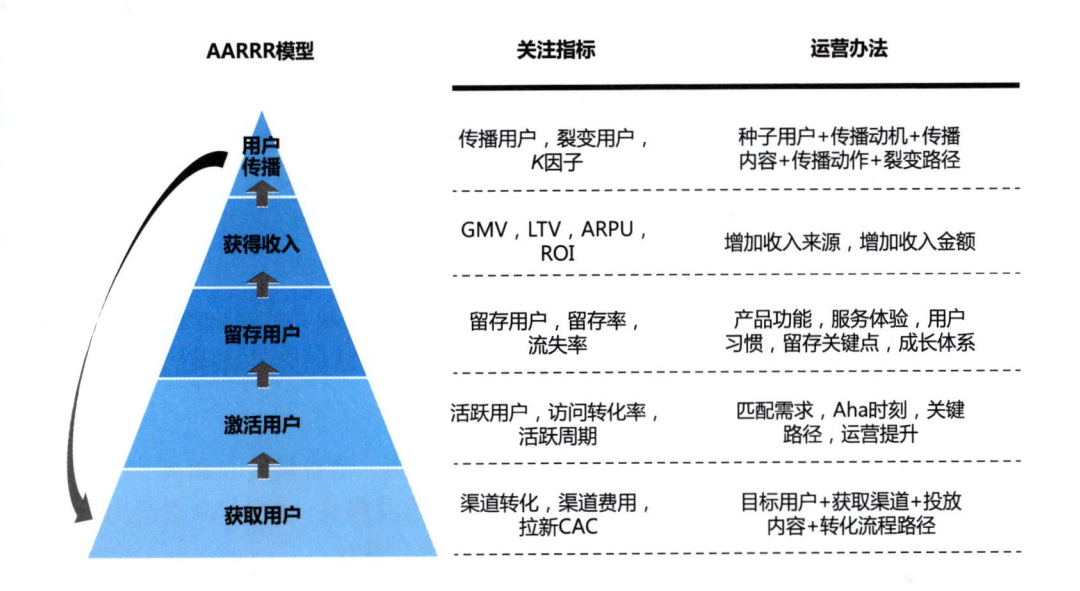

AARRR模型	关注指标	运营办法
用户传播	传播用户，裂变用户，K因子	种子用户+传播动机+传播内容+传播动作+裂变路径
获得收入	GMV，LTV，ARPU，ROI	增加收入来源，增加收入金额
留存用户	留存用户，留存率，流失率	产品功能，服务体验，用户习惯，留存关键点，成长体系
激活用户	活跃用户，访问转化率，活跃周期	匹配需求，Aha时刻，关键路径，运营提升
获取用户	渠道转化，渠道费用，拉新CAC	目标用户+获取渠道+投放内容+转化流程路径

图 5-7　AARRR 模型机制及运营

5.3 用户价值模型

1. 模型定义

用户价值模型（RFM）是衡量用户价值和进行价值分层用户运营的重要工具和方法，模型强调以用户的行为来区分用户价值，所以首先的关键点就在于衡量用户价值的行为指标。根据美国数据库营销研究所 Arthur Hughes 的研究，用户数据库中有三项非常重要的指标：最近一次消费时间（Regency）、消费频次（Frequency）、消费金额（Monetary）。RFM 模型就是用这三项指标来计算用户价值状况并进行用户分层的模型。

- **最近一次消费时间**：通常用来表示最近一次消费距离当前时间有多久，所以取最近一次消费时间到当前时间的间隔，有时也叫消费间隔。最近一次消费时间反映了用户最近的留存情况，可以用来判断用户的流失状态。理论上，最近一次消费时间越长，用户流失的可能性就越大；而时间越短，流失的可能性就越小，用户的价值就越高。
- **消费频次**：指在一定期间内消费的次数，一般取消费的订单数或者天数、月数，反映了用户对产品的忠诚程度。直观上，消费频次越高，消费越频繁，用户满意度、忠诚度就越高。

- **消费金额**：是用户价值的最重要指标，一般指在一定时间内的消费金额，消费金额可以是这段时间内的总消费金额，或者平均每次消费金额，或者最近一次消费金额，根据目的不同，可以有不同的计算口径。消费金额反映了用户的价值贡献和消费能力。一般来说，消费金额越大，用户价值就越高，消费能力就越强，是较为优质的用户。这项指标可以用来验证帕累托法则，看是否满足企业80%的收入来自20%的用户。

这三项指标中的每项指标都有自己的价值高低分层，把三项指标组合在一起，就形成了组合，有多种组合情况的按价值高低分层，从而完成了对用户不同价值的划分，形成RFM模型。

RFM模型的原理在于，最近一次消费时间R越近、消费频次F越高、消费金额M越大，用户再消费的可能性就越高，用户价值就越高。RFM模型适用于消费周期短和频次高的行业，比如快消品电商、直播、游戏。

RFM模型的核心逻辑是找出影响用户价值高低的关键行为和数据，然后进行组合分析和用户分层，以便对分层用户进行分析挖掘和精细化运营。所以RFM模型的定义不一定完全是上述情况，在不同领域、不同企业、不同产品可以有不同的价值指标和行为定义，企业需要根据行业情况和企业发展需要，灵活定义自己的RFM模型。可以选择只使用RFM模型三个指标中的两个，牺牲精细度，降低复杂度，但便于分析和操作应用，比如在F没必要的情况下，将F和M合二为一，只考虑R和M，这样用户分层就简单了很多。可以调整衡量价值指标的依据行为，把对企业更有价值、更重要的用户行为进行价值量化，有助于提升这些用户行为，达到企业想要的价值。比如游戏类产品，如果主要关注用户玩游戏的情况，RFM模型表示用户活跃价值，R是最近一次玩游戏的时间，F是玩游戏的频次，M是玩游戏的时长。如果用户价值点是游戏充值，那么RFM模型还可以定义为，R是最近一次游戏充值的时间，F是充值频率，M是充值金额。

RFM模型只是一种表示用户价值分层的思维方式，任何产品都可以定义用户的价值点及其关键行为，然后确定这些行为的指标，再对这些指标进行交叉组合分析和界定，来完成对用户的价值分层。RFM模型的意义在于，这是一种从行为数据反推用户价值的方法，因此实用性非常高。

2. 模型构建

RFM模型的构建，通常是先为每项指标设定一个阈值，根据阈值进行判断，将用户群体划分为两组（高于阈值和低于阈值），也就是高价值一组、低价值一组，然后三项指标交叉组合，整体上就把用户划分成了8组（$2×2×2=8$）。如果每项指标细分是3组，那么整体就是$3×3×3=27$组。

RFM 模型将用户划分成 8 组，根据各组的用户特点和运营方向，这 8 组用户分别称为：重要价值用户、重要发展用户、重要保持用户、重要挽留用户、一般价值用户、一般发展用户、一般保持用户、一般挽留用户，如图 5-8 所示。

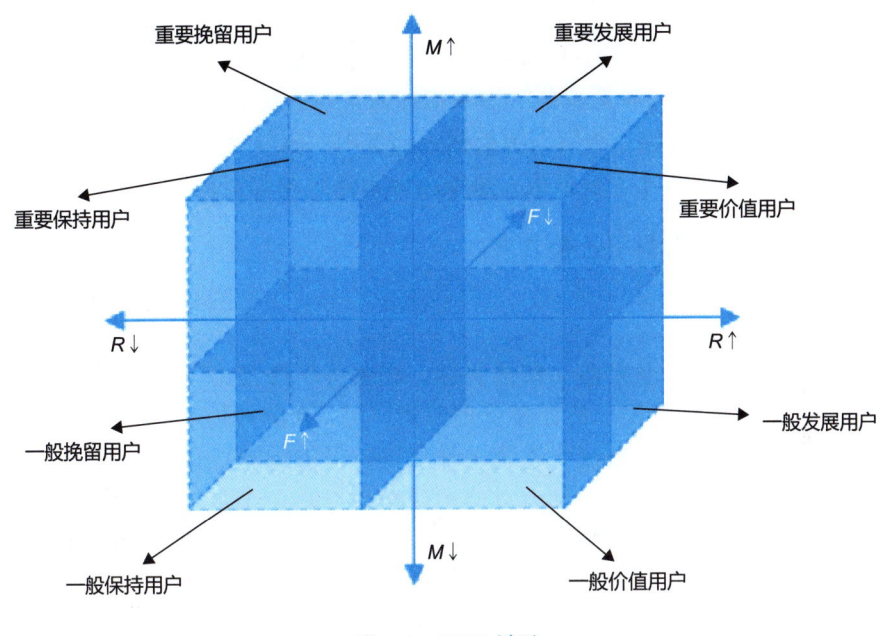

图 5-8 RFM 模型

RFM 模型的构建步骤具体如下。

第一步，定义自己的 RFM 模型。

企业结合产品特点、行业情况、发展需要等，确定衡量用户价值的关键行为及指标，定义自己的 RFM 模型。

第二步，整理数据。

根据 RFM 模型的定义，对数据进行汇总，整理成 RFM 的数据格式，统计所有用户的 R、F、M 指标数据。

如果 R、F、M 都是和消费相关的，就可以使用订单交易表，摘出用户 ID、消费时间、消费金额，然后计算一定时间期限内的最近一次消费时间、消费频次、消费金额。其中，时间期限范围可以用 30 天即一个月，也可以结合用户流失的定义，如果只针对未流失的有效用户进行价值分层，那么就把流失节点的阈值作为时间期限，这个范围的设定和产品行业属性有很大关联，比如快消品统计几个月时间就足够，但耐消品需要的时间较长，可能过一年，用户都没到复购周期，如果期限太短的话，则消费频次指标的意义不大。

第三步，确定阈值。

RFM模型研究用户价值，需要对用户价值进行分层，找到每项指标价值的划分阈值，来划分RFM的高低价值。每项指标通常只需要确定一个阈值，高于阈值和低于阈值就是两个群组，然后三项指标一起将用户划分为8组。想要更细分用户的，可以用多个阈值划分为多个组，每项指标不是必须都要同样的群组个数。

如何确定阈值，有以下6种方法。

（1）固定值。

基于业务逻辑、行业经验、阶段目标、相关分析等考虑，直接设定固定的划分阈值，对RFM进行分层。比如投资理财类产品，R的阈值一般是1个月，因为每个月发一次工资，用户根据工资收入情况进行投资理财，正常情况下，每个月都会使用理财产品，所以1个月内有使用的用户是高价值的，没有使用的用户是低价值的。

（2）平均值。

平均值有算术平均值、几何平均值、平方平均值等，一般指算术平均值，用来表示平均水平。用平均值作为阈值，通过平均值对用户进行高低划分。优点是直观、简明，但也存在缺点，最为显著的问题是容易受极值、异常值的影响，由于大部分数据呈长尾分布，导致平均值可能被拔高或拉低，此时以平均值作为参考并不合适。

（3）众数。

众数是出现次数最多的那个数值，代表了最多数的情况、数据的一般水平，即大众表现。用众数作阈值，就是通过大众情况把用户进行高低划分。把众数作为代表，可靠性较差，不过，众数不受极端数据的影响，并且计算简便。

（4）分位数。

分位数，也叫分位点，是指将一组数据分为几等分的数值点。用分位数作为阈值，通过同等比例对用户进行划分。分位数有2分位、3分位、4分位等。比如2分位，就是将全体用户按指标值进行排序，升序降序均可，按中间位置点把数据分成两等分，前后50%的用户各分为一组。分位数的优点无疑就是每组的用户等量，缺点是"一视同仁"，没有考虑数值的大小和结构分布，不能精准定位或者重点聚焦特殊价值用户。

分位数也可以结合二八定律灵活运用，由于"20%的用户贡献了80%的价值"，所以要区分出高价值的20%用户，可以直接对用户进行5等分，然后其中1份就是这20%，或者只用价值降序的20%分位点进行划分，分成20%高价值用户和其他80%低价值用户共两组。

（5）计分法。

计分法，也叫打分法，也是市面上用得比较多的方法。计分法是先将 R、F、M 每项指标的数值各自转换为1至5的分数，1分是最低价值，5分是最高价值，然后对每项指标求分数均值，作为该指标的划分阈值。这种方法比较复杂，但是使三项指标价值体现到了同一量纲上，方便各指标间的对比和组合，比如可以对各项指标分数进行加权平均来计算一个用户的综合 RFM 得分，对用户按照综合得分进行排名。指标数值转换为分数的具体操作，可以参考上述确定阈值进行分层的方法逻辑，这里同样适用，就是在分层的基础上为每一层赋予了一个分数。

（6）聚类算法。

通过算法利用大数据技术对用户进行聚类分层，比如 K-means 聚类算法、GMM 高斯混合模型聚类算法、Mean Shift 聚类算法、基于密度的 DBSCAN 聚类算法、光谱聚类 Spectral Clustering 等。

第四步，划分用户。

根据定好的指标和阈值，判断每个用户属于哪个分层，然后对所有用户进行打标和分组，并定期更新用户状态。

第五步，优化模型。

模型优化主要是指标阈值的优化。根据分组用户的表现和运营效果，校验模型的合理性，不断调整指标阈值，直到最终达成一个最合理的划分。

3. 模型运营

RFM 模型对所有用户都进行了价值分组，较为动态地展示了每个用户的价值状态和整体用户的价值轮廓。基于模型机制提升用户价值，根据模型中8组用户各自的特点和运营目的，分别制定相应的精细化运营策略，如表5-2所示。

表 5-2　RFM 模型运营

R	F	M	用户	运营策略
高	高	高	重要价值用户	投入更多的资源去维护和保持关系，比如提供 VIP 服务、个性化服务等
低	高	高	重要保持用户	防止用户流失，进行重点激活，主动联系用户，让用户保持消费，可以推荐最新功能服务、优惠活动、专享福利等
高	低	高	重要发展用户	重点发展提升消费频次，可以采取成长激励措施、交叉营销、培养用户心智和习惯
低	低	高	重要挽留用户	给予挽留措施，分析当前问题，制定激活办法，尽量挽留用户
高	高	低	一般价值用户	挖掘用户感兴趣的有潜在需求的高单价商品，通过满减、跨品类大额券等组合营销办法提升消费金额
高	低	低	一般发展用户	需要挖掘用户的需求，突出产品服务能力，推荐感兴趣的内容，提高消费频次
低	高	低	一般保持用户	采取激活措施，投入不用太多，比如进行周期性消费提醒
低	低	低	一般挽留用户	通过活动等激活用户，企业资源紧张时可以暂时放弃此类低价值用户

- **重要价值用户**（高—高—高），是最核心、最优质的用户，企业需要投入更多的资源去维护和保持关系，比如提供 VIP 服务、个性化服务等。（说明："高—高—高"连线中的三个位置的高/低，分别表示 RFM 三项指标价值的高/低，以下同样式表述的规则相同。）

- **重要保持用户**（低—高—高），用户有过高价值，只是最近一段时间没有来，需要防止用户流失，进行重点激活，主动联系用户，让用户保持消费，可以推荐最新功能服务、优惠活动、专享福利等。

- **重要发展用户**（高—低—高），用户黏性、忠诚度不好，但贡献度比较高，有发展潜力，需要重点发展提升消费频次，可以采取成长激励措施、交叉营销、培养用户心智和习惯。

- **重要挽留用户**（低—低—高），用户有过深度使用产品，但近期不活跃了，可能是沉默或者流失，用户有一定的购买能力，是有潜在价值的，应当采取挽留措施，分析当前问题，制定激活办法，尽量挽留用户。

- 一般价值用户（高—高—低），用户黏性和忠诚度很好，但购买力低，可能是价格敏感型的用户，需要挖掘用户感兴趣的有潜在需求的高单价商品，通过满减、满返、跨品类大额券等组合营销办法提升消费金额。
- 一般发展用户（高—低—低），用户对产品缺乏信任，需要挖掘用户的需求，突出产品服务能力，推荐感兴趣的内容，提高消费频次。一般发展用户可能是新用户，但不应该包含新用户，可以把新用户过滤掉，对新用户再单独考虑。
- 一般保持用户（低—高—低），用户消费频次较高但是价值贡献不大，需要采取激活措施，投入不用太多，比如进行周期性消费提醒。
- 一般挽留用户（低—低—低），RFM 三项指标价值均较低，相当于流失状态，可以通过活动等激活用户，企业资源紧张时可以暂时放弃此类低价值用户。

5.4 用户模型汇总

5.4.1 用户模型的主要类型

用户模型的本质是通过某种逻辑和联系对用户进行精细化管理，用户模型有很多种表现形式，也就是有很多种类型。模型运营的关键是了解模型的本质和逻辑，应用时可以灵活使用，也可以多个模型组合使用等。

前面三节详细讲述了最主要的三种用户模型。下面再简述几种常见的用户模型。

1. 用户转化漏斗模型

用户转化漏斗模型，是把某个事物的用户发展路径进行分层的模型，用户一步步转化，就会越来越接近想要的目标，而每一步转化中都会有一些用户损失。这种有步骤的、明确的划分方式和分层运营，便于阶段提升和环节相扣，最终扩大漏斗口径和提高全流程转化，此模型适用于访问和交易流程的优化。

用户转化漏斗模型的一个典型应用是 AIDMA 理论，包括五个环节，分别为关注（Attention）、兴趣（Interest）、渴望（Desire）、记忆（Memory）、行动（Action），如图 5-9 所示，进入移动互联网时代后，又增加了分享（Share）环节。

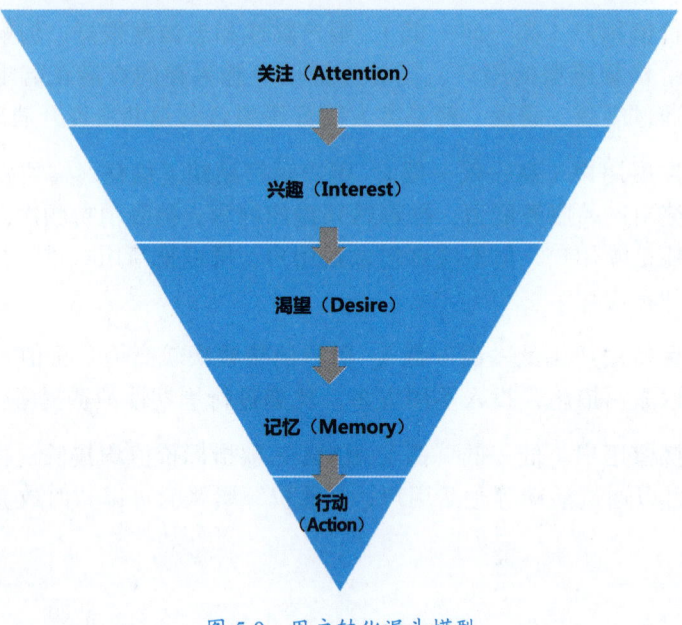

图 5-9　用户转化漏斗模型

2. 用户金字塔模型

用户金字塔模型，是根据某项或多项指标来划分用户等级高低，进行用户等级细分的一种制度，一般在积累了一定用户量后使用。常见的等级划分规则是按价值度把用户划分为五个等级，从低到高，分别是访客、普通用户、活跃用户、付费用户、核心用户，如图 5-10 所示。此模型适用于用户等级体系运营。

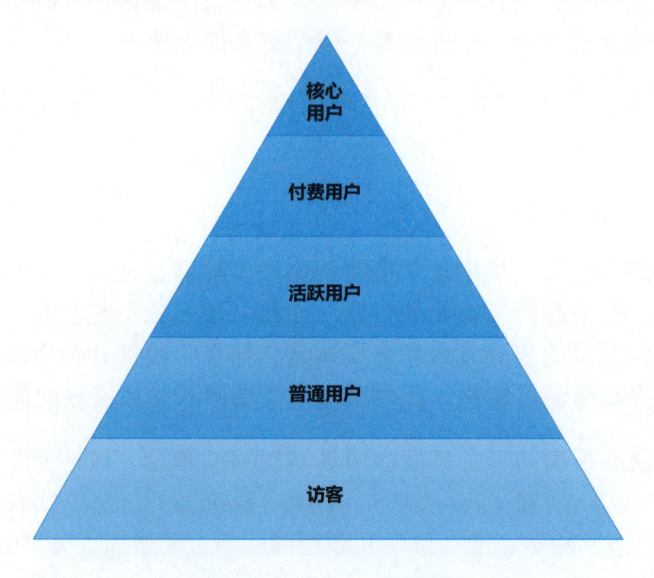

图 5-10　用户金字塔模型

3. 帕累托分层模型

帕累托分层模型，也叫二八定律模型。二八定律是指，在任何一组事物中，最重要的只占其中一小部分，约20%，这20%贡献了80%的结果，其余80%虽然是多数但却是次要的，如图5-11所示。对应到企业用户价值上，一般表示为20%的用户为企业创造80%的价值，企业需要花费80%的资源去服务20%的优质用户。帕累托分层模型就是对这20%和80%的用户进行分层和管理，此模型适用于聚焦核心价值用户运营，比如会员体系。

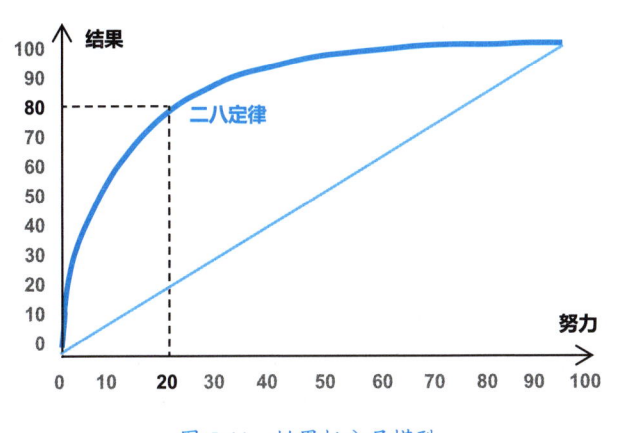

图5-11 帕累托分层模型

4. 用户上瘾模型

用户上瘾模型的目的是引导用户养成积极的行为习惯，模型包括四个阶段：第一阶段为触发阶段，进行行动提醒，通过各种方式提醒和吸引用户进行下一步行动，触发行动动机和意愿；第二阶段为行动阶段，进行行动说服，帮助和推动用户产生行动，让用户有足够的动力和能力；第三阶段为酬赏阶段，给予行动奖励，对行动实时反馈，给予多变的酬赏，以满足用户各种需求，强化行动价值；第四阶段为投入阶段，鼓励用户投入，引导用户增加投入，形成用户资产和隐形价值，为下一次行动做储备，让用户进入投入和行动的不断循环中，有利于形成习惯，使用户"上瘾"，如图5-12所示。此模型适用于用户任务激励体系的运营。

5. 增长循环模型

增长循环模型，即Growth Loops模型，是2018年被提出的一个全新增长框架。模型主要由三个环节构成：输入（Input）、行动/步骤（Action/Step）和输出（Output），这三个环节形成了一个循环系统，从而达到不断的复利式增长，如图5-13所示。此模型常见的应用有病毒式用户裂变、成长激励、UGC内容循环等。

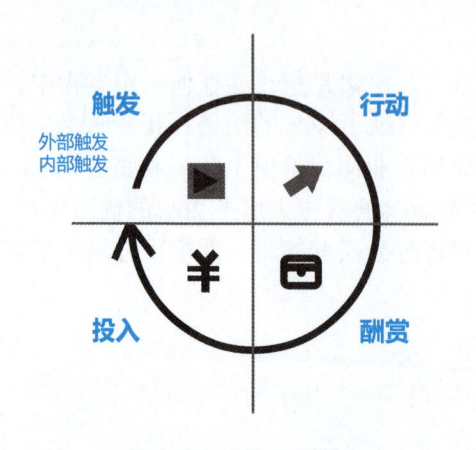

图 5-12　用户上瘾模型

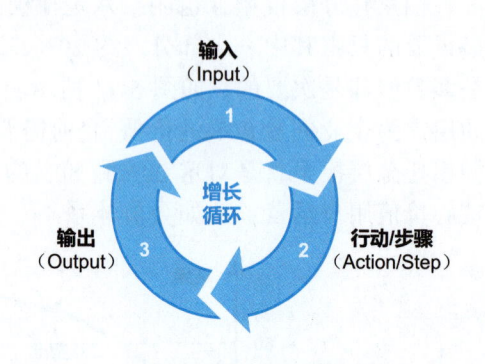

图 5-13　增长循环模型

【案例】

亚马逊的飞轮理论

亚马逊的飞轮理论（Flywheel Model）是一种运营机制，本质就是增长循环模型的逻辑。飞轮里包括多个业务环节，其中任意一点都可以切入，做提升动作，然后通过循环促进整体增长，如图 5-14 所示。比如从选品开始，企业有了更多的选品—更好的用户体验—更多的流量—吸引更多供应商—更低价格商品—更好的用户体验……这就是一个增长闭环。在飞轮里，只要有一个点做得好，马上就能让整个飞轮加速旋转；如果有多个点同时做得好，那么飞轮旋转会带来叠加的提升效果。

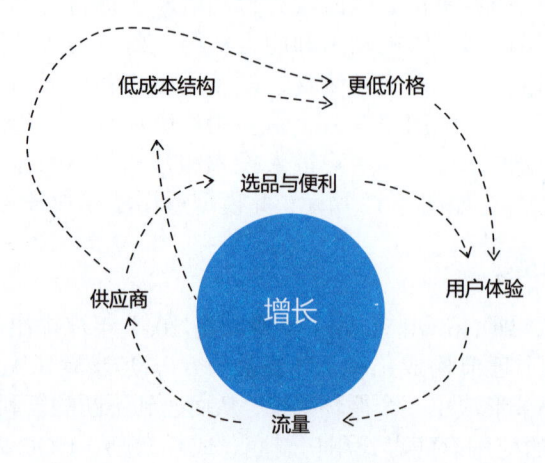

图 5-14　亚马逊的飞轮理论

6. 增长八卦模型

增长八卦模型是 2019 年被提出的，是以供需匹配为基础，从用户的全生命周期来寻找增长点的增长方法论。如图 5-15 所示，外圈是需求侧，也就是用户侧，把用户的生命周期分成八个环节，分别是认知、接触、使用、首单、复购、习惯、分享和流失。对应的内圈是供给侧，表示相应的供给策略，一般指企业、产品、运营用什么办法来解决这个环节遇到的增长问题，八个环节分别对应为：品牌、推广渠道、行为三角、顾虑排除、替换成本、上瘾、NPS、损失厌恶。模型运营的关键是打造 Aha 时刻，通过为用户提供最强价值感来驱动用户增长。

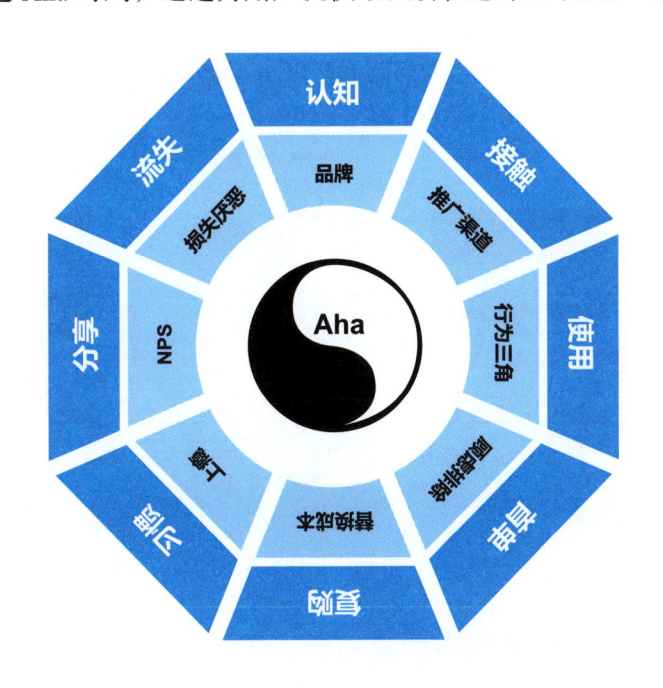

图 5-15 增长八卦模型

7. AISAS 模型

AISAS 模型把用户流量转化，过程分为注意（Attention）、兴趣（Interest）、搜索（Search）、行动（Action）、分享（Share）五个阶段，对用户流量转化过程进行分层和管理，促进流量转化。此模型适用于从公域到私域的流量获取，通过公域的产品展示，引导用户逐步完成私域化的沉淀，这是很多企业，尤其是品牌电商、教育、内容类企业常用的做法，企业跑通模型后在短时间内就能获得较大的用户规模。

【案例】

用户生命周期模型和RFM模型的联合应用

把用户生命周期模型和RFM模型联合在一起，形成一个纵横联合的用户模型，纵向生命周期促进用户健康成长，横向价值提升各项指标贡献，整体提升用户生命周期价值。其实RFM模型就是对LTV的一种拆解。模型最终呈现出一个二维的九宫格用户分布，如图5-16所示，然后进行模型分层用户运营，模型中有三类重要用户需要进行重点运营提升：一是新生的低价值用户，如何让用户留存多次使用；二是沉默或者流失的高价值用户（历史上曾经有过高价值但近期不活跃了），如何重点召回；三是活跃老用户，如何不断提升用户价值。

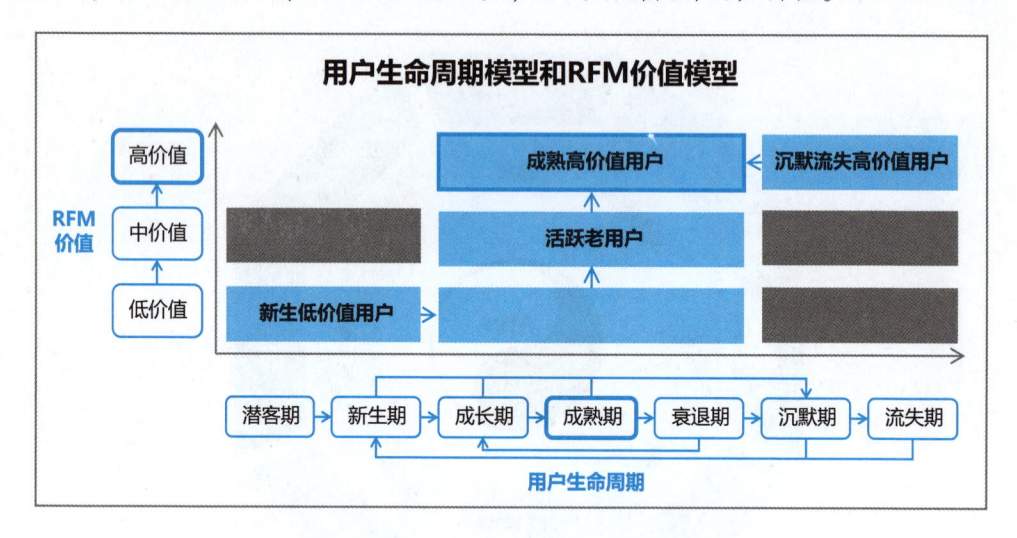

图 5-16　用户生命周期模型&RFM模型

5.4.2　主要互联网企业的用户运营模型

阿里、京东、腾讯、字节跳动的用户运营模型，虽然均有各自的定义和特点，但业务的核心逻辑是相似的，主要围绕用户的增长（流量转化）、成长（用户等级状态）、价值（企业收益）三个方面进行用户运营。

1. 阿里的三大运营模型：AIPL、FAST、GROW模型

阿里的主要模型及逻辑为：AIPL模型用于实现品牌用户资产定量化、链路化运营，FAST模型从数量和质量上衡量用户健康度，GROW模型用于全方位提升收入能力，三大模型都是围绕品牌收益的关键构成进行精细化运营的：

用户×转化×价值=收入

1) AIPL 模型

AIPL 模型是阿里推出的,是用于赋能阿里商家用户运营的工具,仅限阿里生态内部使用。AIPL 模型包括认知、兴趣、购买、忠诚四个环节,四个环节环环相扣、逐步转化,如图 5-17 所示,AIPL 模型本质是个转化漏斗模型。AIPL 模型建立了用户从初识品牌到形成品牌忠诚度的全过程,实现了赋能品牌商家进行用户的定量化和链路化运营。阿里生态里各种产品的精细化运营板块都可以使用此模型,通过阿里妈妈和数据银行,商家可以选择不同群体的用户来进行分层用户资产盘点、数据分析、精细化运营等。

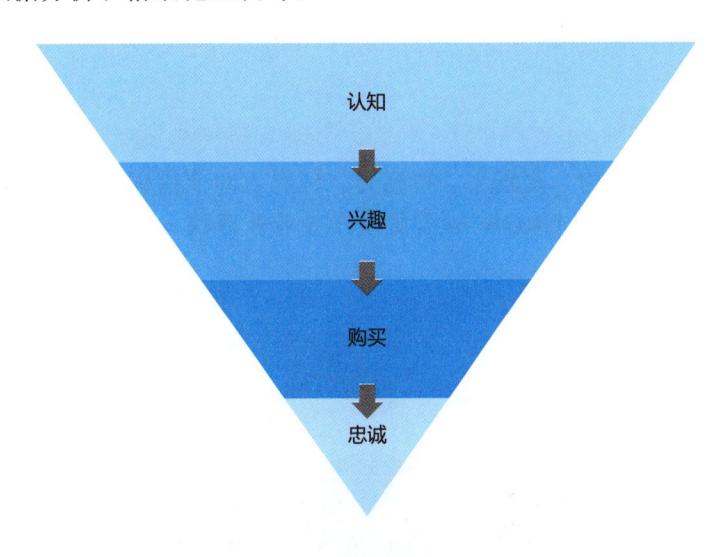

图 5-17 阿里的 AIPL 模型

2) FAST 模型

FAST 模型是由 AIPL 模型发展而来的,在 AIPL 模型用户数量的基础上,再根据质量指标进行价值划分,分析和促进用户健康成长。整体来说,FAST 模型就是从用户数量和质量两个维度来衡量用户健康度的模型。

FAST 中 F 指 Fertility,代表用户总量;A 指 Advancing 代表总用户交易转化率;S 指 Superiority,代表高价值用户量;T 指 Thriving,代表高价值用户活跃率。模型如图 5-18 所示。其中对 F、A 的运营,重点做拉新和"促活",比如渠道推广、流量转化、沉默流失用户激活等;对 S、T 的运营,聚焦于高价值用户运营,一般做老用户价值提升和用户体系化运营,比如维护会员、粉丝等。

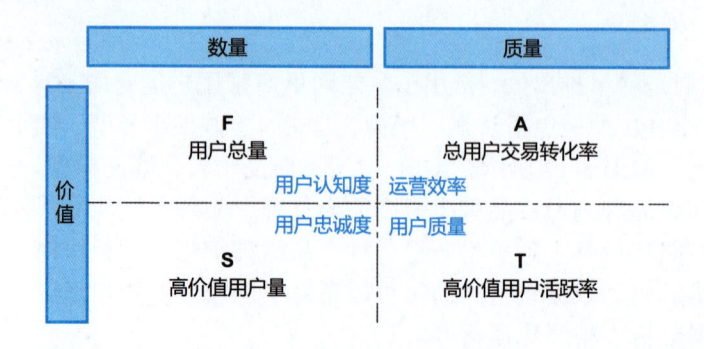

图 5-18 阿里的 FAST 模型

（数量 / 质量）

- **F** 用户总量
- **A** 总用户交易转化率
- **S** 高价值用户量
- **T** 高价值用户活跃率

价值维度：用户认知度、运营效率、用户忠诚度、用户质量

图 5-18　阿里的 FAST 模型

3）GROW 模型

GROW 包括渗透力、复购力、价格力、延展力四项指标，这四项指标是驱动 GMV 增长的关键所在，GROW 模型侧重于企业业务收入能力，能全方位地看待问题，模型如图 5-19 所示。

图 5-19　阿里的 GROW 模型

GROW 模型四项指标及运营提升策略如下。

- 渗透力，指在市场覆盖、用户群体和数量、产品种类和高竞争力、渠道联动等维度渗透更多对品牌总增长的贡献，运营提升策略有用户推广、跨品类商品组合营销、全渠道营销等。
- 复购力，指多用户多频次重复购买产品对品牌总增长的贡献，运营提升策略有交叉推荐、用户召回、习惯培养、体验提升、会员运营等。

- 价格力，指提高购买价格对品牌总增长机会的贡献，运营提升策略有产品功能服务升级、高价格带商品和大包规商品推广、多商品多件数组合营销、用户消费升级引导等。
- 延展力，指通过提供现有产品外其他关联类型产品所贡献的总增长机会，结合品牌产品情况，可以进入更多、更好的市场，用在新产品上可以叫作新品力。

2. 京东的三大运营模型：4A、用户生命周期、GOAL模型

1）4A模型

京东4A模型是京东赋能商家用户运营的一种工具，跟阿里的AIPL模型类似，其本质上也是个转化漏斗模型。4A指认知（Aware）、吸引（Appeal）、行动（Act）、拥护（Advocate），如图5-20所示。4A模型建立了用户从初识品牌到形成品牌拥护的全过程，实现了赋能品牌商家进行用户的定量化和链路化运营。

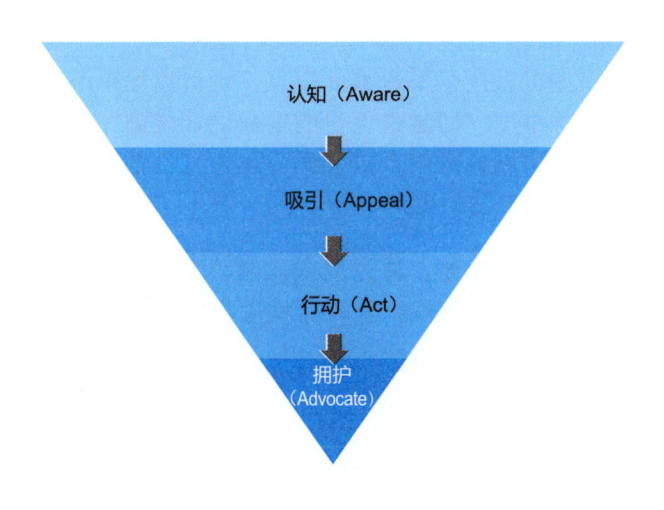

图5-20 京东的4A模型

2）用户生命周期模型

京东依赖多年沉淀下来的用户数据，对用户从引入到成长全过程进行刻画，生命周期各阶段分别为认知期、吸引期、引入期、成长期、成熟期、衰退期、沉默期，建立用户生命周期模型，如图5-21所示，赋能商家，一方面建立统一的用户资产和数据体系，另一方面围绕不同生命周期阶段对用户进行精细化运营。

用户生命周期

认知期 → 吸引期 → 引入期 → 成长期 → 成熟期 → 衰退期 → 沉默期

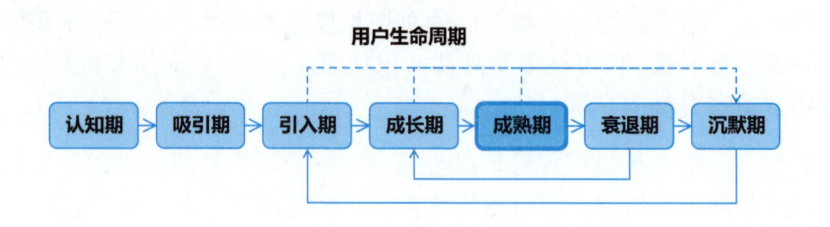

图 5-21　京东的用户生命周期模型

京东用户生命周期模型，是在常规用户生命周期模型的基础上，融合了京东原 4A 模型，形成的新的用户生命周期模型。对比常规的用户生命周期模型，此模型有两处差别点：一是将潜客期拆分成了认知期和吸引期，因为模型主要目的是赋能商家进行用户运营，而商家用户拉新的关键在于从平台公域到商家私域的用户转化，是在京东体系内完成的，可操作性和可控性较高，所以需要更细致的发展阶段划分；二是去掉流失期，原因是用户即使流失了也可能被召回，不是彻底流失，所以将"流失"用户都算在沉默期里。

用户生命周期模型可以按全平台维度定义，也可以按单个品类或者品牌维度定义。如果细分到品牌维度，即品牌用户的生命周期模型，此类模型的定义和运营需要兼顾各个品牌可定制化的用户筛选和分层定义，结合品牌产品特点和用户需求偏好来优化互动机制和提升策略。

京东利用用户模型赋能商家，通过数据化驱动来制定用户增长策略，然后通过数坊和京腾一体化操作进行落地，实现全域用户精细化运营。

3）GOAL 模型

GOAL 模型可以赋能品牌做全链路用户运营，是一种品牌用户运营体系，GOAL 模型包括目标用户群、渗透率、价值、忠诚度四项指标。目标用户群指"谁买我"，帮助品牌找到目标受众人群；渗透率指"来买我"，在目标用户中扩大 4A 总用户数；价值指"多买我"，对已渗透用户提升用户生命周期价值；忠诚度指"只买我"，提升用户对品牌的认可和依赖程度。这四项指标形成了一个增长链路：谁买我—来买我—多买我—只买我，如图 5-22 所示。

京东利用数据优势和平台资源赋能商家，从 4A 开始沉淀用户资产，然后融入用户生命周期提升用户健康度和 LTV，最终整合成 GOAL 模型，进行用户全链路体系化运营。进入存量时代，通过数据化驱动，深耕用户全链路精细化运营，已成为品牌经营的刚需和行业发展趋势。

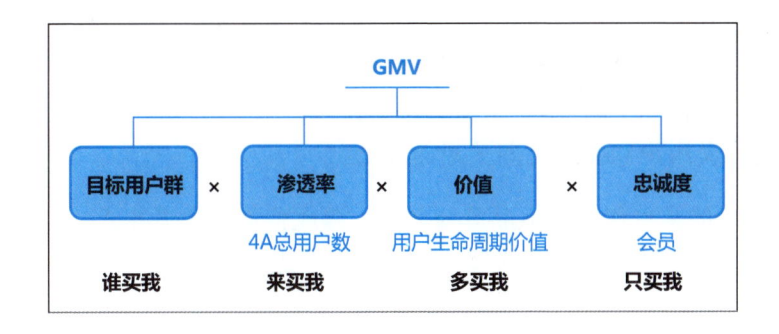

图 5-22 京东的 GOAL 模型

3. 腾讯的三大运营模型：CIT、5R、水轮模型

CIT 模型，是对用户从心理到行为的全链路运营模型，包括认知、兴趣、转化三个环节。腾讯按照 CIT 模型对用户数据进行组织，通过腾讯数据智库 TDC（品牌整合数据资产平台），提供给商家数据管理工具和广告全链路解决方案，帮助商家提升数字化能力，获取更多的业务机会和收益。

5R 模型，是腾讯赋能企业提升广告效果的模型，5R 包括曝光触达、浅层互动、深层触动、转化行动、忠诚复购五个环节，这五个环节描述了广告转化的整个过程，其中前三个 R 为品牌广告的重点，后两个 R 为效果广告的重点。

水轮模型，是腾讯赋能企业私域增长的模型，从五个方向总结了打造私域用户池的关键方法，这五个方向分别是多个渠道引流、打动用户制造好感、激发社交裂变、互动促成购买、深化用户忠诚，五个方向形成合力，共同推进业务的提升，此外，结合对企业内部支持体系的四力方法论，即商品力、产品力、运营力、组织力，形成了由内到外赋能企业经营的解决方案。

4. 字节跳动的主要运营模型：O-5A-GROW

O-5A-GROW 模型，是一个强调以用户为中心的数据化驱动的全链路运营模型，包括从定位目标用户到转化增长再到价值成长的整个过程，实现了从流量管理到用户管理的转变。

O 代表机会 Opportunity，指有机会转化的潜在用户，包括四类：基于流转分析挖掘的人群、基于历史投放高 CTR 扩展人群、用户行为和兴趣定向人群、传统 DMP 定向意向人群。

5A 是转化链路，包括感知、好奇、询问、行动、拥护五个阶段，通过区分阶段的精细化运营，品牌可以更好地推广产品和沉淀私域用户。云图依靠巨量引擎大数据，能够把字节跳动全部用户划分到各品牌 5A 的各个阶段中，为品牌提供相应的支持。此模型中的 5A，来自科特勒在《营销革命 4.0：从传统到数字》一书中提出的定义用户和品牌之间关系的理论。

GROW 指的是价值，包括品牌知名度、深度种草、众媒养成、口碑建设等要素，可将这些要素渗透到运营的每一个环节，形成运营闭环，提升品牌价值。

整体模型逻辑为：O、5A、GROW 每个部分都是一个独立的小模型，三个小模型共同组成一个有机的大模型。首先 O 定位了目标用户及其类型，然后结合 5A 进行转化，O-5A 形成了拉新增长过程。接着结合 GROW 驱动，O-5A-GROW 实现了用户增长、成长和价值提升的全覆盖，如图 5-23 所示。

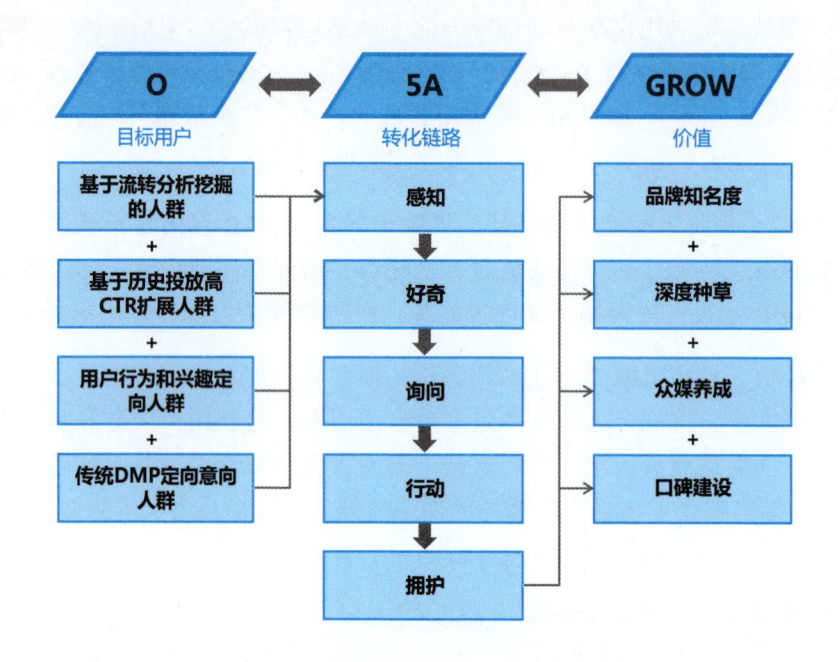

图 5-23 字节跳动的 O-5A-GROW 模型

字节跳动使用的用户模型比较多，还有用户增长模型，是基于生命周期定义的，划分用户增长来源，用公式表示如下：

用户增长=新用户+新用户留存+老用户留存

其他模型不再详细描述。

5.5 用户分层运营的通用方法

不管是什么形式的用户模型，什么样的用户分层运营，底层方法论一般是通用的，可按以下步骤开展。

第一步，梳理用户信息。

对用户进行全方位考量，梳理用户关键信息，包括但不限于以下几个方面。

- 用户自然属性，指用户的基础客观属性，包括性别、年龄、地区等。
- 用户使用产品的行为，包括用户注册、登录、访问、加购、下单、评论、分享等。
- 用户在产品中的状态，指当前用户在产品中的状态，比如需求程度、价值贡献、交易信息、是否是会员用户、是否有虚拟资产、是否有进行中的服务等。
- 用户偏好，指影响行为的用户心理倾向和心智习惯，比如价格敏感型、旅行爱好者、颜值控等。
- 用户场景，指用户所处的环境，用来解决一些特殊场景下的用户使用产品的特殊问题，这些用户要么价值高，要么体量大，而他们的共同属性或者需求相对明显，所以需要深度挖掘和运营，比如很多 App 的新手模式、闲鱼的擦亮功能、拼多多的砍价功能等就是特殊用户场景的特殊运营方案。

第二步，确定分层运营目标和业务逻辑。

用户分层的业务逻辑和表现形式是多样的，在不同行业、企业、产品中，或者在同一产品的不同发展阶段，分层都会不一样。根据用户信息，可以将用户进行多样化的分层，但是，如何进行用户分层，关键还得看最终目标，以及可实现目标的业务逻辑。

用户分层运营目标和业务逻辑的确定方法如下。

首先，界定业务核心指标，从纷繁的数据指标中找到最关键的核心指标，并确定核心指标的关键达成路径和影响因素，掌握业务逻辑。

然后，分解指标，在主要指标基础上，往下层分解，直至找到所有的细分指标，通过对指标的层层分解，分析出用户信息与指标之间的关联，让用户分层以指标结果为导向，使分层运营目标性更强、更简单。

最后，梳理分层及分层运营逻辑，确定分层运营目标。通过前面的两步已经很清楚用户分层运营是要干什么，因此可以确定具体的业务实现逻辑和运营目标。

整体来说，就是通过业务分析和核心指标下钻，确定用户分层运营目标和实现逻辑。所有用户分层都是在特定业务场景下所做的用户细分，了解业务情况，明确业务需求，才能明确相应视角下的目标用户和运营目标，从而做到有的放矢。

第三步，确定分层指标。

基于用户信息，通过分层运营目标和业务逻辑，确定分层的指标维度，需要使用哪些指标对用户进行分层划分。比如，生命周期模型的分层指标可以是用户访问时间、下单时间（首次/近两段时期/末次）、下单频次三个指标。

第四步，确定分层阈值。

有了分层指标，接下来需要确定按这些指标分层的阈值，即确定划分标准。

用户分层指标和阈值的确定需要视具体情况而定，需要考虑产品的行业属性、产品特点、发展阶段、业务目的等因素。具体办法可参考本书 5.1 节提到的指标及阈值具体计算需要考虑的四个方面因素，包括行业特点、历史数据分析、运营策略、实验确认，还有 5.3 节提到的确定阈值的方法，有固定值、平均值、众数、分位数、计分法、聚类算法。

用户分层应遵循 MECE 原则，也叫独立穷尽原则，强调分层的独立性和完整性。遵循此原则，表示用户分层要相互独立、完全穷尽，也就是分层间用户不重叠和所有分层覆盖全部用户。

用户分层是个相对概念，本质上基于一定的逻辑和指标阈值把用户划分出层次，不同分层之间有层次关系，不同层次用户差异明显、有运营价值，然后层次的具体划分办法就可以灵活多变了。

第五步，构建分层模型。

通过分层指标及其阈值，对用户进行分层，构建分层模型。定期对分层用户数据和分层运营效果进行分析，校验并调优模型。根据用户最新信息，定期更新用户分层状态，更新模型数据。

第六步，制定分层运营策略。

根据不同分层用户的特点和运营目标，对不同用户制定和落地差异化的运营策略，实现不同策略之间的有效联动，形成模型运转，从而实现整体用户精细化和体系化运营，达成整体用户分层运营的目标。

第七，关键是数据化驱动。

数据化驱动是用户分层运营能够成功的基础，用户的分层和分层运营都是有逻辑、有依据的，需要基于数据、数据分析、数据技术来进行。用户分层运营的机制不是一成不变的，要实现动态变化，通过数据化驱动，进行不断的优化、迭代。

【轻松时刻】

"打架"行为模型

为了便于大家理解模型的概念，笔者做了一个有意思的模型，模型内容仅供参考，主要用于理解模型的逻辑。

模型："打架"行为模型，是一个二维关系模型，是按用户不同生命阶段进行区分的关于打架心理和行为的关系模型。

模型逻辑：心理决定行为，不同生命阶段用户有不同的心理，因此行为也不一样，得出关系模型，如图 5-24 所示。

模型作用：通过此模型，一方面能直观了解用户不同生命阶段关于打架心理和行为之间的关系，另一方面能根据用户行为表现反推用户的"心理年龄"。

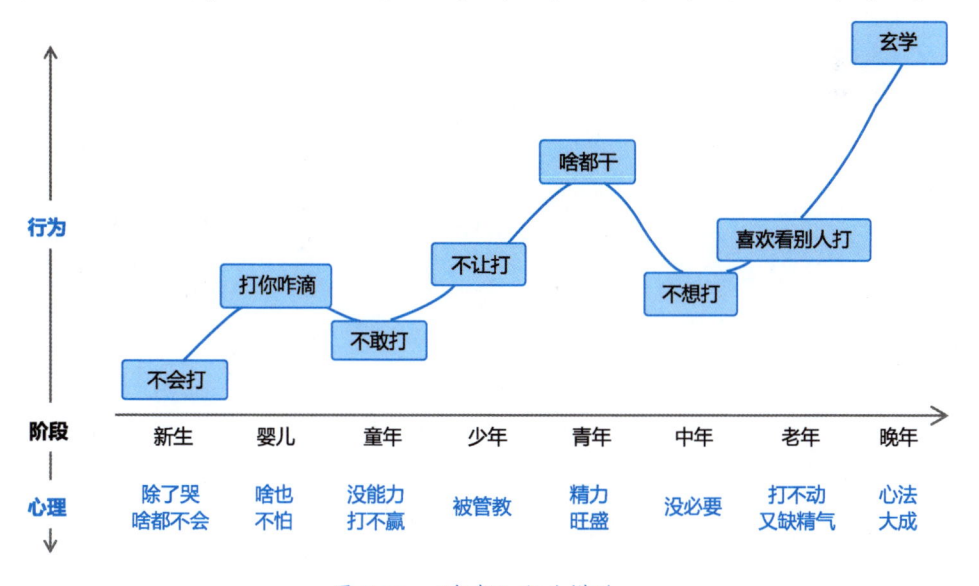

阶段	新生	婴儿	童年	少年	青年	中年	老年	晚年
行为	不会打	打你咋滴	不敢打	不让打	啥都干	不想打	喜欢看别人打	玄学
心理	除了哭啥都不会	啥也不怕	没能力打不赢	被管教	精力旺盛	没必要	打不动又缺精气	心法大成

图 5-24 "打架"行为模型

6 特殊用户运营

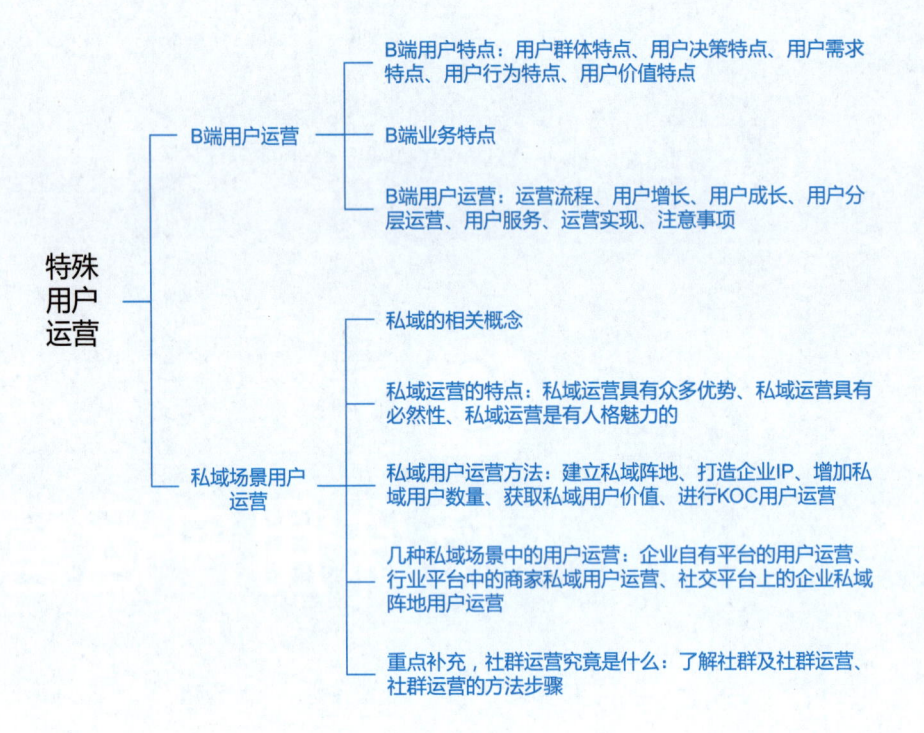

```
                            ┌─ B端用户特点：用户群体特点、用户决策特点、用户需求
                            │  特点、用户行为特点、用户价值特点
              ┌─ B端用户运营 ─┼─ B端业务特点
              │             │
              │             └─ B端用户运营：运营流程、用户增长、用户成长、用户分
              │                层运营、用户服务、运营实现、注意事项
特殊          │
用户 ─────────┤             ┌─ 私域的相关概念
运营          │             │
              │             ├─ 私域运营的特点：私域运营具有众多优势、私域运营具有
              │             │  必然性、私域运营是有人格魅力的
              │             │
              └─ 私域场景用户 ┼─ 私域用户运营方法：建立私域阵地、打造企业IP、增加私
                 运营        │  域用户数量、获取私域用户价值、进行KOC用户运营
                            │
                            ├─ 几种私域场景中的用户运营：企业自有平台的用户运营、
                            │  行业平台中的商家私域用户运营、社交平台上的企业私域
                            │  阵地用户运营
                            │
                            └─ 重点补充，社群运营究竟是什么：了解社群及社群运营、
                               社群运营的方法步骤
```

用户类型不同、场景不同，用户运营策略会有较大的差别，其中比较特殊的两种情况如下。

一是 B 端（企业类型）用户的运营。将这部分用户运营单独介绍的原因是：首先，随着很多传统企业互联网化、数字化发展，以及众多企业业务体系化、生态化演进，越来越多的互联网平台、集团、体系或专门服务企业用户的公司和产品，开始针对这些企业用户提供各种各样的企业服务，企业用户成为非常重要的一类用户，而这些用户的需求以其业务经营为出发点和目的，所需的产品服务和运营策略与普通消费者的有较大差别；其次，企业用户除了传统的企业性质用户，还有新兴的泛 B 类人群，包括达人、主播、讲师、个人媒体、微商、团长、分销者等，对于这些经营性质的群体，除了作为企业角色了解怎么做自己的用户运营，还可以作为企业用户角色了解平台或者其他上游组织如何为自己提供服务，从而推动自己的业务发展。

二是私域场景用户的运营。私域场景的特殊性就很明显了，随着互联网的普及和渗透，以及商业模式的改变，主要的电商、生活服务、社交、内容信息等平台越来越向着综合服务和生态化方向发展，在快速演变的各大生态圈内，在既借助生态的力量又承受着竞争压力的情况下，垂直企业和个体经营者们纷纷开始关注自己的私域用户体系建设，用户资产私有化、用户社群运营、用户裂变增长、存量用户价值提升等私域用户运营成为企业发展的关键。

6.1　B端用户运营

如今的商业活动是复杂的，商业模式是多样的，主要有 B2C、B2B、B2M、C2C、C2B、O2O、ABC 等，其中 B 代表企业（Business），包括企业及其他经营性质的个体或组织，这里统称为企业，C 代表终端消费者（Customer），2 则是 to 的谐音。

- B2C，是企业对消费者的商业模式，一般以零售业为主，是最常见的商业模式。由 B2C 衍生的 B2B2C，是一种新型的商业模式，一般指 B（商家）—B（交易平台）—C（消费者）。但随着平台经营方式的改变，平台由交易场所角色变成了主导业务的角色，平台会挖掘商家价值并给商家提供各种赋能工具和服务，帮助商家发展 C 端业务，然后向商家收取服务佣金，或者借助商家业务来发展平台用户，再进行流量变现，看起来平台在运营 C 端，但本质上是做 B 端生意，所以从价值链传递的角度看，也可以将这种模式理解为 B（交易平台）—B（商家）—C（消费者），比如淘宝（直通车、阿里妈妈）、抖音（巨量千川、巨量百应、巨量星图）等。

- B2B，是企业与企业之间进行产品、服务及信息交换的商业模式，比如 SaaS、PaaS、CRM、云类产品、人力资源服务等。
- B2M，是指面向市场营销企业或者执业贸易经理人的商业模式，所针对的客户群体是该企业和产品的销售者、代理人、经销商或其他类型工作者，而不是最终的用户或者消费者。
- C2C，是指个体与个体之间交易的商业模式，C2C 平台通过为买卖双方提供一个在线交易平台，使卖方可以提供商品，而买方可以选择商品，撮合双方进行交易，比如闲鱼。
- C2B，有时也叫 C2M（其中 M 指 Manufacturer），通常情况为用户根据自身需求申请定制产品，或主动参与产品的设计、生产和定价，产品彰显了消费者的个性化需求，生产企业提供产品的生产服务。
- O2O，指线上与线下相结合（Online to Offline）的商业模式，将互联网与实体店完美结合，实现了线上交易和线下兑现的业务闭环，让用户享受线上优惠价格的同时，又可以享受线下的贴心服务。
- ABC，指由代理商（Agent）、商家（Business）、消费者（Consumer）共同搭建的集生产、经营、消费为一体的电子商务平台。

当 B 作为服务对象时，在 2B 业务中，B 端用户主要包括平台型业务 B2B2C 中的第二个 B、服务型业务 B2B 中的第二个 B。通常 2B 业务和 2C 业务不同，在这些模式的商业活动中，B 端用户运营需要根据用户特点和业务特点，采取特殊的方式和方法。

1. B端用户特点

1）用户群体特点

第一，B 端用户都是经营性质的群体，最大的特点是，所有事项都围绕其业务经营进行，并且以盈利为目的。

第二，2B 业务主要有平台型、服务型两种业务模式，所以按业务模式区分，B 端用户也主要有两种群体，一种是作为平台商家的企业，另一种是只需要购买产品服务的企业（说明：一家企业既可以是平台商家，也可以是需要购买平台外的产品服务的企业，两种情况业务场景不一样，而实际中 B 端用户运营和 2B 业务是基于业务场景的，需要分开来看，所以此处按两种 B 端用户来区分和运营）。

对于平台商家，提供的产品服务都是结合商家的平台业务经营进行的，在平台统一、规范的管理下，商家及其业务经营有一定的条件，商家的基本情况、业务情况、诉求、产品服务使用情况都比较容易了解，比如餐饮外卖平台的商家，商家的特点是都是餐饮店、需要配送服务等。普通的购买产品服务的企业用户情况就更为复杂，几乎所有企业都需要购买外部产品服务，对于这些企业，一般会按行业属性和需求类型进行划分。

第三，B端用户是一个经营单位，一般的用户对象是一个组织，而且有多个角色协同运作，比如常见的角色有：产品使用者、关键决策者、管理者等。

- 产品使用者，大多数情况下是使用产品服务的一线员工，他们更在意工作量是否能少些、工作效率是否能高些、工作产出是否能多些，因为这些都是和本职工作最相关的，也符合很多人想要少干活、多拿钱的心理特点，所以涉及员工操作的产品，比如用户管理类、营销工具类产品，需要重点解决这些问题。

- 关键决策者，一般是企业的老板或业务负责人，他们很少自己使用产品，但是会评估使用产品的投入产出比，决定是否使用产品及想通过产品实现什么目的，负责业务决策并对结果负责，所以在准备产品宣传材料时，必须把产品价值和业务逻辑给关键决策者讲明白。

- 管理者，通常是产品使用者的上级领导或者部门负责人，是企业的基层领导和中层骨干，他们既需要清楚产品的实际使用情况，也需要达成业务目的。他们一方面管理一线员工把工具真正用起来并产出结果，另一方面想着如何能更好地达成企业指标，他们更在意对一线员工的管理、对工作和结果的管控、对产品功能和服务使用的把控，所以一般企业服务产品都包含这些方面的管理功能，比如角色账号管理、审批流程、项目或者任务进度管理、数据报表等。

2）用户决策特点

由于2B产品服务是面向企业需求设计的，一般是一个完整的解决方案或套餐产品，费用较高、产品复杂、与企业业务牵连较多，因此B端用户决策也比较难。

第一，决策链条长。B端用户是一个组织，存在系统运作流程和群体协作模式，所以决策链条上的节点较多，链条及周期较长，会涉及多个业务方面的评估和多个部门人员的协同运作，可能一开始找产品的是技术人员，参与评估产品的包括业务、财务和法务人员，做决策购买产品的是管理者，使用产品的是运营人员，对接的是商务人员，各层级间相互影响、互相协同。

第二，决策成本高。产品价值是决策的关键，产品的功能、服务、售后，以及使用的成本、效率、效果也都很重要，B端用户决策需要考虑的影响因素较多，可能带来的结果影响较大，决策者需要在企业经营层面承担相应的风险。

第三，决策偏理性。B端用户决策需要考虑经营需求，决策需要理性评估和判断。C端用户需求偏向个人消费，相对感性，C端用户可能因活动促销的驱动、内容的触动、直播氛围的带动而被转化。但B端用户重点关注产品服务能带来的价值及需要付出的成本，以及之后的一系列运营等，决策时比较理性。

以上用户决策特点决定了B端用户的拉新和管理维护是需要运营的，需要基于B端用户的特点提供针对性的服务和进行长时间的追踪。

3）用户需求特点

第一，在产品层面，对产品的专业度、安全保障、性价比要求比较高。产品要服务于B端用户的业务经营，需要能够匹配业务，并针对业务需求提供专业的解决方案。产品会参与B端用户的业务经营，所以用户重视产品的安全保障，包括业务信息管理、用户隐私保密、数据存储安全等。B端用户以盈利为目的，会评估使用产品的投入产出比，所以一定要保证产品对用户来说价值大于成本，有很好的性价比。

第二，在营销层面，B端用户作为一个组织，集体的概念大于个人，更容易受到行业龙头、标杆的影响，同时企业之间存在一些圈子，比如行业圈子、业务生态圈子、品牌连锁或加盟圈子、生意合作圈子等，这些圈子往往会把用户团结起来，比较难逐个突破。

第三，在服务层面，做2B产品时，70%是产品、30%是服务，服务非常重要，甚至能决定B端用户留存多久及做到什么规模。2B产品要比2C产品更复杂，用户通常不知道产品怎么使用，所以做B端运营时应更关注"获客"之后用户能否成功使用产品并提供相应服务。在用户购买产品后，重点是要让产品在实际业务场景中运用起来，并且能够给业务带来效果，这才叫成功。

4）用户行为特点

第一，多角色协同操作，B端用户是一个组织，包含多个角色，用户行为也是多角色协同做出的，意思就是一个B端用户账号下会有多种角色或多个人在同时使用产品。比如，按产品功能模块区分有用户管理、活动运营、数据分析等模块，按权限或流程区分有申请者、审核者、操作者、查看者等。

第二，具有持续性，B端用户业务经营是持续进行的，所需的产品服务一般也要持续。比如生产所需的原材料、业务经营所需的管理工具、产品投放的渠道，都有长期采购或使用的需求；也有一次性的消费，比如生产设备，这些设备一般要使用很久，设备费用比较贵，所以设备服务项目里可能包括后期维护，虽然消费付款是一个时间点的事情，但整个交易和服务兑现的过程很长。

第三，具有周期性，B端用户业务经营是周期性、有规律地进行的，所需的产品服务也有周期性，比如每周采购入库一次、每天查看数据报表等。

5）用户价值特点

第一，用户数量少，B端用户是企业用户，数量有限，细分到某个垂直领域或者行业里的企业可能屈指可数，尤其互联网在解决了降本提效问题的同时也加速了优胜劣汰，使得一些行业的资源和业务更集中于头部企业，而尾部企业逐渐退出，虽然这也催生了一些新兴行业的蓬勃发展，增加了B端用户，比如针对用户需求的多元化和个性化问题，抖音小店、直播带货孵化出了大量主播，基于社交平台、开放平台和利用社交资源而衍生的团长，还有由信息和内容带动的创作者等，但所有这些B端用户的总数量比C端用户数量还是少很多。

第二，用户生命周期价值大，2B产品一般收费较高，而且用户一旦使用产品就会持续性、周期性地使用，所以单个B端用户的生命周期价值会比较大。

第三，用户转化成本高，B端用户需求围绕其业务经营展开并且以盈利为目的，决策难、需求多、数量少、价值大，所以比较难转化，往往投入的转化费用也较高。需要注意的是，在实际转化B端用户时，除了关心投入成本，更应该关注用户价值，可以用ROI指标来进行转化效果评估。

2．B端业务特点

1）规模化

随着网络技术和数据技术的发展，互联网化席卷C端业务的同时，也渗透到了B端的各个领域，比如直接给B端用户提供服务，为互联网平台上的商家提供服务，还有为新兴的主播、团长、创作者等个体经营者提供服务。另外，企业数字化转型和工业互联网、产业互联网、农业互联网等B端互联网业务也在崛起，所有这些都使得2B业务范围及B端用户规模逐渐扩大。

2）专业化

B端运营是围绕B端用户的业务经营进行的，由于B端业务种类繁多，所以在做B端运营时，一方面需要服务人员具备专业的能力，理解B端用户的业务和行业，另一方面需要服务事项能够解决用户的专业问题，提供专业的产品和服务。比如，目前很多电商和广告公司都往越来越细分的行业发展，甚至针对大客户提供定制服务。

3）精细化

B端业务在规模扩大和服务专业性提高的同时，必然要求业务精细化运营，包括区分业务类型、行业、用户群体、服务板块等。

4）生态化

在规模庞大、专业性强和区分精细的业务集群中，不同业务之间往往具备一定的联系，比如产业链的上下游业务，利用这种联系，把业务联合起来发展，可以实现资源整合和降本提效，从而获得更多的业务效益。这就是生态化发展的逻辑，也是B端业务发展的必然趋势。

3. B端用户运营

了解了用户和业务，B端用户运营工作就容易开展了。B端用户交易不是一锤子买卖，对B端用户的运营，需要建立全方位的、长期的运营体系，而玩法和形式都不那么重要，关键是通过产品服务的硬实力，结合用户及其经营情况，帮助用户实现业务收益。

1）运营流程

（1）对于平台商家类型的企业。

第一步，用户拉新和入驻，挖掘、拓展并激活商家用户。

第二步，用户基础建设，帮助商家在平台上搭建好业务体系。

第三步，用户培养和成长，赋能商家，给商家提供有利于其业务经营的工具和服务，满足商家需求及解决商家问题，建立商家培养机制和成长体系，协助商家提高业务收益。

第四步，用户价值实现，通过给用户提供产品服务，创造用户价值的同时，实现企业的价值。商家经营好了，平台实力也就强了，平台变现能力也会提升，比如在商家和C端消费者都很多时，平台可以通过给商家提供增值服务来获得收入，通过流量广告来实现变现等。

（2）对于需要购买产品服务类型的企业。

对于需要购买产品服务类型的企业，从商业的本质看，和C端消费者是一样的，都是产品的使用者或服务对象。用户开始使用产品时有一个付费节点，然后成为产品真正的用户。对于这些用户的运营流程如下。

第一步，商机获取，通过数据分析、调研、销售和营销推广、品牌宣传、市场合作等方式，洞察目标用户的商机。

第二步，用户转化，对目标用户的商机进行深挖和跟进，推荐用户使用产品，通过产品服务，促成用户的交易转化。

第三步，服务承接，用户购买产品后，做好后续服务，帮助用户顺利使用产品，获取业务收益，最大化地实现产品价值。

第四步，用户沉淀，维护好用户关系，挖掘用户二次、多次及长期的商业价值。

2）用户增长

（1）用户拉新。

对 B 端用户进行拉新，需要先懂市场、懂用户，再推产品、促转化。

- 懂市场，包括产品所属行业的市场及竞争对手的情况，了解市场的需求规模、发展空间和趋势、竞争状况和现有产品的特色、营销策略、优势和劣势等。

- 懂用户，需要清楚目标 B 端用户的基本情况、业务状况、运营情况、用户业务所属行业的情况及用户痛点问题等。

- 推产品，由于 B 端用户数量少、群体分散、转化成本高，一般广告平台上很少提供企业用户的标签信息来进行筛选和圈定，因此推广渠道侧重"地推"和异业合作，比如线下展会、行业会议论坛、线下代理等，也可以通过线上搜查和数据分析的方式发现线索之后进行一对一的沟通，还可以和与目标用户、用户业务或自己的产品服务有关系的企业进行合作，借助对方的资源实现低成本、高效率的用户触达和转化。推广的内容首先是铺垫产品能为用户解决什么问题，然后重点介绍产品的价值和服务，最后加上企业的口碑、影响力和典型成功案例进行助推。

- 促转化，对于新用户，一方面增强用户转化动力，比如首次使用产品的新用户，以及大量订购或者长期订购的用户，享受更优惠的价格；另一方面降低用户使用门槛，比如 B 端服务一般会有工程师提供产品设置和使用指导服务。制定合理的运营战略和方向，多打造差异化的亮点。

（2）用户留存。

做 B 端用户留存，关键是做好用户服务和维护。服务方面，提供产品的使用指导和培训，以及帮扶，针对用户使用存在的问题优化功能和服务。维护方面，管理用户信息，追踪用户的产品使用情况，保持用户关系，对用户进行回访。

3）用户成长

在用户运营方面，建立用户管理和运营体系。

首先，建立用户管理维护机制，通过 CRM 系统管理维护用户信息，指定专门的负责人跟进用户的服务和管理，比如分配客户经理，定期走访用户，收集用户问题，分析用户业务情况和产品使用情况及效果，宣传产品的新功能和服务项目等。

然后，建立用户成长激励体系，一般针对 B 端用户多采取会员制，用户在通过付费或者满足一定条件成为会员后，能够享受更优质的服务和更优惠的价格，这有利于用户的长期成长。

接着，还需要有用户培养体系，常见的是平台学院，比如淘宝大学、百度营销学院、京东商学院等，可以让用户在平台上学习，掌握更多的知识和技能，从而提升自己的业务能力，提高自身的各项数据指标，最终反哺平台，和平台一起成长。

最后，帮助用户建立更多联系和获取更多信息，比如组建行业商圈或者商会，举办用户之间互动交流的沙龙、座谈，组织用户年度盛典，引入政府合作、集体合作，建设整体业务生态体系。

另外，从企业和产品方面，也需要做很多优化、提升，才能给用户提供更好的服务，让用户成长。比如，企业需要不断打造优质的产品和服务，一家企业的核心竞争力是产品的品质和服务的质量，不断打造优质的产品和服务才能持续增强企业的信任度和影响力。

4）用户分层运营

B 端用户分层运营，首先要找出用户群体之间的差异，比如用户处于不同的转化阶段、具有不同的价值等级等，根据这些差异对用户进行分层，然后对不同层次的用户进行差异化运营，将优质服务和精力聚焦于需要重点发展的用户身上，从而提高运营效率。

（1）区分转化阶段的用户分层运营。

B端业务通常付费周期较长，处于周期里不同阶段的用户，运营目的和方法差异较大，需要进行差异化运营。对于潜在用户，进行用户拉新转化。对于刚付费完成的新用户，了解用户的基本信息和业务情况，帮助用户开始使用产品。对于正常使用产品的用户，进一步收集用户信息和丰富用户画像标签，掌握用户使用产品的情况，监控使用过程是否出现异常，关注并提升产品使用效果，最大化地实现产品价值，这期间可以选择优秀的或者典型的用户，将其打造成用户标杆。对于即将到期的用户，提前总结产品价值，为用户推荐后续可用的产品服务，引导用户续约或者二次付费转化。

（2）区分价值等级的用户分层运营。

随着业务的发展和B端用户规模的增长，用户之间的差异也逐渐显露出来，B端用户也符合二八定律，也会在各种维度上表现出不同状态，通常没办法用一种运营策略去应对所有用户，需要对用户群体进行分层运营，其中最常见和最有效的方法就是按用户价值分层运营。厘清用户价值等级，明确需要全力支持哪些用户，需要重点发展哪些用户，需要使用SOP跟进哪些用户，然后聚焦价值贡献较多的核心用户和价值提升空间较大的优质用户，倾斜服务资源，确保这些用户的健康成长和长期价值实现。

按用户价值对B端用户进行分层，可分为四个层级：

一是核心用户，这部分用户的占比一般在10%~20%，这部分用户贡献的交易量可能占整体的一大半，针对这部分用户需要调动一切可调动的资源进行全力服务，比如提供专享或者定制化的服务项目、配备专门的高级服务经理、制定单独的运营支持策略。

二是优质用户，用户的价值贡献虽然没有核心用户多，但用户质量好、价值提升空间大，也是需要重点运营的群体，这部分用户往往业务好或者潜力大，对产品服务的需求量多、积极性高、配合度高，针对这部分用户，需要培养用户的业务能力和产品使用习惯，促进用户成长。

三是一般用户，就是价值贡献和潜力都比较普通的用户，针对这部分用户的运营，需要分析用户的实际问题，针对具体问题，提供相应的解决方案，按照标准化的正常的用户服务流程和运营流程推进即可。

四是较差的用户，这部分用户的价值贡献低且没有发展潜力，通常是规模比较小或者需求量有限的企业，针对这部分用户的运营，提供标准化服务即可，不需要投入太多业务资源。

5）用户服务

（1）服务类型。

从企业经营效益角度考虑，给 B 端用户提供的产品服务一般分为开源型和节流型两类。开源型产品服务，能给企业带来更多的收入，比如产品的推广渠道或者解决方案、流量变现的广告业务等。节流型产品服务，能帮助企业降低成本支出，通常是工具类或者基础能力服务类的，比如能提升员工工作效率的办公软件、数据统计分析工具、较低费用的云服务器等。

（2）服务机制。

建立用户服务准则，引导用户遵守规则，正常情况下按规则进行用户管理和服务，尤其是对于平台商家用户，对平台而言，有一群合规的商家，能够持续产生价值，是平台最重要的事情之一，能够长久地影响平台的调性、风格。

（3）服务规则。

2B 的产品服务设计一般比较复杂，但尽量不要太过于复杂，可以在为用户提供服务的过程中，不断打磨产品，使之更贴合用户的需求，指导用户使用，推动功能服务的改进，增强用户信心，切记不能忽悠用户。

（4）服务关系。

把用户当成合作伙伴，与用户一起研究出一套用户服务办法，能使用户与企业双方长期共同发展。

6）运营实现

对于 B 端用户的运营，工作上需要更细致的分工和更多方面的协作，对不同业务类型、行业、用户群体、服务板块或运营环节的工作进行区分，用多个企业、部门或岗位的人来分工协作完成，让合适的人做合适的事，使业务整体效率更高、收益更好。比如，在招商环节找合适的合作企业，在业务运营环节，由于比较关键，所以自己运营，在售后环节使用专业的外包服务，而在进行业务运营时，还可以根据所服务行业的不同划分不同的业务部门，或向大客户提供专门的服务人员等。

此外，运营工作还需要系统化推进，将运营工作变为全方位的、有秩序的、有条理的状态，包括流程和信息线上化管理、运营工作线上化推进、用户服务产品化实现、操作自动化完成、业务体系化运营等。B 端业务的运营事项会越来越多且越来越复杂，因此要协调各个业务方进行协同运作、管理各种信息、推进各方面的项目等，采取全人工的方式或者使用碎片化的办法难以应对，需要对运营流程和方法进行系统化升级，比如把常规的操作做成系统功能、对运营流程进行规范化处理、制定用户服务 SOP、上线机器人客服、建立用户成长体系、搭建数据指标看板等，以便提升工作效率和效果。

7）注意事项

第一，不要认为自己比 B 端用户更专业。做 B 端业务通常是给用户赋能，是做用户的生意，而不是做用户业务的生意，不要对用户的业务指手画脚，重点应放在解决用户本身的问题，为用户提供更好的服务。

第二，无论对方是多么大的 B 端用户企业，对接人都是个人。对企业提供服务的同时，也需要关注对企业内部个人的服务和价值，理解个人的特点、喜好及问题，然后进行针对性的运营。切忌对个人徇私或者称兄道弟，大家都是在进行商业活动，需要合规的、公正的、理性的运营行为。

第三，转变思维方式及业务模式，从产品主导转向用户需求引导，从销售驱动转向运营服务驱动。B 端用户只有在特定的业务场景中和明确的目的下才会使用产品，所以对于 B 端用户运营来说，获取有效用户及用户需求，然后进行针对性的运营服务，才是关键。

第四，产品服务和运营策略不要太过复杂，满足用户核心诉求，给用户带来收益的同时，节省用户的时间和精力成本，是变相地给用户提供更多的价值。

6.2　私域场景用户运营

随着互联网的不断发展和变化，流量红利逐渐消失，公域流量的获取成本越来越高，私域用户的价值越来越被重视，很多企业开始把目光从公域流量转向私域用户，大力建设和发展自己的私域。

1. 私域的相关概念

私域是相对于公域而言的概念，私域本质上是与用户建立直接的关系，私域用户指的是那些能够随时触达、自由控制、反复使用且免费使用的私有用户。私域运营简单地说，就是把用户私有化、资产化，做存量用户生意，对存量用户进行管理和维护，长周期和精细化深耕运营，最大化地获取用户生命周期价值。

尤其对于传统品牌而言，私域运营的意义和价值重大，它是品牌数字化转型、用户资产化运作的主要实现方式，也是品牌方自主发展、全面掌握用户关系、线上和线下联动经营的一种新模式。

微信是私域的主要载体之一，是私域运营的主要阵地。凭借社交关系网、去中心化、内容形态多样等优势，微信是目前最适合发展私域用户的平台之一。基于微信生态天然的社交分享环境，以及微信小程序、微信群、微信公众号、个人微信号等工具的加持，尤其是作为商业社交连接器的企业微信的出现，为私域开拓了新的方向，加速了零售品牌在微信生态中进行私域运营的建设。尽管存在诸多限制，比如微信的用户画像不够清晰、缺乏工具赋能、精细化运营效率低、营销数据难统计等，但还是有不少品牌早已将微信作为第二个官网。

另外，根据 2021 年 CCFA 与腾讯共同推出的首部行业级《中国零售业公私域运营手册暨实施指引》，公私域全景图包含四大核心概念：公域流量、公域门店、私域用户池、私域门店。其中，私域用户池和私域门店是私域运营的两大阵地。另外，本书中介绍的私域主要指私域用户池。

私域用户池是承接并容纳私域用户的场所，也是品牌与用户之间的互动场及关系的培养场。根据不同类型平台产品的特点，私域用户池可划分为三种类型，即弱连接（如微信公众号、视频号等，也叫粉丝型）、中连接（如社群等，也叫社群型）、强连接（如企业微信导购等，也叫好友型）。

私域门店则是品牌自营的交易与服务的交付场所，主要包括品牌官网、App、微信小程序、商家自主店铺等，有时也包括 SCRM。私域门店与公域门店相比的核心差异点有两个，一是品牌直接拥有数字化的用户资产，二是交易服务体系也是自有的。

【案例】

优衣库的私域运营建设

曾经有段时间，大家走进优衣库的实体店就会发现，无论是商品标签，还是试衣间、结账台，甚至导购，都在引导用户注册优衣库小程序或者关注优衣库公众号，如果门店里出现衣服缺货的情况，还可以使用小程序进行线上下单。随着用户的扫码注册动作完成，优衣库在微信上又多了一位"用户"。

放在 5 年前，这是零售品牌商们不敢想象的事情，但现如今，随着数字化转型和私域运营的兴起，这种现象已经出现在各类实体服装店、化妆品店及餐饮店中。

2．私域运营的特点

1）私域运营具有众多优势

大家为什么要做私域运营？很多人会说，私域运营能够让用户产生复购、提升GMV，但这些都是表面现象，更深层次的原因是私域运营具有以下优势。

第一，可以直接与用户互动。

传统渠道没办法直接接触用户，所以没办法做服务升级。用户不是一串串数据，也不是KPI上的一个个指标，用户是活生生的人，用心才能赢得真心。做私域可以让企业距离用户更近，可以直接与用户进行接触和互动，了解用户及用户问题，传达企业信息，培养用户感情，建立用户关系，同时这种用户关系链还可以复制转移，发展更多用户进入私域。

第二，可以多次利用用户。

传统的公域流量都是一次性的，用户交易完成后企业与用户便断了联系，要想促成用户二次转化，企业需要再次从公域流量中把用户引流过来。而私域则不同，私域用户是可多次触达的，企业的促销活动、优惠信息等都可以直接传达给用户，有利于用户复购、增加用户黏性和提升用户价值。私域用户正常情况下很少会主动退出，除非产品内容或服务让用户极度反感。

第三，可以影响用户心智。

私域场景中，可以通过与用户直接对话、展示圈子动态和进行内容输出来持续地影响用户心智、建立用户认知、强化品牌形象。

第四，可以沉淀用户及用户数据资产。

用户进入私域用户池后，便成为品牌的私有资产，企业也可获取用户在私域场景中的行为数据，通过对这些用户和用户数据资产进行沉淀及资产化运作，可以持续提升资产价值。

第五，运营成本低。

建立私域阵地及拉新用户进入私域的过程成本不是很高，用户进入私域之后的运营成本也比较低，一般只是费些人力和时间，不需要再支付用户的触达和获取费用。

2）私域运营具有必然性

私域运营的必然性体现在以下几点上。

第一，私域运营是企业发展的必然趋势。

随着互联网流量红利逐渐消失，公域流量获取成本持续攀升，使企业不得不将经营重点从公域转向私域，深挖存量用户的全生命周期价值，才能在未来的商业竞争中保持良性增长。

公域流量虽然基数庞大，但是对于具体企业来说，用户并不精准，难以获取目标用户，成交转化率低。原来粗放式的经营模式已经无法适应当下的经济环境，私域用户体系化、精细化运营成为企业的必然选择。

基于私域的特点和优势，随着私域生态逐渐丰富与完善，企业打造自己的私域阵地，将用户引入私域用户池，通过持续沟通互动和内容触达，实现用户的精细化运营和全生命周期价值。私域运营力成为企业新的竞争能力。

第二，互联网技术和业务为私域运营提供基础。

互联网技术的发展及互联网业务的普及和渗透，让企业更有能力自己构建一个直接2C的经营平台，无论是在官网，还是在移动用户端、小程序、社交平台、物联网等平台上，都能做到直连用户。同时还可以根据自身业务情况、服务特色和用户需求，构筑不同的服务项目和内容。

第三，社交平台和SCRM系统助力私域运营走向智能化。

微信、抖音、快手、小红书、B站等社交平台给私域运营提供了众多场所，平台上的用户及用户心智、社交机制和关系资源、功能和服务、B端业务、数据工具等，为私域运营提供了更多智能化的解决方案，加速了私域运营的进程。

伴随着社交平台的发展，一种依托于社交关系的新型CRM，即SCRM，逐渐走入企业的视野，SCRM是CRM的升级，SCRM与CRM最直观的差别就是多了一个S（Social，社会化），这个S给SCRM赋予了诸多新的属性和能力。SCRM系统主要通过社交网络与用户持续互动并保持双向稳定的联系，帮助企业深耕用户运营。CRM注重的是对用户和销售过程的管理，用户只是一条条数据，但在SCRM系统中，每一个用户都代表社交好友关系。SCRM系统还具有很强的开放属性，企业能通过标准接口，将ERP、OA、营销、数据信息等系统与SCRM系统连接，实现数据互通和协同运作，赋能企业智能化经营。

微信作为私域运营的最佳根据地，基于企业微信的SCRM系统也应运而生。WeSCRM企微云是企业微信的ISV服务商，是可以直连用户微信的企业微信SCRM系统。WeSCRM根据服务数千家企业的经验，总结出了"流量接得住，聊天有工具，转化有方法，客户可经营"的私域运营方法论，帮助企业真正掌握用好企业微信私域的能力，从根本上解决企业的用户经营与管理难题。

第四，公私域联动是行业平台和品牌共同的成长之路。

进行公私域联动，简单来说就是公域和私域相互配合，平台开放自身的公域流量和能力，给企业私域提供支持；企业将公域流量沉淀为自己的用户资产，并通过私域运营提升用户的长期留存率和价值，企业和用户都可以获得更好的发展，这同时也提升了平台的生态能力。只有平台和企业合作，进行公私域联动，才能互相借力、协同发展。

3）私域运营是有人格魅力的

商业的构成要素有人、货、场，淘宝是货找人，抖音是场带货，而私域运营的逻辑是先有人，再有场，然后引入货。私域运营都是基于用户关系进行的，所以私域本身代表着企业，具有且需要有良好的人格魅力。

第一，私域运营是拟人化的。

很多人认为私域运营就是机器人群发消息，这其实还是流量投放的逻辑。这种机械式的运营带来的结果就是用户感到疲惫和一直沉默。私域运营应该是拟人化的，需要具有人的属性和特点，以人的社交方式与用户进行联系。

第二，私域运营是有情感的。

私域运营需要有情感，企业根据业务特点和运营需要，建立私域情感的特色，也就是企业的人格，并与用户进行情感的联系，对发布的内容灌输情感的表达，对用户的互动和反馈给予回应。如果对于用户来说，私域代表了企业人格化，那么这个人需要具备与企业风格、文化、价值观等相匹配的情感特点。这种情感其实是一种长期的陪伴和见证，是一个有温度的存在。通过情感化的人设与用户进行沟通，与用户建立联系，使用户对企业产生信任感，最终与用户成为朋友。

第三，私域运营是可传播的。

通过私域运营，企业和用户建立了伙伴关系，企业和用户之间就形成了千丝万缕的联系，然后通过用户方面的社交关系，这种联系潜移默化地会在更大范围的用户群体内把企业传播出去。用户之间的传播从来都不是一对一的，每次传播带来的增长也不是简单的叠加，而是呈几何倍数的增长。就像朋友介绍朋友，朋友的朋友也是朋友。比如，你有10个朋友，每个朋友各自有10个朋友，然后通过朋友介绍朋友，你就多了100个朋友。

第四，私域用户容易受 KOC 影响。

KOC（Key Opinion Consumer）指关键意见消费者，也就是能影响企业的关键用户。KOC 一般是某些领域产品的深度用户，对产品的见解有一定的专业度，自身拥有一定的影响力和用户信任度，其用户身份更容易贴近其他用户，能够影响其他用户的认知和行为。KOC 的这种影响力也是可以成倍放大的。如何打造和借力正向影响的 KOC，是私域运营的一个重点。对应到现实朋友关系中就是，很多时候大家会通过一个人的朋友来了解和判断这个人。

3. 私域用户运营方法

做好私域用户运营主要有五个方面的事情。

1）建立私域阵地，打造企业 IP

选择合适的载体，搭建自己的私域阵地。私域阵地，用户池方面的载体一般有微信公众号、视频号、社群、企业微信、个人微信等，门店方面的载体一般有官网、App、微信小程序、商家自主店铺等，结合各个载体的特点和能力，企业根据自己的实际情况和业务需要，可以选择一个或多个。

打造企业 IP（或者个人 IP），建立品牌人格和形象，拉近用户距离。私域的背后都是一个个活生生的人，私域运营不是一次性的交易，而是培养与用户的长期关系，赢得用户的信任，所以打造 IP 是必不可少的环节，正所谓"无 IP 不私域"。IP 是企业人格化的表达，是企业的代言人，IP 建设要围绕产品的功能和服务特点展开，这个 IP 可以是个人也可以是企业或品牌，具有一定的属性和人格特点，即人设。对于企业来说，想要与用户拉近距离，需要尽可能地与他们关联在一起，与用户的喜好、需求尽可能贴合，所以需要很好的企业 IP 人设作为连接企业和用户的中间人，通过 IP 帮助企业传递价值和情感。这样用户进入私域后，才知道你是谁、你能提供什么价值、对他有什么帮助。由价值观的共鸣、人品的认可、价值的肯定而使用户产生信任感和依赖感，是企业 IP 的经营逻辑，也是企业 IP 最终的归宿。

2）增加私域用户数

（1）私域用户拉新。

私域用户的拉新，对比常规用户的拉新，在渠道和策略上都有差异。

关于常规渠道的拉新，包括免费的和付费的、线上的和线下的、资源合作的和异业合作的等，可以参考本书 2.1 节中关于用户拉新渠道的介绍。但私域用户的拉新由于目标用户群体、推广内容、转化目的不同，结合私域场景和业务特点，私域用户拉新的渠道和策略也会有所不同。比如，私域场景依托于用户社交关系，而且有利于用户裂变增长，所以更侧重于自媒体运营和用户裂变拉新的方式，像付费广告这种方式用得就很少，毕竟把用户引入私域而不是进行直接的交易转化，没有直接收入，比较难评估投入产出比。

除了常规渠道，私域用户拉新还多了以下几种特殊渠道。

第一，对现有产品用户进行拉新。很多使用产品的用户，很可能并不在私域用户池中，所以需要引导这部分用户进入私域。对于这种场景，可以结合售后服务等业务环节进行组合转化，比如在用户下单后引导用户扫描群二维码，让用户进群后领取产品使用指导资料，这样一来，就给用户进入私域提供了充分的理由，拉新也就容易了很多。

第二，在自己的网站、媒体或通过其他资源推广拉新，利用一切可利用的资源进行引流。可以通过自己的企业官网、App、小程序、商家店铺页面、微信公众号、抖音号、线下活动、实体店等资源，进行私域用户拉新，比如在 App 首页上线引流活动，在商品快递包裹中放入留有二维码的小卡片。通过自己的平台拉新的优势在于，用户是目标用户的可能性更大，用户数据信息较多，可以精准引流，便于私域精细化运营。

第三，从公域平台拉新。电商类的企业可以通过淘宝、京东、拼多多引流，生活服务类的企业可以通过美团、携程引流，在社交平台上可以通过微信、抖音、快手、微博等引流，包括免费获取及付费推广等方式。

（2）私域用户留存。

把用户拉入私域后，需要能让用户留下来，这时就会执行一系列运营动作。

首先，需要经营和维护用户关系。只有持续、用心地服务，才能提高用户满意度和忠诚度。关于维护用户关系，一方面是持续输出高价值内容，真心地帮助用户解决问题，通过内容塑造企业形象，使用户产生信任感，另一方面是情感维护，多与用户互动，比如在节假日、用户生日等重要日子为用户送上祝福，让用户感到被重视，减少用户流失。

然后，建立用户心智，培养用户习惯，主要通过内容运营来实现。私域内容可以从五个维度进行运营：第一，生活类内容，目的是体现私域是"人"在运营，要有温度、有感情、有情绪，积极正面的情绪要有，负面的情绪偶尔也要有；第二，工作类内容，向用户描述我们的工作状态，间接为企业树立良好的形象，比如企业下午茶、同事团建等内容；第三，互动类内容，与用户互动，增进企业与用户的关系，比如对用户提出的意见和建议进行反馈、请赞成的用户回复 666、用户评论送红包等；第四，干货类内容，向用户展现专业能力、精心服务、优质活动、实用技巧、高价值信息等，打造企业专业、靠谱的形象；第五，广告类内容，偶尔发些广告信息，广告信息可以分为两方面，一方面从产品服务出发，介绍产品的价值特点、用户服务、促销活动等，另一方面则是从行业出发，介绍企业获得的荣誉、企业的价值观等。

3）获取私域用户价值

如何进行变现，获取私域用户价值呢？变现是私域运营中最重要的环节，有四种途径可以实现变现。

第一，直接转化。

当用户的信任感很强时，可以通过内容的传达和场景的塑造，引导用户直接交易。企业可以基于私域场景和用户特点，策划活动或者直接推荐产品，促成用户转化。比如，利用私域用户关系的拼团和裂变活动、借力私域烘托氛围的秒杀活动、通过内容种草促成转化、通过直接沟通引导转化等。再比如，对私域用户做直播，在直播中推爆品、限量放送优惠，进而获取用户转化价值。

第二，阶梯转化。

阶梯转化就是分步骤分阶段引导用户实现转化，包括从体验产品到正式使用产品、从试用阶段到常规使用阶段、从低规格到高规格、从初级到高级等，一步一步地引导用户产生目标行为。比如，先通过 9.9 元体验课吸引一批用户，再宣传进阶的 99 元正价课，转化有意向的用户。

第三，引流转化。

引流转化指把私域用户引导到其他地方后再进行转化。有些产品在私域场景下不能直接交易，必须在特定环境中才能交易，比如，对于汽车产品，用户一般在实体店参观和体验后才会付款购买，回收二手物品时需要对实际物品进行估价后才能确定交易。对于这些情况，可以先通过私域进行转化之前的流程，包括产品服务宣传、意向沟通、实际交易引导等，通过私域引流用户转化。比如，先让用户在线上支付定金 100 元，用户在线下实体店完成实际付款时，可以使用这 100 元定金抵扣 200 元费用。

第四，广告变现。

通过私域用户流量进行广告变现，比如常见的在公众号文章的中间或者结尾处插入广告、在视频中插播广告或在视频内容中体现广告产品等，但社群中应尽量少发外部广告，一般都推广自家产品。

4）进行 KOC 运营

进行 KOC 运营的方法步骤如下。

第一步，制定 KOC 运营管理办法。

要想对 KOC 单独做运营，需要先进行分析，厘清现状和需要解决的问题，然后制定 KOC 运营管理办法，具体包括：第一，明确 KOC 运营的目的，想通过 KOC 运营达到什么目标；第二，设定 KOC 人设，确定 KOC 的标准和要求，比如素质、风格、专业能力、影响力等画像标签或者产品行为，用户需要满足什么条件才可以成为 KOC，需要多少个 KOC；第三，确定 KOC 用户运营规则，比如 KOC 的培训、运营支持、任务激励、奖惩办法等。注意，KOC 需要结合企业 IP，至少在人设上需要保持一致或者相协调，运营上也可以协同进行。

第二步，招募 KOC。

通常 KOC 的招募有三种方式：内部选拔、内部培养、外部招募。

内部选拔，指基于 KOC 的标准和要求，对现有用户进行判断，选拔出符合 KOC 标准和要求的用户，可以把 KOC 身份告诉用户，让用户协同运营，也可以不告诉用户，企业主导运营，对 KOC 进行特殊引导或提供特殊支持，通过 KOC 助力实现企业的目标。

内部培养，指对现有用户进行培养，让用户变成符合标准和要求的 KOC，一般是从种子用户、忠诚用户等优质且有潜力的用户中筛选或招募适合培养的用户，向其发出 KOC 培养邀请，为其介绍企业文化、品牌理念、价值观、产品服务，介绍 KOC 项目、成为 KOC 的好处、如何能成为 KOC，然后帮助用户成为 KOC。

外部招募，在企业外部招募 KOC（包括 KOL）时，主要包括行业达人、主播、微商、淘客、团长、创作者、明星等群体，KOC 的角色定位可以是产品体验官、品牌代言人、分销伙伴等，这些人需要具备一定的专业能力、内容创作能力、用户影响力，并认可本企业的产品，愿意成为 KOC（KOL）。企业给 KOC 提供支持，包括货源、内容、活动、运营工具、物流和售后服务等一体化的解决方案，并提供服务费用或其他形式的报酬。企业要力求为这些自带流量的流量主或具有传播能力的个体经营者，提供一种高效、稳定且极具扩展性的变现方式。

第三步，管理 KOC。

首先，端正态度，与 KOC 形成合作伙伴关系。KOC 也是企业的一种资产，企业赋能 KOC 使其发挥更大的价值，通过双方之间的协作，与 KOC 之间形成价值绑定。

然后，按规则施行 KOC 运营管理。对 KOC 进行培训，指导 KOC 如何操作及运营，比如分享成功案例。为 KOC 提供支持，打造其容易发挥的舒适场景，提供更多的工具和帮助，比如对与 KOC 相关的内容进行置顶和推流等。给 KOC 布置任务，激励其完成任务，比如转发朋友圈可获得礼品等。对 KOC 进行奖惩，管理并提升 KOC 的质量，对表现好的 KOC 进行物质或者精神奖励，鼓励其表现得更好，对于表现不好的 KOC 进行惩罚，对于有严重问题的甚至可以取消其 KOC 资格。

第四步，提升 KOC 的价值。

KOC 的价值在于，可以通过 KOC 的社交影响力，获取更多价值，实现方法有如下五种。

- 让 KOC 成为用户标杆，带头使用产品或者参与活动等，起到模范作用。
- 让 KOC 产出内容，KOC 自创的 UGC 内容往往以生活化、个性化风格呈现，加上 KOC 自带的影响力和用户信任感，能让其他用户与企业产生更紧密的互动，从而带动或促使其转化。
- 让 KOC 传播内容，因为 KOC 有自己的社交圈层和受众用户，让他们转发企业的优质内容，企业可获得更高的用户触达率和更好的转化效果。
- 让 KOC 直接拉新用户，基于 KOC 的社交圈层，通过 KOC 与其他用户的直接沟通及互动，或者通过其他方式，让他们为企业拉新用户。
- 让 KOC 协同企业经营用户，KOC 建立社群，或者建立以 KOC 为核心的社群，或者打造以 KOC 为核心的私域场景，KOC 协同企业一起进行用户运营。

4. 几种私域场景下的用户运营

私域是相对公域而言的，私域场景类型主要包括：企业自有平台、行业平台上的商家私域阵地、社交平台上的企业私域阵地等。

1）企业自有平台的用户运营

企业自有平台主要包括 App、小程序、Web 及 H5 网站，这些是企业最主要、最基础的场景，本书通篇介绍的用户运营主要都是针对这些场景做的。

2）行业平台上的商家私域阵地用户运营

行业平台指互联网各个行业里规模较大的信息和服务平台，比如，电商行业平台有淘宝、京东、拼多多等，生活服务行业平台有美团、饿了么、携程等，内容行业平台有小红书、知乎、豆瓣、百家号等。

在传统的中心化模式下，平台是商家与用户交易及沟通的中心，对流量、交易和用户关系有强控制力。但平台中心化成本越来越高、增长放缓、瓶颈突显，随着平台的社交化、内容化、去中心化，平台对商家和用户的控制力开始逐渐减弱，而商家与用户产生直接联系并进行交易的成本更低、效率更高，用户的价值不断上升，**商家私域用户运营成为各行各业发展的趋势**。

从平台的角度，一方面通过技术合作、投资收购等方式向外部持续获取流量，另一方面，则开始不断创新产品和模式，加强平台内部商家和用户的黏性。对平台而言，增长放缓使其进一步收紧了对流量的控制，把精力聚焦于存量用户的运营上，协同商家一起经营用户资产。比如，淘宝平台主要通过内容化来发展商家私域，包括有好货、淘宝直播、逛街、淘友圈、淘宝店铺等频道，它们都建立在商家和用户的互动基础上。

从商家的角度，行业平台上的私域运营，除了要运营人与人之间的社交关系，还需要注重人与商品、人与店铺及人与品牌等之间的多重关系，可以联合商家的业务进行协同运营。商家在行业平台上的私域阵地，主要形式有店铺主站、品牌馆、社区、粉丝机制、会员机制等。

但是时至今日，依旧有很多商家认为想要做好平台店铺，只要弄懂

$$GMV=流量×转化率×客单价$$

再把平台的引流工具使用好，就万事大吉了。其实，这样的想法是完全错误的。这是只注重当下流量转化的解决办法，支撑不起一个店铺的持续经营。商家需要更注重用户的持续价值，才能保持业务的持续增长，商家需要留住用户，把用户变为商家的私有资产，进行用户全生命周期的运营。

所以，拆解 GMV 的更重要的逻辑应该是

$$GMV=用户量×生命周期价值=用户量×交易频次×客单价$$

那么，如何做好商家店铺的私域用户运营呢？主要分下面几个步骤进行。

第一步，建立商家私域阵地。比如淘宝里的品牌号，可以将其理解成淘系公众号，通过品牌号，商家可以积累和运营自己的粉丝用户，比如可以主动给用户推送信息，用户收到的信息会显示在淘宝 App 的底部菜单栏的"消息"频道中，在品牌号用户达到一定规模后，还可以给用户打标签，进行精细化运营。

还有淘宝的会员通，顾名思义就是淘系会员体系。通过会员通，商家可以利

用平台提供的各种运营工具和手段进行会员用户运营，比如制定会员等级规则、发放会员券、投放会员礼品、设置会员专享价格、设计会员专属活动、配置会员任务和积分奖励等。

第二步，拉新用户，把用户导入私域中，并维护好用户关系，做好用户服务。

第三步，激励用户成长，对私域用户进行运营，实现用户价值。

3）社交平台上的企业私域阵地用户运营

社交平台指以社交为核心和目的的服务平台，主要有微信、抖音、快手、微博等。社交平台上的企业私域阵地，主要形式包括企业IP、圈子、好友，对应到微信里就是公众号和个人号（自媒体）、社群、通信录朋友。

微信平台的私域运营，是通过各种工具，以打造生态的方式，帮助企业管理用户，从获客/触达到全生命周期运营，将流量变为留量，构建用户从拉新到转化、复购，再到裂变的完整闭环链路。微信平台从公域到私域的运营，整体逻辑如下。

首先，微信建立了高度去中心化的社交工具，从而形成了强大的流量基础，这些流量通过社交形成了强关联。

然后，在此基础上，微信建立了微信公众号、视频号、朋友圈等内容平台，在社交关联之外，增强企业及个体用户的影响力，企业有了获取用户的免费通道。当然，也可以通过广点通等以付费广告的方式获取流量。

最后，通过微信群和微信小程序进一步沉淀用户，其中微信群实现了企业与用户的紧密沟通和联系，微信小程序则实现了业务转化。

另外，个人服务号和企业微信则让企业能够以个人形式关联个体用户，以社交化的方式实现业务经营，比如顾问式的一对一服务、导购式的定向销售转化。

【案例】

实体店通过微信平台建设私域

如今，如图6-1所示，实体店门口摆放二维码已成为流行，商家通过微信平台建设私域阵地，进行私域运营和公私域联动，这是很常见的运营手段。商家先通过微信小程序、微信公众号把线下流量引流到自己的线上私域用户池中，并给予用户一定的激励，比如用户可以到线上领取优惠券、可以积分，实现用户沉淀，然后在私域中对用户进行长周期的、数字化的、系统化的运营，推广各种产品服务、宣传各种活动等，引导用户线下再次进店或者通过线上电商进行多次交易，建立用户积分或会员体系促进用户健康成长，进而产生可持续的变现，获取用户更多的全生命周期价值。

图 6-1　到处可见的实体店门口的二维码

抖音、快手等社交平台以内容为载体，内容形式以短视频为主，而短视频是富媒体的表现形式，其业务核心仍由产品逻辑和内容生态所决定。

抖音更关注平台推荐内容，打开抖音会直接进入"推荐"板块的全屏模式，用户通过在屏幕上上下滑动来更换视频内容，这种推荐内容和懒人交互方式提升了用户的黏性，但也削弱了用户改变的意愿，访问所在地和"关注"板块的用户较少，用户的注意力黏在了头部用户的优质内容上，中心化程度较高。抖音的流量更多地掌握在平台手中，媒体属性较强，私域生态仍在探索中。

快手更重视用户社区，快手的"精选"板块是全屏模式的，但"关注""发现""同城"三个板块的交互方式是瀑布式的，快手内容的集中程度没有抖音那么高，需要用户挑选内容，这也是这几个板块用户访问量较大的原因。瀑布式交互方式结合平台推荐算法共同塑造了快手平台的社区属性，所以快手更强调用户间的关系，私域生态相对成熟些。

抖音和快手平台上的私域运营与微信上的差别较大，抖音和快手这种社交方式和产品形态，导致进行私域运营的企业和业务特点有所不同。对于传统性质的企业，除了电商类和生活服务类企业在抖音和快手平台上做用户沉淀，其他企业使用得不多。对于泛 B 类人群（经营性质的组织或个体），比如主播、达人、创作者等，进行私域运营的较多，他们通过内容"圈粉"，引流到自己的私域用户池，然后通过自己的私域进行广告或者带货变现。

5. 重点补充：社群运营究竟是什么

社群运营是目前最重要的、使用最广泛的一种私域运营方法，是社交平台上私域运营很关键的一个板块。伴随私域概念和用户资产概念的普及、社交资源和社群工具商业化的推进，社群运营几乎成为每个企业的标配，社群及微信生态成为企业必不可少的运营渠道和商业工具。

1）了解社群及社群运营

根据百度百科的定义，社群（Community），广义而言，指在某些边界线、地区或领域内发生作用的一切社会关系。它可以指实际的地理区域，或在某区域内发生的社会关系，或较抽象的存在于思想上的关系。可以简单地认为，社群就是一个用户群体，但是社群需要有一些自己的表现形式。比如，我们可以看到社群有社交关系链，不仅是拉一个群，而是基于一个点、需求和爱好将大家聚在一起，有稳定的群体结构和较一致的群体意识，成员有一致的行为规范、持续的互动关系，成员间分工协作，具有一致行动的能力。除此之外，Worsley（1987年）曾提出社群的广泛含义：社群可被解释为地区性的社区，用来表示一个有相互关系的网络；社群可以是一种特殊的社会关系，包含社群精神或社群情感。

本书中所说的社群运营，是指通过社交工具对拥有某种关系和结构的用户群体进行的运营。

社群的载体，也就是社群运营的工具，包括微信群、QQ群、飞书群、YY群、钉钉群等，其中微信群在商业领域使用较多。微信群的优点是用户数量大、活跃度高、产品功能完备，缺点是微信常用于用户的日常生活和工作，并且微信信息量太庞大，导致微信群中运营的商业内容容易被平台屏蔽或被用户忽视。

按照社群的定位和运营模式可以对社群的类型进行区分，主要分为三种：第一种，营销型社群，是指营销频率高，以营销活动、优惠分享和销售转化为目的的社群；第二种，内容型社群，主要进行企业、品牌、产品或服务内容的运营，通过在群内发布内容，包括产品内容介绍、服务教程信息、用户话题讨论等，触达用户并持续解决用户疑问、满足用户需求，维持群内用户活跃度，进一步提升用户价值，内容型社群在知识教育、医疗健康、母婴、美妆等行业的应用最突出，这些行业是知识密集型行业，用户对产品服务相关的全链路信息有着强烈的需求；第三种，服务型社群，主要是为用户提供服务，包括售前及售后服务，适用于重服务型行业，比如用于医美或生产设备类产品售后兑现过程中的使用指导和服务指导。

社群运营之所以受欢迎，是因为它具有很多优点。社群能够让企业与用户之间产生更直接和密切的联系，解决大多数企业现如今面临的流量成本高、获客困难、用户触达和互动困难等问题。具体优点包括：第一，持续拥有流量，并且是精准的流量，可沉淀用户资产；第二，内容传播快，容易转化和裂变，可获取更多用户价值；第三，加强与用户的互动，增加用户黏性，可促进用户成长。

基于社群的属性和优点，社群运营的目的可以归纳为以下几种：第一，培养用户，通过社群可进行用户资产沉淀、用户裂变增长、引导用户交易、培养用户兴趣、陪伴和促进用户成长等；第二，传播信息，比如传递企业文化和价值观、宣传品牌、推广产品、进行活动通知等；第三，服务沟通，比如在减肥群中进行任务监督、饮食指导、效果展示等；第四，营销转化，比如在群里发放产品优惠券促进用户转化。

2）社群运营的方法步骤

在私域生态圈中，作为能够直接且高效连接用户的社群运营，是私域运营中必不可少的环节之一。那么该如何进行社群运营呢？下面是从 0 到 1 做好社群运营的主要步骤。

第一步，判断是否适合建立社群。

近几年，社群运营的火爆让很多企业开始盲目跟风，不管三七二十一，赶紧建一个微信群，把用户都拉到群里，然后每天简单发些"乱七八糟"的东西，这样不仅得不到收益，反而可能对用户产生负面影响，让用户认为企业在过度营销、急于追求利益，或者企业服务不好、不够专业，最终导致用户流失，甚至产生了不好的口碑，树立了不好的企业形象。

社群运营通常是持久战，需要消耗很多时间、人力、物力和财力成本，社群运营是一件复杂的事情，需要业务逻辑依据、系统化的设计及专业的运营，要有明确的目的、足够多的资源支持等。

在正式做社群运营之前，需要考虑清楚做社群运营的目的和社群能解决什么问题，根据自己业务的情况，判断自己的产品是否适合做社群运营。可以考虑下面几点。

- **用户属性方面**，先要想清楚目标用户的定位，他们是一个什么样的群体，是否依赖社群而存在，是否有相互分享、学习的需求等。比如，学习商务英语的人，社群作为多对多的交流互动平台，可以进一步提供学习交流场所、创造学习氛围和激发大家对学习的热情。

- **产品服务方面**，可以从产品使用周期长短、操作复杂程度、是否具有延伸性等方面来考虑。比如，对于一些使用操作简单、激不起话题讨论的产品，就不适合做社群运营。
- **业务运营方面**，可以从是否适合做社群营销、是否需要做内容宣传等方面来考虑。比如，团购类业务多买多优惠，在社群里发起团购邀请，用户会自发地根据需求和目的形成一定的团购规模。

第二步，做好社群规划。

如果适合做社群运营，那么接下来就要考虑社群的规划，可以从下面几个方面来考虑。

第一，方向定位。考虑清楚建这个社群的目标是什么？要解决哪些问题？社群能够提供哪些价值？这些信息取决于产品的行业属性和特点、业务运营的目的和策略。目标是社群后续所有运营和执行的基础，但如果方向不对，之前的努力会白费。

第二，用户定位。需要确定社群的目标用户群体是哪些人？用户规模多大合适？这些信息可以从社群的方向定位、发展规划、运营策略、运营成本等方面考虑。确定需要对哪些用户进行社群运营，应该吸引哪些目标用户加入这个社群，用户画像是什么样的，需要多少用户。如果是一些通用的营销群、内容信息群，用户自然越多越好，而如果是针对用户运营和服务的社群，用户最好控制在 200～300 人，这样可以根据社群用户的属性对社群及用户进行标签化管理，有利于对社群用户进行精细化运营。实际使用时需要注意，一般社群平台对社群数和群内用户数有限制，像企业微信社群，是企业专门运营用户的外部群，也就是通常大家所说的用户群，目前最多可容纳 500 人，但是群用户超过 200 人之后就无法再扫码进群，只能手动添加，而长期手动添加群用户也会有风险，比如被封号或者限制登录，此时可以启用微信小号，建立多个社群。

第三，确定成员角色。

社群内角色的分配也是一门学问，角色划分得好不好，社群的人员结构搭建得合不合理，都会对社群的运营效果有影响。

- **群主**，即群领导者，负责管理社群，进行群内用户的管理、日常活动的组织、内容的发布、秩序的维护等。

- **管理员**，配合群主进行群管理工作，一般可以设置1~3个管理员，帮助群主维护群内日常秩序，协助群主组织活动，配合群主进行一些话题的互动等。

- **KOC**，在社群中拥有天然的影响力。社群里的这类用户比较关键，所以要尽可能发现群里的这类用户或者邀请这类用户进群，然后让这类用户在群里输出或分享有价值的信息，比如参与群内话题讨论、活跃群氛围、带头参加群活动等。

- **活跃者**，负责营造社群氛围。可以是用户也可以是企业员工，在社群里发现或者培养较为活跃的用户，或者在需要的时候，可以适当地找几个人来活跃群内氛围，带动大家展开话题讨论，避免冷场尴尬。

- **普通用户**，群里除了上述成员，其他的用户都可归为普通用户，这类用户在群里没有特殊角色，但并不代表普通用户的用户价值也普通。

第三步，建立社群并制定管理办法。

根据前期社群规划，从0到1搭建社群。社群管理可以使用第三方工具，比如建群宝、企微宝、小U管家、微伴助手等。

（1）确定社群载体，建立社群。

（2）设置社群基本信息，包括群名称、群说明等。

（3）拉职能角色人员入群，并分配角色权限，包括管理员、KOC、活跃者等。

（4）进行社群基础配置，包括群公告、关键词自动回复、广告过滤规则、黑名单等。

（5）制定社群管理规则，包括设置入群门槛、入群仪式、互动规则、违规处理办法等，并发布群通知和公告。

- 设置入群门槛，用户入群门槛越高，社群精准度和质量越高，尤其对于核心用户群体或者有特殊目的运营的社群，需要有合适的入群门槛，比如采取特殊邀请机制、交易条件限制、身份要求限制等。但如果是从增加用户数的角度考虑，也可以不设置门槛，毕竟所有用户都是有价值的，就看怎么挖掘和利用，所以实际上很多时候社群是没有门槛的。如果不设置入群门槛，用户的属性和质量将无法控制，社群运营的效果可能也就不能保证。

- 设置入群仪式，是社群运营很重要的环节之一，它关乎所有用户对社群的第一印象和认知，可以引导、帮助新用户快速了解和融入社群。根据社群的具体情况和特点，设置入群流程，比如"邀请新用户进群—发送欢迎语和礼物—大家欢迎致辞—新用户自我介绍"，其中可以要求用户按"欢迎加入+群介绍+群服务+群活动+群规则+祝福语"的结构发送欢迎语，让新用户感受到社群的价值、温暖，进而产生归属感。
- 制定互动规则，比如禁止刷屏、禁止发布个人广告等无关信息、禁止同行进入等。
- 制定违规处理办法，比如不遵守规则者将被移出社群。

第四步，社群用户拉新。

社群建好了，就可以开始往社群里拉新用户了，拉新方式和方法同前面介绍的私域用户拉新一致，此处不再赘述。

第五步，社群日常运营。

社群是一个业务场景，对社群的运营就是对社群场景下的整体业务的运营，包括如下几个方面。

（1）社群目的导向的运营，即根据社群目的进行的运营。比如，如果想培养用户，就要使用户尽量沉淀，拉入社群，然后培养用户的使用习惯，周期性地引导用户发生周期性的行为。如果要进行服务沟通，可根据用户服务需求、企业服务目的、服务规则等进行用户服务。

（2）社群用户运营。除了社群用户日常拉新，对社群已有用户，基于社群场景，进行用户信息、画像标签、数据等用户资产管理，进行用户促活、用户成长激励、用户精细化运营。比如，在用户促活方面，定期发布主题分享或者进行讨论互动、每天发布秒杀活动、不定期发送随机红包等。在用户成长激励方面，发放高门槛优惠券等。在用户精细化运营方面，可以根据不同的画像标签把用户拉到不同的社群里，然后对不同的用户社群进行不同的运营，也可以直接对社群里的用户打标签，并进行差异化运营。

（3）社群活动运营。可以在社群里分享产品活动，也可以针对社群场景单独设计活动。比如，可以邀请行业专家、KOC等进行群内直播活动或者主题讲座，这样做不仅可以很好地与群内用户进行互动，还可以塑造企业的形象，实现更多的业务收益。完美的社群活动其实是一场环环相扣的"拉新+促活+转化成交+裂变"的增长模式。

（4）社群内容运营。内容是社群发展的根本，也是吸引用户的重要手段。没有高质量内容的用户社群，很难建立品牌影响力，也很难形成长期的运营转化价值。通过内容运营，传递内容信息，打造用户心智，引导用户转化。

（5）社群数据运营，通过数据驱动运营提升。比如，对于企业微信社群的运营，后台有强大且丰富的数据统计功能，可以对数据进行分析，及时发现运营问题或者挖掘有价值点，然后执行针对性的提升动作。

（6）社群运营管理规范。搭建社群运营 SOP，把社群日常运营工作标准化。通过 SOP 能够明确运营规则，指导运营工作，能够沉淀运营方法，给其他人或其他社群运营提供参考。

7 提升用户服务水平

```
                                  ┌── 什么是用户体验

                   ┌── 提升用户体验 ──┼── 如何度量和提升用户体验-五步
                   │                │
                   │                └── 用户体验度量的应用场景：用户交互体验、用户旅程体验、
                   │                    用户满意度评价、NPS推荐值评估、产品项目和活动的测
                   │                    试或者效果评估、品牌评估
提升
用户               │
服务 ──────────────┤
水平               │                ┌── 客服中心对企业的价值
                   │                │
                   │                ├── 如何搭建完善的客服体系：构建客服体系框架、确定服务
                   └── 做好服务保障 ──┤    准则和流程、建立指标体系、制定管理制度
                                    │
                                    ├── 客服工作的技巧：做危机处理，更要做预防管理；实施积极
                                    │    主动的客户服务；充分尊重客户，态度诚恳，热情，乐观；
                                    │    服务一定要专业；注重服务效率
                                    │
                                    └── 简单说说智能客服和ChatGPT
```

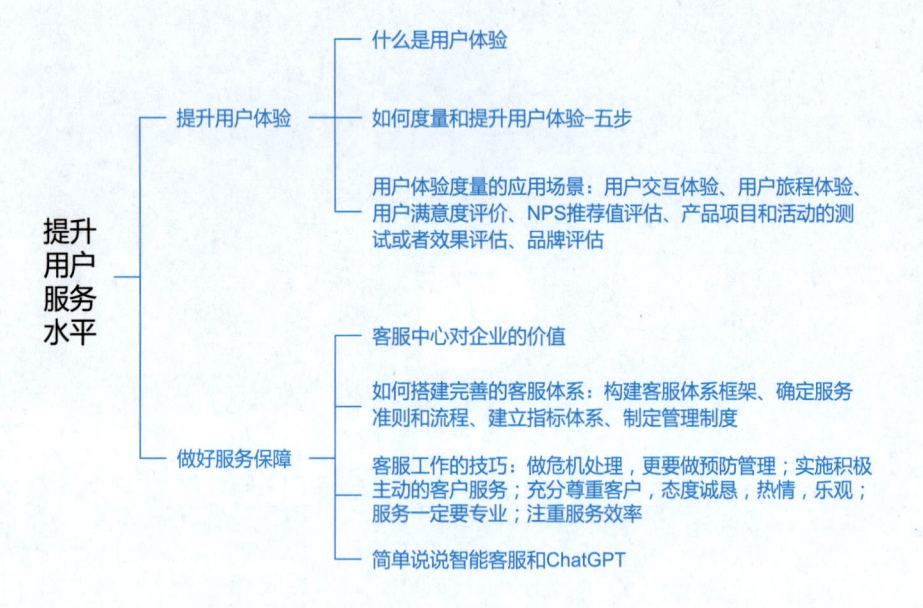

用户选择或者使用一款产品时，需要的不仅是产品，还有直抵内心的服务。伴随着消费的不断升级、用户需求的主导地位的提升及用户服务意识的觉醒，产品价值已经彻底打破了产品本身功能的局限，衍生出了更多过程中及后续的服务价值。越来越多的企业开始把服务囊括到产品范畴，提供产品功能加服务的完整解决方案，服务成为产品的一部分，服务对企业经营起到了关键性作用。

服务可以是一个微笑、一个礼物、一个优雅的环境、一个承诺……服务的范围广泛导致我们很难对服务进行严格的界定。商业活动中，强调以用户为核心，应该以人为本，围绕用户提供服务。我们不妨从用户的角度来看这件事情，研究用户对服务的需求有哪些方面。

对用户来说，除了产品本身是一种服务，服务还给用户创造良好的体验，让用户顺利地、愉悦地使用产品，服务能够解决用户的问题，拉近与用户的关系，让用户变得更加忠诚。

所以，提升用户服务，除了做好产品，还可以从两个方面进行，一是提升用户体验，使产品价值得到充分体现，给用户带来更高的价值感，二是做好服务保障，完成产品价值的兑现，沉淀用户长期价值。

7.1 提升用户体验

1. 什么是用户体验

用户体验是用户在使用产品或服务的过程中产生的全部感受，包括情感、态度、印象和心理反应等。用户体验会影响用户对产品的使用，影响产品交付的价值，进而影响用户长期价值。

2. 如何度量和提升用户体验

用户体验本质上是用户的一种主观感知，虽然具有明显的不确定性和模糊性，但是通过一套可靠的测量体系，对用户态度、行为、表现和数据进行观察和分析，可以度量用户体验。通过用户体验度量，可以发现用户具有或者关注的一些问题，然后针对性地解决这些问题，就可以提升用户体验。卓越的用户体验不是一蹴而就的，而是一系列管理活动和长期运营的结果，需要企业持续采取适宜的行动度量和提升。

进行用户体验的度量和提升，一般分为五个步骤。

第一步，确定指标。

首先需要明确用户体验由哪几个部分构成，可以通过什么指标来度量，确定度量指标。度量指标通常有三大类，即系统表现、用户行为、用户感受。由于用户体验度量具有很强的业务性，所以需要根据具体的业务情况，确定自己适用的度量指标体系。

通常，使用用户体验度量模型，可以使度量更为系统化，能够获取更优质的信息，能更深入地洞察和理解发现的结果，更好地了解用户体验问题。常见的度量模型有以下几种。

- PULSE 模型，是一种对网站的度量方法，通过商业指标和技术指标度量网站的整体表现，指标包括：页面浏览量（Page View）、运行时间（Uptime）、延迟（Latency）、7日活跃用户（Seven Days Active User）、收益（Earning）等。

- HEART 模型，是由谷歌推出的，用于度量用户体验质量，是比较完善的以用户为中心的度量方法，涵盖了用户在使用产品过程中的主客观数据，指标包括：愉悦度（Happiness）、参与度（Engagement）、接受度（Adoption）、留存率（Retention）、任务完成度（Task Success）等。

- GSM 模型，是一种自上而下度量用户行为的方法，常用于度量产品或项目目标的实现程度，指标包括：目标（Goal）、信号（Signal）、度量（Metric）。GSM 模型和 HEART 模型相结合，可以构建出完整的用户体验度量模型。

- PTECH 模型，是由蚂蚁金服推出的，可实现以用户为中心的闭环体验洞察，适合企业级产品，指标包括：性能体验（Performance）、任务完成度（Task Success）、参与度（Engagement）、清晰度（Clarity）、愉悦度（Happiness）等。

- 五度模型，是按照用户使用产品的阶段进行构建的，指标包括：吸引度（Attractiveness）、完成度（Completeness）、愉悦度（Happiness）、推荐度（Promoter Score）、忠诚度（Loyalty）等。

第二步，收集数据。

确定了用户体验度量指标之后，需要收集数据。可以通过用户调研、用户直接提供或数据信息记录、埋点统计、第三方获取、爬虫采集等办法来收集数据。

第三步，分析诊断。

有了大量数据信息后，通过一定的规则和方法进行计算，得出每项指标的得分，还可以进一步将各项指标得分进行加权计算，得出指标体系的整体综合得分，再分析和诊断指标数据结果。

第四步，优化提升。

通过指标的量化分析，企业对用户体验已经有了较为清晰的认识，然后对指标度量结果进行判断，发现其中的问题和机会，确定优化策略，进行优化提升。

第五步，持续迭代。

经过优化后，再次度量、诊断用户体验，看指标度量结果是否有所提升，验证优化策略，继续进行优化迭代。通过用户体验的持续度量，驱动用户体验持续提升。推进过程中，也要注意提升运营的效率，比如引入指标数据的监测工具，实现用户体验度量的高效管理。

3. 用户体验度量的应用场景

用户体验度量在实际场景中的应用，主要有以下几个方面。

（1）用户交互体验。

用户交互体验是用户对企业及其产品服务的所有交互行为的体验感知。交互接触点的类型有很多，既包括网站、移动应用、在线客服、社交网络等线上接触点，也包括门店、线下活动、销售人员、物流配送等线下接触点，这些接触点对用户体验的影响不尽相同。企业需要对关键接触点进行用户交互体验度量，改进交互方式和过程，持续优化用户交互设计，创造良好的用户交互体验。

（2）用户旅程体验。

从用户的视角出发，通过用户旅程图，对用户使用产品的全过程进行体验分析，这样可以完整地理解用户旅程体验，了解用户体验的关键问题和需求，发现其中的机会，并改进相应的体验，这有助于提升用户转化率和留存率。相比用户满意度等感知类指标，产品转化率、客服解决率等行动结果指标更能体现用户体验度量所带来的价值。

（3）用户满意度评价。

用户满意度评价是用户对产品服务的感受与用户期望之间的符合程度进行的一种评价，简而言之，就是用户的一种主观感受和态度。用户满意度评价的指标需要遵循一些基本原则，包括用户认可、可度量、可对比、可干预等。用户满意度评价的实际应用比较多，比如常见的电商平台商品的用户评价、服务平台商家的用户评分等。通过用户满意度评价，可以了解用户实际使用产品的体验，对于好的情况，可推广更多用户使用，对于不好的情况，可反哺供给侧来提升产品服务水平，进而提升整体用户满意度，形成良性循环机制。

（4）NPS（推荐值）评估。

可以认为 NPS 评估是用户满意度评价的升级版本，用户满意度评价只是评估用户自己是否满意，而 NPS 还可以评估用户忠诚度，因为 NPS 高不仅表示用户自己满意，还愿意把产品或服务推荐给别人。NPS 是最流行的用户忠诚度分析指标，可用于通过用户口碑影响企业成长。

NPS 更多针对的是用户行为层面，关注推荐产品的用户和贬损产品的用户，并使用两者数量差值作为 NPS 的计算依据。NPS 计算通常有两种方法：一是通过用户进行推荐值打分，推荐分从 0 分到 10 分，其中 6 分和 6 分以下表示用户不推荐（贬损），7 分和 8 分表示被动满意（中立），9 分和 10 分表示愿意推荐；二是直接让用户选择"推荐""都可以""不推荐"，然后根据用户反馈情况，计算NPS：

$$NPS=（推荐用户数-不推荐用户数）/总反馈用户数 \times 100\%$$

通过 NPS 企业可以了解用户的推荐行为态度，把握用户推荐行为的机会。对于推荐产品的用户，企业要维护用户关系，引导用户传播企业价值；对于贬损产品的用户，企业要建立预警和应对机制，减少贬损用户数、降低负面影响和贬损程度。

在实际应用中，企业有些时候会把用户满意度评价和 NPS 评估结合起来使用。满意度高但 NPS 低的特殊情况，说明产品本身体验较好，但品牌或者模式没有吸引力。满意度低但 NPS 高的情况，说明品牌或者模式强劲，但产品服务存在欠缺。

（5）产品项目和活动的测试或者效果评估。

通过用户体验度量，可进行产品项目和活动的前期测试，等项目活动上线后，还可以进行实际效果评估，应用范围比较广。

比如可用性测试，通过搭建或还原任务场景，观察用户使用行为，配合访谈、可用性量表、竞品分析，主要用于发现特定产品功能或者活动的用户体验问题，同时对其可用性进行简单度量。

再比如用户众测，邀请一定数量的用户，让用户按照给定的任务，自行完成产品或者活动的体验，并进行反馈、评价，用户众测除了用于体验诊断，还可以用于主要数据指标的量化分析。

还比如常见的活动效果评估（包括广告效果评估），从用户视角分析活动的用户画像、动机、行为和评价等，从企业方面分析活动的穿透力、信息传递效果、说服力、转化率等。

（6）品牌评估。

品牌评估的对象主要有品牌力、品牌漏斗和品牌形象三方面。品牌力指品牌的竞争能力和影响能力，通常是由模型计算得出的，比较知名的模型有 MDS，MDS 模型不仅可以用来对不同品牌的品牌力指数进行排名，还可以通过品牌力的结构进行分类。品牌漏斗是从品牌知名度、品牌渗透率、品牌好感度、品牌忠诚度到品牌推荐的全链路评估。品牌形象包括产品功能层面的形象描述和拟人化情感层面的形象描述。

7.2 做好服务保障

用户在购买及使用产品的过程中，多多少少都会遇到一些问题，这些问题会影响用户的转化效果，以及使用体验。企业需要建立服务保障体系，处理用户的各种服务问题，保障产品服务达成。尽量减少负面问题，降低负面问题产生的影响。同时，一个好的服务保障体系，不仅能解决用户问题，还能成为企业的亮点，增加企业竞争力和品牌影响力。反之，不好的服务会成为企业发展的阻力，尤其是在如今的信息化时代，不管是好的还是不好的，企业的服务效果和用户的口碑效应都会被放大。在这种情况下，服务保障体系既是处理问题的办法，也是进行经营的工具，关键是要有正确的运作方法，才能起到正向作用，而且这种正向作用是会良性循环的。

服务保障工作有两种形式：第一种是企业主动出击，主动提供保障类的服务项目，比如电商产品的配送、安装、7天无理由退货服务，可以将这些当成产品的附加功能来评估是否需要提供，然后触发服务时按既定规则服务就好；第二种是被动处理异常问题，比如用户咨询产品信息，投诉商品包规错误、配送延迟等，企业发现问题后需要按一定的机制做出应对。本书下面主要介绍第二种形式，针对异常问题进行服务保障，此时的服务保障工作就是大家所说的客户服务，也叫客服。

1. 客服中心对企业的价值

客服中心不直接为企业创造利润，不参与生产和销售过程，更多的是作为支持者角色。但是为什么几乎所有企业都有客服中心？客服中心对企业有什么价值？

一般而言，客服中心在企业里拥有双面身份：对外，客服代表企业，面向用户，直接与用户沟通，把企业信息传递给用户，同时收集用户意见和建议，解决用户咨询和投诉的问题，对用户进行交易引导，维护用户关系；对内，客服代表用户，客服是直接接触用户的人员，最了解用户的问题，通过对用户问题的整理和分析，向业务部门和管理部门反馈用户问题及问题背后的原因，推动产品功能的完善和业务服务的改进。客服中心通过内外兼修，挖掘问题本质，优化和创新服务机制，建立并维护企业和用户之间的友谊，促进双方协同发展。

客服中心从来不是边缘化的部门，他们是距离用户最近的人，他们最核心的价值就是为用户发声，一切以用户为中心，不断地发现问题，不断地反馈问题，不断地推动业务优化，不断地解决问题，从而建立良性的自我发展循环体系。客服中心是企业发展中不可或缺的部分，是企业发展的关键枢纽，是用户数据情报中心，甚至是利润源泉。

2. 如何搭建完善的客服体系

客服体系包括三方面要素：第一，客服机制，指客服工作的运行管理依据，包括明确服务理念、服务用户对象、服务事项范围、服务沟通渠道、服务处理准则、服务处理流程、服务数据指标、服务管理办法等；第二，客服中心，指进行客服工作的部门或者组织；第三，客服支持，指进行客服工作所需的资源支持，包括设备、系统、技术、资金等。

一套完善的客服体系是一个复杂的系统工程，对每个环节的把控都需要严谨的制度、流程保证。各个行业优秀企业的客服体系已经非常成熟，可以查询到的相关内容也比较多，大家可以学习、参考，然后根据企业自身情况和业务需要，制定一套适合自己的方案。

下面，我们简单介绍一下构建客服体系的步骤。

第一步，构建客服体系框架。

构建客服体系框架，确定客服体系中基础的业务点、构成要素及逻辑，主要包括下面几个部分。

首先，确定客服的业务内容和目的，对哪些用户、哪些事项、通过什么渠道、提供哪些服务，达到什么目的。可以针对所有用户群体提供服务或只针对下单用户/会员用户提供服务，服务事项有售前咨询、售后投诉等，沟通渠道有在线 IM、客服电话等，服务内容有问题解答、退款操作、反馈奖励等，最基本的服务目的是发现和解决用户问题，而且关键的一点是还需要有服务理念，确定服务的方向和价值观，并用于指导客服工作。

然后，确定客服中心的岗位配置和职责。客服中心一般包括一线员工，以及质检、培训、数据支撑等角色，企业根据自己的业务情况和目的，确定需要哪些岗位及各岗位需要多少人员，他们各自的职责和目标等。

最后，确定支持客服的资源，包括用户端功能、客服操作系统等。用户端功能有在线 IM、客服电话展示等。客服操作系统，可以使用自研工具，也可以使用第三方提供的工具。近年来，云客服产品受到越来越多企业的关注，其主要功能包括工单、IM 客服及智能机器人、呼叫中心、数据报表，甚至还整合了微信公众号、微博、移动 SDK、短信、API 接口等，可以帮助企业快速构建完善的客服体系，这些云客服产品都有各自的特点，有些是产品功能大而全，有些是在某个领域或者专业方向上更擅长，企业可以根据自己的需要选择使用，一套好的、适合的客服操作系统能让客服工作事半功倍。

第二步，确定服务准则和流程。

进行客服工作，需要遵循一定的服务准则和流程。什么类型的问题要怎么处理、多长时间内处理、处理步骤是什么等，这些都需要有标准、准则、流程、规范，客服工作需要明确这些标准，确定服务的准则和流程，然后按规范进行处理。

为了便于客服规范化处理用户反馈，有两个常用的办法。一是梳理常见问题解答（FAQ），搭建在线帮助文档（或者服务手册、知识库等），帮助客服人员快速查询到问题和找到相应的解决办法。这个办法也可以直接用在用户身上，在用户端建立用户常见问题解答（FAQ）文档，让用户自己寻找问题答案。二是建立标准化作业流程（SOP），客服流程一般涉及环节较多、操作复杂，建立标准化作业流程（SOP）可以帮助客服人员理解处理流程，并能够按流程指导做出快速且准确的处理。

第三步，建立指标体系。

在很多企业中，客服中心是企业和用户之间的唯一接触点，其业务的重要程度和数据的核心程度不言而喻。基于客服中心的两面性，可以将客服的指标划分为三大类：用户指标、业务指标，以及部门管理上的一些数据指标，即运营指标。

- **用户指标**，指用户服务方面的指标，用来评估用户问题及解决情况，具体包括问题用户量、解决率、满意度、响应时长、处理时长、二次咨询或者投诉率等。

- **业务指标**，也叫 VOC 指标，指通过用户反馈的数据，提炼出业务方面有价值的指标，用于业务的优化改进，比如问题类型、问题用户量、赔付金额等。在梳理这部分指标的时候，前期明确客服目的和背景就显得尤为重要。一般通过对用户问题进行统计分析获取这些指标数据，比如对每个问题的内容、原因、处理情况进行关键词提炼或者进行归类统计，通过工单管理，得到所有问题的整体描述、详细分类及数量分布、处理状态和结果等，同时从不同细分维度、时间维度等分析和挖掘数据，洞察业务问题。关于用户反馈的问题，以文字、语音形式为主，大部分信息内容是非结构化的，这时如果问题少，可以人工整理，如果问题多，可借助文本挖掘工具进行分析，比如 KHCoder。想要获取结构化的信息，还有一种办法，在用户反馈时让用户以一定的结构提交问题，比如客服接听电话时通过自助语音或者人工询问用户问题类型，用户在线反馈问题时让用户给问题打上分类标签。

- **运营指标**，是客服人员管理方面的指标，比如出勤率、绩效、流动率等。

第四步，制定管理制度。

为了更好地给用户提供专业的服务，企业需要根据实际情况制定客服人员管理、服务质量管控、服务能力提升等制度。

- **客服人员管理**，是客服中心运营管理的核心，人员管理涉及的环节较多，比如招聘、培训、排班、绩效考核和奖惩处理等。

- **服务质量管控**，客服工作通常都有质检环节，按服务准则和规范，对服务过程和结果进行监管，及时发现客服工作问题并予以纠正，保障服务进展和质量。

- **服务能力提升**，除了客服人员个人能力及系统、技术等硬性能力的提升，服务机制和策略上的能力也需要提升。比如，进行定期总结和复盘，对于共性问题，总结规律，做出优化策略，防止问题再次发生，或者减少问题发生的次数，或者缩小问题的影响面，或者找出更有效的解决办法。对解决问题的结果定期复盘，复盘是长效手段，通过梳理问题的来龙去脉和对结果进行追踪，比如进行用户回访，可验证问题是否被实际解决及解决的程度，还可以了解用户对服务的满意度，然后优化此类问题的服务处理办法，提升后续服务水平。对于指标的达成情况，统计并分析指标数据，发现问题或者机会，进行改进。

3. 客服工作的技巧

1）做危机处理，更要做预防管理

客服不仅要解决突发问题，处理危机，更要建立预防举措，做预防管理，把危机问题消灭在萌芽阶段，在管理上做到未雨绸缪。

2）实施积极主动的客户服务

推进客服工作时，容易忽视的一个问题是，需要及时将服务进展同步给用户。很多时候大家认为问题解决了也就没后顾之忧了，不需要再做什么，其实不然。对于已经解决的用户问题，要在第一时间告知用户，同步信息，让用户感受到被重视，体现服务的诚意。对于企业方发现的影响用户服务的异常问题，也需要及时发出公告，或者通过其他方式通知被影响的用户，让用户了解情况以便做出应对，与用户遇到问题时自己折腾明白或折腾半天还是不明白，然后愤愤地发起投诉或者默默地走掉相比，企业主动通知的处理方式对用户更友好，加上企业表示了歉意和感谢，能够增强用户对企业的信任感。

3）充分尊重用户

优秀的客户服务始于对用户的尊重。每个用户都是活生生的人，都是有情绪、有情感的，用户是企业的朋友，企业要充分尊重用户。企业在与用户的沟通过程中要注意倾听和关怀，让用户做主角，多站在用户的角度理解并解决用户的问题。

4）态度诚恳、热情、乐观

客服人员需要态度诚恳、热情、乐观，用心服务用户，用热情打动用户，用乐观感染用户，让用户拥有良好的体验。即使问题比较难处理，热情和乐观的态度也能帮助用户化解消极情绪，让用户看到你正在努力地帮助他们解决问题，事情也正朝着正确的方向发展。最后记得感恩用户，永远不要忘记说声谢谢。这些行为看起来很基本，甚至是常识，但如果能够始终如一地实践下来，相信用户一定会说出"我还会再来"。

5）服务一定要专业

客服人员需要对产品和服务有深入的了解，这样对用户提出的问题才能给出专业的回答。客服人员需要有创造性解决问题的能力，特别是当出现新问题或者用户的问题没有标准答案时，也要能非常专业地解决问题。

6）注重服务效率

降本提效是所有业务发展的根本，客服工作也不例外。对于用户，高效的客户服务能节省用户时间、提升用户满意度。对于企业，可以利用客服系统、机器人工具、人工智能技术、FAQ、SOP 等，提升服务效率。

4．简单说说智能客服和ChatGPT

未来是人工智能的时代，但人工智能的目的不是替代人工作，而是帮助人们更好地工作。

当用户咨询常规问题较多时，可以引入智能客服来提升服务效率。目前的智能客服，通过将大数据和人工智能算法结合起来对问题进行智能化处理。智能客服可以打通企业内部系统，建立并不断完善知识库。智能客服通过用户问题导航或者关键词判断，可以识别用户问题（或者需要办理的业务），将用户问题进行分类，如果是常规性问题，通过知识库可以找出答案，就可以通过机器人进行自动回复，如果是机器人解决不了的问题，再转接人工客服。智能客服还可以向人工客服提供辅助决策支持，提供标准化应答内容和问题解决办法。

在使用智能客服时，在线 IM 等文本渠道通常会用到对话机器人，客服电话、视频服务等语音渠道通常会用到智能 IVR 和智能外呼。然后继续向下分流，实现人机协同，同时，在人机协同的基础上，进一步强化机器人的逻辑训练，不断优化机器人对问题的识别和处理能力。像对话机器人，从最基本的具有简单 FAQ 功能，发展到具有越来越先进的人工智能（AI）、自然语言处理（NLP）和机器学习功能，还可以进行定制化设计，以满足特殊的需求。而且，所有服务数据统一整合，汇总到工单和 CRM 系统中，沉淀数据资产，实现多方协同。随着各种应用技术的发展演进，智能客服更多的会基于互联网平台进行用户服务的体系化设计和智能化处理。

最近，又有一种新技术铺天盖地而来，这就是 ChatGPT。ChatGPT 是 OpenAI 公司于 2022 年 11 月 30 日发布的，发布仅两个月后就积累了 1 亿个月活跃用户，成为史上用户增长最快的消费者应用程序。ChatGPT 是由人工智能技术驱动的自然语言处理工具，它能够通过学习和理解人类的语言来进行对话，还能根据聊天的上下文进行互动，真正做到像人类一样聊天交流，甚至能完成撰写邮件、撰写视频脚本、翻译、编写代码、撰写论文等任务。

ChatGPT 必然会给智能客服带来更多的便利，ChatGPT 是对话机器人的升级，其智能化程度更高，但也存在不确定性风险。

如果过度依赖 ChatGPT，一方面会导致用户服务机械化，丧失对业务逻辑的把控能力，另一方面存在认知"茧房"，容易导致在已有的或既定的认知范围内转圈圈，丧失人的主观能动性和创造能力。

  人工智能固然有很多优点，但在实际应用过程中，不能盲目地迷信各种新技术，不要单纯地为了"升级""转型"而不合理地过度使用技术。事物往往具有两面性，不能仅通过事物本身来评判事物是好还是坏，万事万物都讲究一个度，需要在适合的场景使用适合的方式做适合的事情，这才是发展之根本。

8 管好用户资产和提升用户运营底层能力

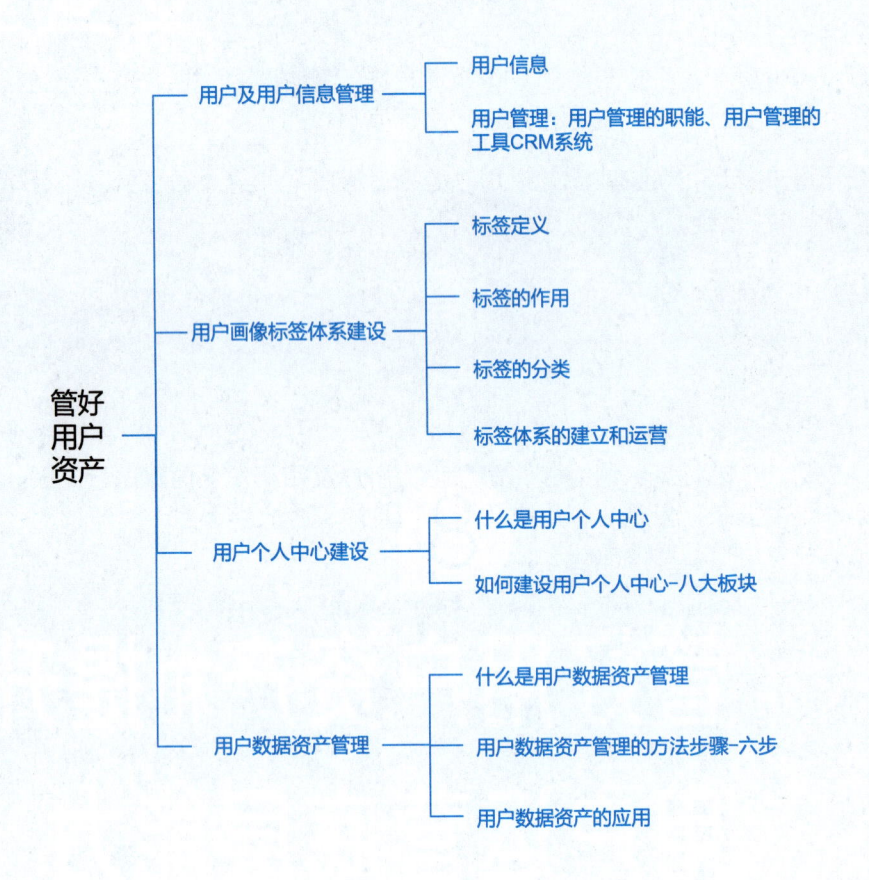

```
                                          ┌─ 用户信息
                   ┌─ 用户及用户信息管理 ─┤
                   │                      └─ 用户管理：用户管理的职能、用户管理的
                   │                         工具CRM系统
                   │
                   │                      ┌─ 标签定义
                   │                      │
                   │                      ├─ 标签的作用
                   ├─ 用户画像标签体系建设 ─┤
                   │                      ├─ 标签的分类
                   │                      │
   管好            │                      └─ 标签体系的建立和运营
   用户 ───────────┤
   资产            │                      ┌─ 什么是用户个人中心
                   ├─ 用户个人中心建设 ───┤
                   │                      └─ 如何建设用户个人中心-八大板块
                   │
                   │                      ┌─ 什么是用户数据资产管理
                   │                      │
                   └─ 用户数据资产管理 ───┼─ 用户数据资产管理的方法步骤-六步
                                          │
                                          └─ 用户数据资产的应用
```

8 管好用户资产和提升用户运营底层能力

如今对企业或品牌价值的评估，不完全以用户交易金额为准，而是逐渐偏向以用户数和用户 LTV（生命周期价值）作为衡量指标，这反映出企业经营思维和商业模式的转变。用户 LTV 背后是用户资产管理的逻辑，企业通过长期维系用户，从而获得用户全生命周期价值，这便是用户资产及其管理变得越来越重要的原因。

互联网时代所有用户都是有价值的，用户要么已经贡献过价值，要么有潜在价值，哪怕只是作为访客，也是一种流量资源，具有变现价值，所以企业的每个用户都是一份资产，企业要**把用户作为资产进行管理，通过用户资产化运作，实现用户价值**，并且不断地提升用户资产的价值。

管理用户资产，首先需要知道用户是谁、有哪些信息、画像标签是什么，以及有哪些比较特殊的用户数据资产，然后针对这些信息进行管理，再利用这些信息做好用户运营和服务提升，最终与用户一起达成共赢。

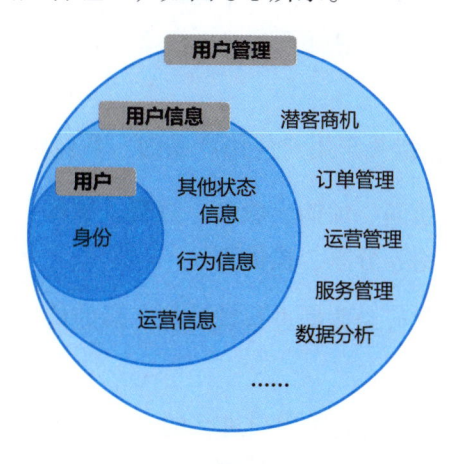

8.1 用户及用户信息管理

互联网时代的特点是网络化和信息化，用户及用户信息的数据量庞大，而且逻辑关系非常复杂，但是对于用户及用户信息的管理，是必须要进行的，并且非常重要，因为用户是商业的核心。

本章要讲述的用户及用户信息管理，从信息层面就归到了"用户信息"，从管理层面就归到了"用户管理"，如图 8-1 所示。

图 8-1 用户及用户信息管理

1. 用户信息

对于一个产品而言，用户信息的类型主要包括用户自然状态信息、用户产品状态信息、用户行为信息、用户运营信息，各类信息说明及包含的主要信息项介绍如下。

（1）用户自然状态信息，是用户自身具有的与产品无直接关系的状态信息。

- **自然属性**：姓名、性别、年龄、地区、职业、联系方式等。
- **性格喜好**：行为风格、习惯、爱好等，比如开朗、善良、勇敢、思维敏捷、勤劳节俭。
- **收入状况**：所从事行业、收入水平、家庭经济能力等。

（2）用户产品状态信息，指用户与产品相关的状态信息。

- **产品用户属性**：账户、来源渠道、注册时间、移动设备型号、系统类型、定位地点、常用 IP、粉丝数量、会员等级等。
- **产品用户资产**：指用户在产品中的个人资产，包括账户或充值卡资金结余、已购买服务项目，还有已归属的优惠券、红包、积分、虚拟货币、会员权益等有价资产。
- **产品用户分类**：不同的用户具有不同的特点、价值和潜力，对用户进行分类，比如 RFM 等级、会员等级，可便于用户差异化运营，能让用户运营事半功倍。

（3）用户行为信息，指关于用户使用产品的一系列操作行为的信息。

- **行为事件信息**：访问、加购、收藏、点赞、下单、交易商品、交易金额、用券、充值、评论、分享、投诉等。
- **行为统计信息**：对行为数据进行统计加工后的信息，比如交易频次、交易总金额等。

（4）用户运营信息，指企业对用户进行的运营事项的信息，包括销售、客服管理等方面，具体根据每个企业的情况而定，比如发放优惠券、发送活动邀请、发送短信、拜访记录、咨询或投诉处理、用户调研记录等。

2. 用户管理

1）用户管理的职能

一般常见的用户管理职能有：基础的用户信息管理，还有用户订单、运营、服务管理和潜客商机管理，以及数据分析等。

- **用户信息管理**：收集和存储用户的各种信息，支持用户和用户信息的增、删、改、查等管理维护工作。

- **用户订单管理**：支持订单的展示、查询、筛选、编辑等工作。

- **用户运营管理**：支持用户运营的管理，比如优惠券、红包管理，发送短信、推送消息管理等。

- **用户服务管理**：包括用户咨询投诉处理、IM 互动管理、客户经理拜访服务管理等。

- **潜客商机管理**：对于还未转化为用户的访客，管理关键信息和转化商机，然后可执行相应的转化操作，比如挖掘意向商品，然后给予该商品的折扣优惠。

- **数据分析**：对用户、用户信息等进行数据统计分析，提供数据报表。

2）用户管理的工具 CRM 系统

一家企业的发展意味着企业用户不断壮大，如果没有有效的用户管理工具，用户管理效率会比较低，而且效果不理想，进一步会影响企业发展。因此，好的用户管理工具非常重要，于是就有了 CRM 系统。

CRM 系统是用户关系管理系统，以用户关系的建立、发展和维持为主要目的。CRM 系统的关键是，借助软硬件及网络技术，为企业建立一个收集、存储、维护、分析及更好地利用用户信息的管理系统。CRM 系统可以连接企业内部业务和用户，以及其他相关方，可以通过端口实现系统接入，打通内外部信息壁垒，加强企业用户运营部门与产研、销售、客服等部门的协作，促进企业与用户的双向互动，优化业务流程，提高业务效率，实现业务的全面管理，赋能企业数字化运营，助力产业互联时代下业绩的规模化增长。

CRM 系统的主要功能包括用户信息管理、订单管理、报价管理、商机管理、服务管理、数据分析等。

一般的企业都需要使用 CRM 系统。简单的用户管理功能可以只进行基础的用户信息管理，而完善的用户管理体系，还需要结合业务逻辑增加业务功能模块，比如订单管理、用户产品资产管理、用户服务管理等。如果企业的用户规模大、业务逻辑复杂，还需要有特殊的管理功能，且具备产研能力，这时企业适合自己研发 CRM 系统，自研 CRM 系统虽然需要投入得更多，但是能带来更多长期价值。如果企业的业务比较简单、不太稳定或资源不够充足，可以选择使用第三方 CRM 系统，目前 CRM 系统市场百家争鸣，CRM 系统产品比较多，并且各有特点，企业需要结合自己的业务情况和发展需要进行选择。

市面上常见的 CRM 系统有：纷享销客、销售易、HubSpot、Dynamics 365、神州云动，分别介绍如下。此外还有悟空、金蝶、用友等很多种，这里不一一介绍了。

（1）纷享销客。

纷享销客是国内最早的企业 SaaS 软件服务商之一，在国内市场占有率较高，连续多年登上胡润全球独角兽榜单。纷享销客 CRM 系统功能较全面，支持企业全流程业务数字化，主要帮助企业实现工具、人和业务三个维度的连接，提高全价值链协作效率。产品性价比较高，支持个性化部署、定制化开发等，且提供了一定人数的免费使用服务。

（2）销售易。

销售易（Neocrm）是融合新型互联网技术的企业级 CRM 系统开创者，创新性地利用人工智能、大数据、物联网等技术，打造了从营销、销售到服务管理一体化的企业级 CRM 系统平台。销售易的主要业务领域是移动办公和企业级 CRM 系统，初期以中小微企业用户为主，后期发布了基于 PaaS 平台的教育、金融等五大行业解决方案，业务不断向中型企业客户延伸。

（3）HubSpot。

HubSpot CRM 系统是一种功能齐全且灵活的解决方案，具有现代系统的所有核心功能，主要用于管理联系人、跟踪潜在用户和完成交易。HubSpot 的营销、销售、服务和 CMS 产品都比较直观，具有强大的功能和特性，所提供的免费版本功能也比较实用，适用于个人用户、小团队等。

（4）Dynamics 365。

微软在商业 SaaS 方面一直表现优秀，Dynamics 365 是微软的新一代云端智能商业应用，建立了全新的按需构建的应用模块来管理特定的业务功能，并深入结合人工智能、物联网、混合现实等前沿技术，帮助企业加速数字化转型。服务模块主要包括销售、客户服务、现场服务、财务和运营等。

（5）神州云动。

神州云动（CloudCC），可以满足复杂业务场景的需求，助力企业数字化转型。神州云动是国产老品牌，理念不如新晋厂商，发展缓慢，目前正在持续完善 SaaS + PaaS + AppStore 的企业 CRM 系统生态，主要服务于大中型企业。

8.2 用户画像标签体系建设

1. 用户画像标签的定义

用户画像，在商业领域，不是指用户的长相，而是指用户作为产品的受众、需求方、使用者所具备的特点、特征。用户画像通过画像的形式把用户形象刻画出来，描述用户情况。用户画像信息非常复杂，整理过程也比较艰难，但是对用户画像的探索是有趣且有价值的事情。

用户标签是用来标记用户的一种工具，是描述用户的关键词，可以方便定位、管理、查找、分析用户。

用户画像标签，就是对用户画像进行标记的标签，可以理解为把用户信息标签化。通过对整体用户信息的归纳总结，形成标签，然后基于每个用户的情况，人为地给用户打上标签。整体来说，用户画像标签就是**将信息标签化**，**将用户形象化**。

虽然用户画像标签与用户信息会有部分重叠，但是标签是对信息的标准化、结构化、数据化，强调业务逻辑，通过某种规则对信息进行进一步的统计和计算，然后产生更具有表示意义和业务价值的用户标记方式。

2. 用户画像标签的作用

通过用户画像标签，可以很清楚地界定和了解用户，进行各种数据分析和数据应用，还可以根据标签做用户分群分层、精细化运营、精准广告投放等。用户画像标签是做用户运营的基础，尤其是对于企业用户数量较多的情况，使用这种数据化、标准化的用户描述方式，很容易掌握用户情况，进而高效地对用户进行管理和运营。

3. 用户画像标签的分类

用户画像标签的分类维度和方式都比较多，一般按标签信息类型可以分为：用户基础信息标签、用户行为标签和计算类标签，如图 8-2 所示。不同行业的企业可以根据自己的需要，设置不同的标签。

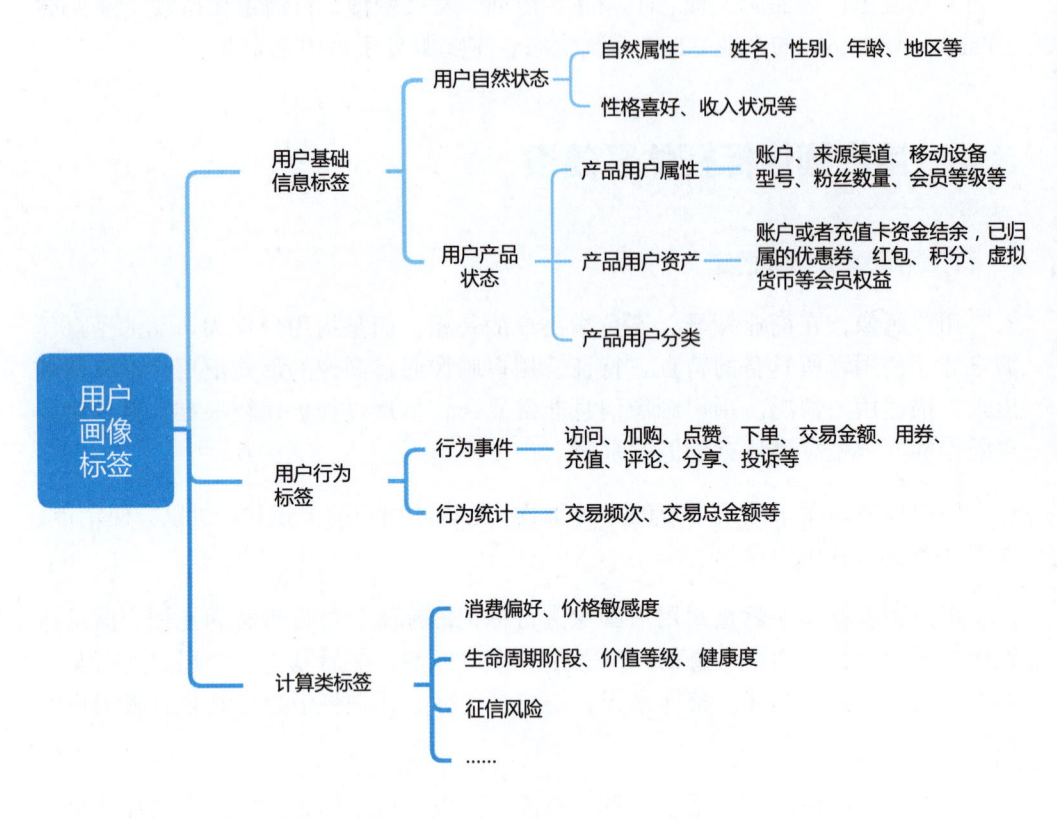

```
用户画像标签
├── 用户基础信息标签
│   ├── 用户自然状态
│   │   ├── 自然属性 —— 姓名、性别、年龄、地区等
│   │   └── 性格喜好、收入状况等
│   └── 用户产品状态
│       ├── 产品用户属性 —— 账户、来源渠道、移动设备型号、粉丝数量、会员等级等
│       ├── 产品用户资产 —— 账户或者充值卡资金结余、已归属的优惠券、红包、积分、虚拟货币等会员权益
│       └── 产品用户分类
├── 用户行为标签
│   ├── 行为事件 —— 访问、加购、点赞、下单、交易金额、用券、充值、评论、分享、投诉等
│   └── 行为统计 —— 交易频次、交易总金额等
└── 计算类标签
    ├── 消费偏好、价格敏感度
    ├── 生命周期阶段、价值等级、健康度
    ├── 征信风险
    └── ……
```

图 8-2　用户画像标签的一般分类

- 用户基础信息标签，比较好理解，是描述用户"身份"特征的标签，包括用户的自然状态标签和产品状态标签。

- 用户行为标签，由用户使用产品的一系列操作行为而产生的标签，用于描述用户的行为特征。

- 计算类标签，是基于一定的用户特点和行为特征进一步总结归纳出来的标签，用于描述用户消费特征、社交特征、心理特征、行为偏好、风险状况和分群分层情况等，标签包括消费偏好、消费水平、消费意向、社交关系、价格敏感度、生命周期阶段、价值等级、健康度、征信风险、恶意订单风险等。

另外，用户画像标签的其他分类方式还有：根据更新频率可以分为静态标签、动态标签，根据开发方式可以分为统计标签、规则标签、算法标签（也叫基础标签、模型标签、预测标签），根据标签来源可以分为系统自动生成标签、运营生成标签、用户生成标签，如图 8-3 所示。

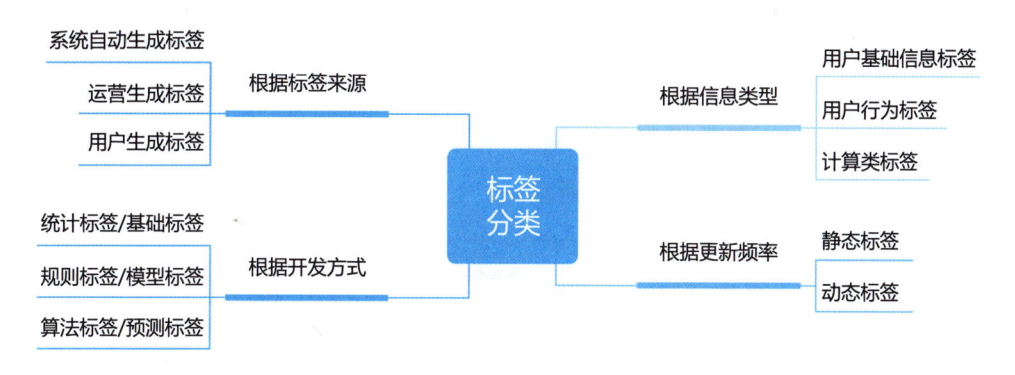

图 8-3　用户画像标签的其他分类

4. 用户画像标签体系的建立和运营

用户画像标签是通过用户信息生成的，是偏理性的数据表现，是一种由数据驱动业务的逻辑和运营手段。

用户画像标签体系的建设，可简单也可复杂，根据运营需要和资源能力，来确定做到什么程度。用户画像标签体系的建立步骤和运营方法如下。

第一步，分析业务运营情况，看需要什么样的用户画像标签支持，整理标签需求，包括用户描述需求、精细化运营需求、数据分析需求、信用风控需求等。

第二步，基于用户画像标签需求，确定标签类型和维度，以及标签层级关系、标签名称、标签值范围、标签计算规则等，并提出所需的数据信息。

第三步，收集数据，通过各种渠道收集需要的和重要的数据信息。数据来源渠道包括：业务数据，比如日志数据、埋点数据、订单数据等；用户提供的数据，比如用户注册时填写的信息、用户评论或者建议信息等；第三方数据，比如其他官网数据、从付费市场获取的数据等；调研数据，比如调研问卷数据、市场或者竞品调研数据等。

第四步，建立标签。对数据进行处理，包括数据的清洗、统计、标准化，以及结构化处理、分析、计算，然后生成需要的标签，同时通过对这些数据的分析和挖掘来建立更多有价值的标签，并根据标签的更新频率需求更新标签。

第五步，应用标签。结合第一步提出的业务运营需求，把标签运用到业务中，提升业务价值。

第六步，迭代标签体系。基于业务实践效果反哺标签策略，一方面通过业务验证标签体系，对标签进行优化迭代，另一方面，新的业务数据进入数据收集池，更新用户标签值，从而形成标签体系与业务发展的同步迭代，不断优化标签，同时创造更多业务价值。建立标签体系的过程中，也可以采用多种方案同时实验，观测实验结果，综合比较分析，最后择优使用。

标签体系的业务逻辑如图 8-4 所示。

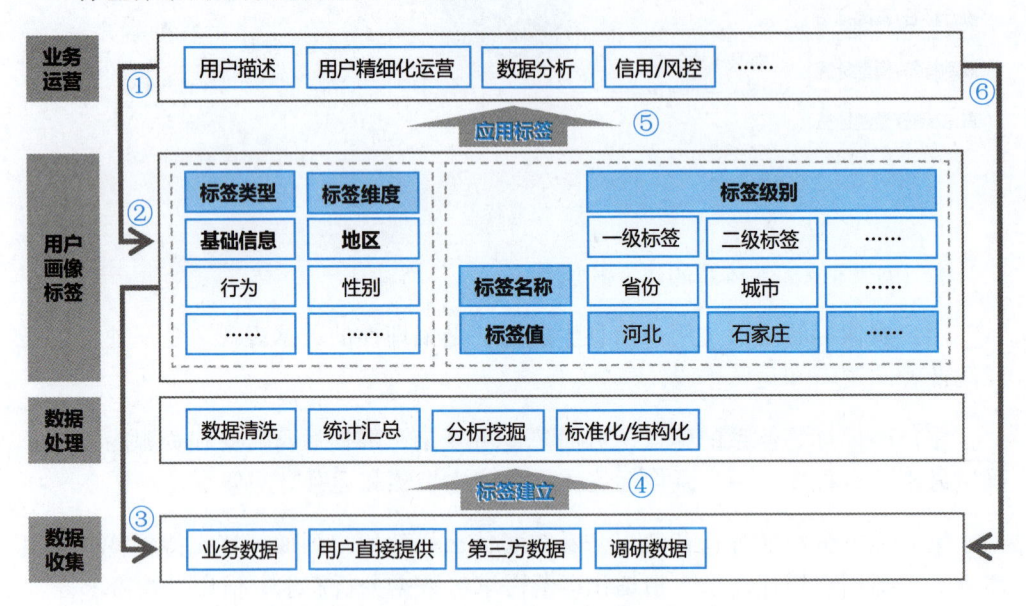

图 8-4 标签体系的业务逻辑

8.3 用户个人中心建设

1. 什么是用户个人中心

用户个人中心是每个产品必备的功能板块，只要涉及给用户提供服务的产品，都有用户个人中心。用户个人中心指 App 里的"我的""个人中心"或者类似的功能板块，是产品提供给用户的关于用户个人信息展示和服务的用户端功能。一般情况下产品的用户个人中心涵盖了几乎所有与用户运营相关的信息，包括用户的基本信息、状态信息、会员/成长体系信息、行为信息、订单信息、资产信息、用户论坛、功能/服务/活动内容、个性化推荐等。

通过用户个人中心给用户**提供用户信息管理和用户服务功能**，是用户信息管理、体系化和精细化运营、服务和体验提升及用户关系维护的集中体现。

【案例】

淘宝、京东、美团的用户个人中心

淘宝 App、京东 App、美团 App 的用户个人中心，功能都很相似，主要包括用户的基本信息（账户名/头像）、状态信息（粉丝/关注/好友/用户等级）、会员/成长体系信息（任务/权益/福利）、行为信息（收藏/足迹/订阅）、订单信息（订单记录/物流状态），以及功能（其中的消息/客服/设置入口可能会放到 App 界面右上角）、服务、活动信息等，如图 8-5 所示。

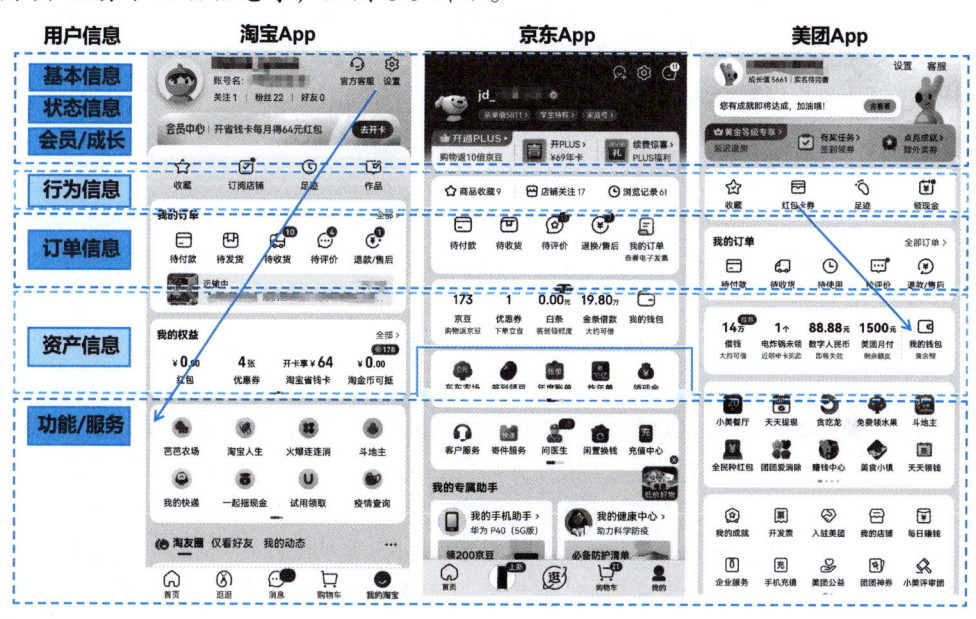

图 8-5　用户个人中心的功能（淘宝、京东、美团）

2. 如何建设用户个人中心

建设用户个人中心，就是对用户个人中心进行设计和运营，企业根据产品特点和业务运营需求，合理设计用户个人中心的业务逻辑，确定要放置的用户信息和服务内容，设计功能板块，并进行运营效果提升。

业务运营需求，指用户信息管理、体系化和精细化运营、服务和体验提升等方面的运营需求，从用户角度以及企业运营角度，进行用户的信息展示，提供管理维护及业务服务等，放置需要的功能，才能实现用户的高效管理、运营和服务。

常见的用户个人中心功能板块介绍如下。

（1）用户基本信息。

用户基本信息是用户个人中心最基础的功能板块，是一个用户的基础标识，包括用户自然状态信息和产品状态信息，比如用户账户、头像、昵称、联系方式、地址、用户等级、粉丝或好友数量等，把这些信息通过该板块展示给用户，用户在需要的时候可进行编辑、修改。

（2）会员/成长体系信息。

会员/成长体系信息功能板块，主要展示了与用户会员/成长体系相关的任务、权益、福利等内容，一般与用户等级状态挂钩，是产品中用户个人地位、等级的直观表现，也是企业促进用户成长和提升用户价值的运营落地办法，用户需要能看到并使用这些服务信息。

（3）用户行为信息。

用户行为信息指用户在产品中的关键行为记录，比如用户发布、浏览、评论、收藏、订阅的商品或者内容等，用户行为信息功能板块对这些信息进行展示，方便用户查找和使用。

（4）订单管理。

对于交易类产品，订单管理功能板块对用户和企业来说都非常重要，交易订单代表了产品服务的兑现，是产品服务用户的重要环节。订单管理功能板块，一方面呈现订单信息，一般包括历史全部订单记录、当前进行中的订单进展及物流配送状态、订单投诉相关信息等，这些是必须展示给用户的，另一方面提供与订单相关的服务，比如可进行付款、收货或者服务完成确认，以及商品或者服务评价、投诉申请等。

（5）资产信息。

资产信息指用户在产品中的个人资产，资产项目（资产形式）一般有：用户账户或充值卡结余、已购买服务、已归属的优惠券、红包、积分、虚拟货币等。产品具体需要哪些资产项目，要根据企业业务情况和运营需求进行设计，然后对用户个人所拥有的资产信息、需要用到的资产管理功能、运营提供的服务内容进行呈现，以便用户查看和使用。

资产的特点是有价值而且可以带来增值，通过赋予用户资产的方式来运营用户，是一种非常有效的用户运营方法。用户在产品中的个人资产，也是企业的一种资产，因为从用户的维度看，用户是企业的资产，用户的资产是用户的附属品，也是企业的资产，从产品的维度看，用户在产品中的资产都与产品具有一定的业务联系，具有业务价值，也是企业的资产。所以，对用户在产品中的个人资产的运营，是很有必要的。

（6）用户论坛。

用户论坛功能板块，对于内容类、社交类产品来说是比较重要的。用户论坛一般是用户进行社交互动的场所，比如对内容进行分享和评论，对话题进行讨论等。

（7）功能、服务、活动。

此功能板块一般是各种功能、服务、活动入口的合并和集中展现。功能，包括服务消息、客服、相关设置等通用功能和产品服务功能；服务，包括增值服务、附加服务、相关服务等，比如游戏化运营的小游戏、开发票等；活动，包括促销活动、节假日创意活动、用户主题活动等。

（8）个性化推荐。

用户个人中心的个性化推荐功能板块，为每个用户提供了精准且个性化的推荐内容。这个功能板块不是必须要有的，通常设置这个功能板块的目的是增加产品内容触达用户的机会，或者通过提供精准的个性化推荐来提升企业的服务能力和用户体验，然后利用用户个人中心的位置和用户流量资源进行各种投放。增加这个功能板块，对用户一般没什么负面影响，还能实现一些转化，带来收益。

8.4 用户数据资产管理

在数字经济快速发展的当下，大家已经意识到数据也是一种无形的宝贵资产，用户数据已经成为驱动创造企业价值的核心生产能力，用户数据资产化成为企业发展的重中之重。利用数据技术，各行业和各类型的企业都有机会拥有用户数据资产，通过对数据资产的合理管理和有效利用，能盘活并充分释放数据资产的巨大价值，用户数据资产管理已成为数字时代的一个重要特色。

传统数据管理一般是从管理者视角出发，强调数据标准和规范管理的过程，而用户**数据资产管理是从运营视角出发，强调数据效率和价值**。通过构建用户数据资产管理体系，提升资产运作能力，激发用户积极性，共同创造资产价值。早期用户数据资产管理根植于 CRM 系统，CRM 系统中会包含一些对用户数据信息进行管理的功能，但是 CRM 系统只体现了数字时代的用户数据资产管理价值的冰山一角。

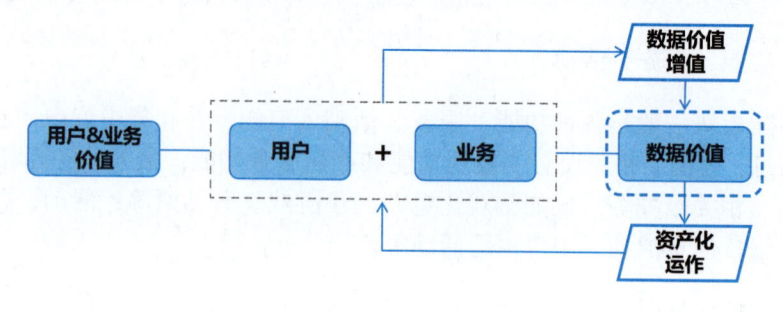

用户数据资产管理的逻辑在于，用户在贡献数据、传递信息的同时，企业通过数据资产化的运作，让数据价值产生增值，然后反馈到用户身上，让用户获得更多的价值，从而形成一个循环价值链，使用户与企业共同成长。通过用户数据资产管理，企业和用户之间从传统的一次性买卖关系变成了长期的价值增长循环关系，如图 8-6 所示。用户数据资产管理的目的是让数据价值越滚越大，最终服务于用户价值实现，因此用户数据资产管理及应用要始终围绕资产价值来开展。

图 8-6　用户数据资产管理的逻辑

1. 什么是用户数据资产管理

在中国信息通信研究院 2022 年发布的《数据资产价值计算研究与实践》中，将数据资产定义为：由企业合法拥有或控制，预期在未来能够为企业带来经济利益的，以电子方式记录的数据资源。同时，数据资产具有依托性、可加工性、形式多样性、多次衍生性、可共享性、价值易变性、零成本复制、非实体及无消耗性八大特性。

用户数据资产就是用户方面的或者与用户相关的数据资产。用户数据资产管理是提供一组管理职能，通过一系列手段，对用户数据资产的价值进行控制、保护、交付和提高。

需要关注的是，如果数据资产管理不当，会影响数据资产的价值，常见的问题有：第一，数据管理混乱，比如数据孤岛化严重、数据标准不一、数据质量参差不齐、数据管理系统能力不足等；第二，数据应用不足，目前数据主要应用在精准营销、广告投放和风险控制等有限场景，而且大多数企业的数据应用深度不够；第三，对数据价值缺乏有效评估，企业一般通过业务效果和依赖程度来对数据的价值进行粗略估算，没有特别准确的计算方法，数据价值难以精准评估，所以很难像管理有形资产一样管理数据资产；第四，数据安全难保障，数据泄露、用户隐私受侵犯等问题经常发生。这些问题对数据资产的管理工作影响较大，尤其是用户数据资产，需要企业关注并采取办法解决或者减少问题的发生。

2. 用户数据资产管理的方法步骤

数据资产管理是在数据资源化的基础上升级为数据资产化，进一步提升数据价值。数据资源化是通过将原始数据转变为数据资源，使数据具备一定的可用性，数据资源化以提升数据标准和质量为工作目标，确保数据的准确性、一致性、时效性和完整性。数据资产化是通过将数据资源转变为数据资产，使数据资源的价值得到充分释放，数据资产化以加强数据应用、实现数据价值和增值为工作重点，并促使数据资产的供需之间形成良性的数据价值增长循环，其职能包括数据价值管理、数据资产流通、数据资产运营等。

为了更容易理解原始数据、数据资源、数据资产的概念和区别，举个具体的例子，比如对于用户交易信息：原始数据就是详细的用户交易记录，数据资源就是统计汇总的用户月交易频次、金额，数据资产就是加工计算的用户 RFM 价值等级。

管理数据资产，从方法论上讲，共分六个步骤。

第一步，统筹规划，根据数据情况、企业能力、发展需要，建立数据资产管理的组织和制度，并将其作为保障措施，盘点数据信息，建设或采购必要的数据管理系统，或引入第三方工具，以支撑数据资产管理工作等，制定数据资产管理方案和计划，这一步的成果是后续工作的基础。

第二步，业务数据化，对业务数据进行采集、处理，完成数据汇聚，确保业务数据的统计全面、及时、准确，拥有数据信息，并建立数据安全管理办法，这一步是数据资产管理的前提。

第三步，数据资源化，打通数据信息、统一数据标准、提升数据质量，形成数据资源，提升数据服务能力。

第四步，资源资产化，让数据价值化、可持续、能增值，形成数据资产，再把数据资产应用到业务运营中，提升数据服务效果。

第五步，资产价值化，通过资产的应用，实现资产价值，收获业务结果，同时通过实践检验优化迭代数据资产的运营策略，获得新的数据资产，让数据资产增值。

第六步，价值链条化，把增值的数据资产循环投入业务运营，不断提升数据资产价值。

数据资产管理的方法步骤如图 8-7 所示。

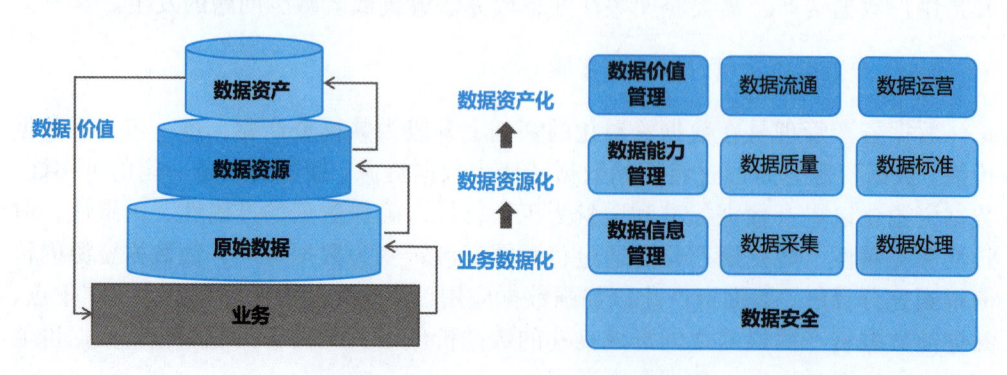

图 8-7　数据资产管理的方法步骤

数据资产管理的目的是实现数据资产的价值，数据资产是与业务强绑定的，关键是要落实到业务运营中，而企业实际的业务情况一般比较复杂，根据具体的数据情况、技术能力、业务发展需要，企业可以制定不同的管理方案和开展计划。

3. 用户数据资产的应用

用户数据资产的应用是资产价值实现的表现，通过加强应用，提升用户数据资产的价值和增值效率。常见的应用场景如下。

第一，描述、检索、分析和展示用户及用户数据资产。

通过建设多维度的用户数据资产标签、资产内容及其可视化功能，可以更容易地深入了解用户，能够对用户及用户数据资产进行描述、检索、分析和展示，有利于进行相关业务运营。比如，对于高价值用户的界定和获取，根据用户数据资产价值分析，界定高价值用户，描述用户画像，然后通过相同的画像圈定目标用户，进行市场投放，从而获得更多高价值用户。

第二，评估用户数据资产价值。

构建用户数据资产价值量化评估体系，从成本、收益、市场价值等维度对不同类型的数据资产价值进行量化评估，有利于掌握用户数据资产价值和资产增值能力，以便对不同资产进行不同的运作。

第三，投入业务运营。

把用户数据资产投入业务运营中，提升业务水平。比如：在用户精细化运营方面，通过动态数据对用户进行实时画像分层，进行差异化运营，基于数据构建和运行算法模型，施行智能化业务策略，促进用户转化；在服务方面，把关键数据整合成服务项目，提供给用户，比如展示商品的成交量和用户评价、生成用户个人订单或其他数据的汇总报表等，提升服务水平；在客服方面，尤其是智能客服、用户自助服务，通过对用户历史数据资产的沉淀和总结及对当前场景的分析，提供智能化且有温度的用户服务。

第四，获取变现收益。

通过用户数据资产获取变现收益，比如，广告投放平台利用用户数据资产提供用户标签、场景筛选和效果预测等服务，让业务方能有效圈定目标用户、匹配相应的触达场景、确定合适的广告内容及其形式和方式等，实现广告的精准投放。再比如，利用用户数据资产，提供数据咨询和报告服务，收取相关服务费用。

第五，激发用户能动性。

通过数据资产化，利用资产价值和增值能力，激发用户能动性，让用户共同建设用户数据资产，以及参与资产的运作。比如，音乐产品在用户注册时让用户填写音乐类型偏好，获取用户信息，然后通过这些信息更好地服务用户，也使用户获得更好的服务，实现双方共赢。再比如，内容社交平台，通过对用户的内容、互动信息、获得的称赞和荣誉进行展示，可以激励用户创作更多的内容作品和产生更多的互动，同时平台也获得了更多的内容和活跃用户。

9 建设用户运营组织

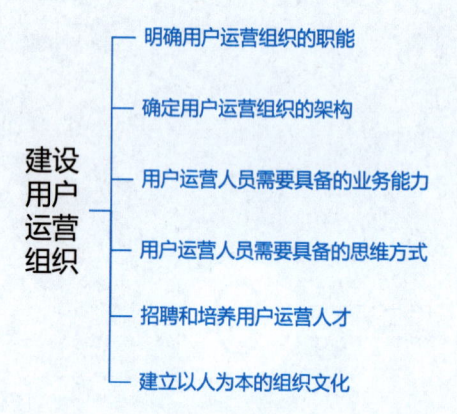

- 建设用户运营组织
  - 明确用户运营组织的职能
  - 确定用户运营组织的架构
  - 用户运营人员需要具备的业务能力
  - 用户运营人员需要具备的思维方式
  - 招聘和培养用户运营人才
  - 建立以人为本的组织文化

了解了如何做用户运营，然后就是依据运营体系来建设团队，开展用户运营工作。用户运营是以用户为核心进行的业务运营，包括用户管理、研究、增长、成长、变现价值、服务等，会涉及企业业务的方方面面。用户运营不只是个岗位，也不只是个部门，更是一种业务运营方式，是一种和用户相关的工作类型的统称，是一个有机结合的整体，它可以源源不断地创造价值。

在一家企业内部，进行用户运营工作的通常是多方协同的有机组织，这个有机组织需要有明确的职能、组织架构、业务能力、思维方式、运营人才、组织文化等。

1. 明确用户运营组织的职能

用户运营工作是复杂的，每家企业因业务类型、产品特点、所处阶段或者情境不同，需要的用户运营也不尽相同，即使是同一个岗位、同样的目的，但在不同时期需要做的事情也可能不一样。

首先需要了解企业及业务背景信息，比如企业的长远目标、达成目标的途径、现阶段的目标、可投入的资源等，然后根据这些信息，确定用户运营工作的整体职责和目标。

对于复杂的情况，用户运营工作需要再进行细分，比如按职责方向分为用户增长、会员运营、社群运营、用户服务等，然后确定每个方向运营的职责和目标。

在不同产品阶段，用户运营职能的侧重点不同。在产品初创期，需要定位目标用户群体及掌握用户需求，帮助产品迭代，所以工作侧重于用户研究；在产品成长期，需要实现业务快速发展，工作侧重于用户拉新增长、用户激励成长、用户服务提升；在产品成熟期，需要深耕运营并获取收益，工作侧重于用户精细化运营、用户价值变现；在产品衰退期，需要延缓产品衰退，要减少用户流失并对流失用户进行召回，但不宜投入过多，同时研究用户，挖掘新的业务增长点。

2. 确定用户运营组织的架构

基于职责和目标，建立用户运营组织，确定每个方向的用户运营岗位及其工作内容，然后根据工作量，确定需要多少人员及人员的分工，最后确定组织协同机制，确定组织架构。

对于具有一定规模的互联网企业，用户运营通常由专门的部门负责，会设立用户运营中心，再按方向区分二级部门或者小组。其中用户增长中心涉及对外市场投放工作较多，所以经常与市场部合作，有些企业可能会把用户增长职能直接放到市场部。用户服务中心因为职能重要、人员较多、业务独特，很多时候企业会成立单独的一级部门来负责相关业务。用户价值变现，一般涉及商业化广告较多，会与商业化部门或商务部合作。所有这些用户运营职能，都需要企业多个部门协同，包括产品部、技术部、数据部、销售/营销部、财务/法务/人力部门、企业管理部等，如图 9-1 所示。

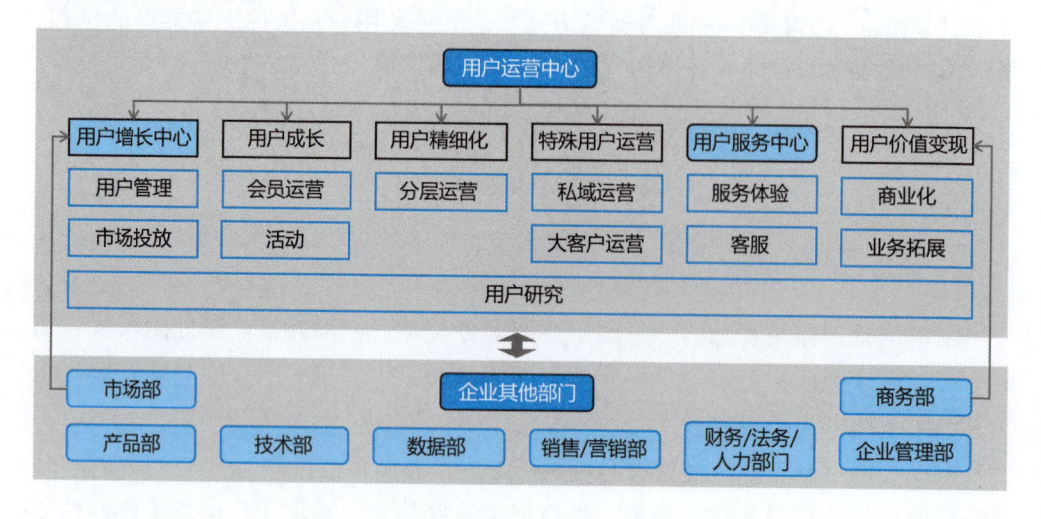

```
                          用户运营中心
    ┌─────────┬─────────┬─────────┬─────────┬─────────┐
  用户增长中心  用户成长   用户精细化  特殊用户运营  用户服务中心  用户价值变现
    用户管理   会员运营   分层运营              私域运营    服务体验    商业化
    市场投放   活动                大客户运营              客服      业务拓展
    ─────────────────────────── 用户研究 ───────────────────────────

                          企业其他部门
    市场部                                                    商务部
    产品部    技术部    数据部    销售/营销部   财务/法务/人力部门   企业管理部
```

图 9-1 用户运营组织的分工协作

用户运营组织运作的关键是要以最优的方式使组织协同起来，要选择最合适的组织结构。通常来说，组织结构有几种类型：项目型组织、职能型组织、矩阵型组织。

第一，项目型组织，是把各种职责的人组成一个项目组，团队目标一致。如果把产品和技术人员也整合进来，这样的项目组发展下去就是事业部。这种组织结构的优点是目标清晰、整齐，有利于快速推进项目，缺点是如果项目较多，会造成资源浪费。这种组织结构适合初创团队，确定一个关键目标，按目标组织人力，对内外部关键资源进行协调，不断寻求达成目标的更多可能办法。

第二，职能型组织，是把相同职责的人划分到一个部门，这种组织结构的优点是有利于同类资源共享，人员可互相学习提高，缺点是各个部门之间的目标容易出现不一致。这种组织结构适合业务比较单一、环境比较稳定的中型企业。

第三，矩阵型组织，是上述两种组织结构的融合，是一种较高层次的组织结构。横向是业务线（一个个项目），对业务结果负责，纵向是资源线（各种职能），整合资源能力。如果说职能型组织比较适合防守型的业务，项目型组织比较适合进攻型的业务，那么矩阵型组织就是可攻可守。但这种组织结构也有缺点，那就是会出现交叉管理的问题。对员工来说，一面是部门经理，另一面是业务线经理，这样的双向领导总是让人头疼。这种组织结构适合具有一定基础的大型企业，比如既有多条业务线又有统一中后台的企业。矩阵型组织结构如图 9-2 所示。

9 建设用户运营组织　279

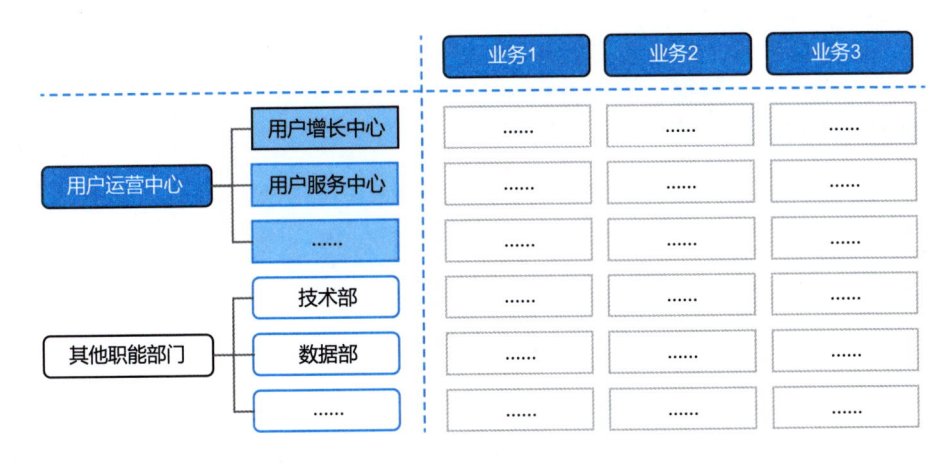

图 9-2　矩阵型组织结构

完美的组织结构是不存在的，组织结构本身也在不断地升级，企业需要根据自己的业务情况和发展需要，确定比较适合自己的用户运营组织结构，可以是上述类型中的某一种，也可以是多种的组合。

3. 用户运营人员需要具备的业务能力

用户运营工作最显著的特点是连接企业和用户，这个特点决定了用户运营人员需要具备特殊的业务能力。

第一，用户运营人员代表企业面对用户，需要有敏锐的嗅觉发现市场风向的变动，能挖掘机会和识别风险，能聚焦用户，提升企业的口碑和用户忠诚度，需要有很强的洞察能力和解决问题的能力。

第二，用户运营人员代表用户面对企业，要为用户发声，需要汇总用户情况和诉求，并传达给企业，需要有总结概括能力、判断决策能力。

第三，用户运营人员作为中间桥梁，需要有很强的沟通能力、协调能力。

第四，用数据驱动用户运营越来越普遍，因此用户运营人员需要有数据分析能力。

第五，强调一点，一定要懂用户运营，这是用户运营人员最重要的专业能力之一，如果不懂，那么还需要学习能力。

4. 用户运营人员需要具备的思维方式

要做好用户运营工作，除了具备业务能力，还需要具备一些重要的思维方式。

第一，**用户思维**，是用户运营的核心逻辑，即以用户为核心进行业务运营。

第二，**数据思维**，指通过数据驱动业务的思维方式，先分析数据，发现问题，然后解决问题，复盘数据，发现新问题……从而不断地通过数据驱动业务发展，形成数据持续驱动业务发展的良性循环。

第三，**目标思维**，指先确定好目标，再按目标进行拆解、操作，所有操作都是为了实现目标而执行的。

5. 招聘和培养用户运营人才

用户运营是企业经营的关键，用户运营人才是用户运营的基础，对企业发展至关重要。

随着用户运营重要性的突显，用户运营人才也成为各家企业竞相争夺的"宝贝"。而用户运营工作所需的业务能力和思维方式，对人才提出了较高要求。用户运营又是近几年才发展起来的新方向，人才储备不多。所以，用户运营人才由于需求多、要求高、数量少成为稀缺资源，企业招聘和培养相关人才都比较困难。

从招聘网站可以了解到企业招聘用户运营岗位的信息，这些信息一方面体现了企业对用户运营人才的需求，另一方面也体现了用户运营人才的职责、企业要求和薪资水平，而且不同级别的人才之间存在明显差异。如表 9-1 所示是 BOSS 直聘上的岗位信息示例。初级用户运营人才，主要负责某个细分模块的用户运营工作，年薪约 20 万元；中级用户运营人才，主要负责某个方向的用户运营工作，年薪约 40 万元；高级用户运营人才，主要负责整体业务的用户运营工作，年薪约 60 万元。

企业招聘和培养用户运营人才虽然困难重重，但企业也必须要做，其中也需要一些方法和技巧。

招聘方面有几种方法，可以通过招聘网站、通过猎头推荐、通过员工内推、通过校园招聘等获取人才信息。招聘网站上的人才较多，但信息鱼龙混杂，需要投入很多时间进行简历的筛选。通过猎头推荐的人才比较精准，但需要支付比较高的推荐费用，竞争激烈时一个人才的推荐费用可能高达聘请该人才的年薪，比如表 9-1 里的高级用户运营人才的推荐费用是 60 万元左右。通过员工内推，是一种比较有效的渠道，被推荐的人才质量相对较高，但员工推荐人才的数量较少，有时企业为了鼓励员工内推，会支付奖励金。校园招聘是指面向应届生进行招聘，人才级别较低，而且一般学校并没有用户运营方向的对口专业，但应届生也有优点，刚毕业的学生理论知识扎实、学习能力强、有干劲，可招聘负责基础工作的人员，也可招聘基础能力强和综合素质较高的人才作为储备经理或者管培生，用于探索性创新发展的需要。

表9-1 用户运营人才需求

级别	年薪	主要职责	岗位职责	岗位要求
初级	20万元	某个细分模块的用户运营工作	(1)挖掘存量用户价值，提升用户LTV；(2)通过各种运营手段不断触达、转化用户，对复购率及GMV增长负责；(3)对核心用户的留存负责，不断改进运营策略，提升用户黏性及忠诚度；(4)推动运营工具改进，提升日常运营工作效率及效果；(5)参与合作项目，设计运营流程，配合产品研发推进项目落地及上线后运营	(1)本科及以上学历，两年以上运营经验；(2)对微信生态下的各类场景的用户运营具有一定的经验；(3)具备较强的沟通、组织能力，有团队精神，亲和力较强，有同理心，思维活跃，百折不挠，勇于创新；(4)对某业务模式有一定的了解或从业经验，了解用户心理
中级	40万元	某个方向的用户运营工作	(1)负责用户增长、留存、召回的全流程策略的制定与落地，提升用户规模；(2)设计以用户为中心的运营功能体系，灵活支持不同人群、触达手段及激励的运营策略上线与迭代；(3)数据化驱动，基于数据分析，通过科学测试与效果评估，不断推进产品流程与运营策略的优化；(4)深度理解用户特征与需求，通过用户归类制定差异化策略，提升运营效果；(5)通过运营表达，协同合作机构与内部产品、UE/UI与模型数据团队，高效推动策略的落地与优化	(1)本科及以上学历，四年以上相关行业经验，有某业务相关运营经验者优先；(2)熟悉用户生命周期模型，了解相关转化数据，掌握各类触达手段，有成功组织某业务活动的经验；(3)拥有扎实的数据分析能力，能够进行归因分析，从数据中提炼用户深层次需求；(4)对某业务用户行为有深刻理解，能进行归纳总结，提升整体业务团队对用户的认知水平；(5)逻辑清晰、注重细节、目标导向、责任心强，有互联网平台大型业务产品成功运营经验者优先
高级	60万元	整体业务的用户运营工作	(1)负责C端业务整体用户运营工作，提升用户核心指标，降低成本，提高用户质量，优化用户运营工作；(2)负责用户运营体系的搭建，制定用户分层策略及方法，通过策略对用户进行分层管理，建立激励制度，提升平台的用户体验，满足各阶段用户的需求；(3)完善用户转化机制，从用户生命周期角度运营用户，实现用户拉新、留存、转化、挽回等，针对不同用户类型设计有效机制，发现问题并输出针对性的运营策略，推进落地执行；(4)关注用户体验，对影响用户行为和使用体验的方面进行监控，积极有效地推动运营活动和产品改进	(1)本科及以上学历，五年以上工作经验，有互联网用户运营相关工作经验；(2)熟悉线上用户运营，对用户和市场敏感，具有对市场的分析和洞察能力，条理清晰，有较强的数据统计和分析能力，善于从数据中挖掘机会点并进行策略的制定和落地；(3)拥有优秀的沟通协作、执行及项目管理能力，拥有强烈的责任心和项目驱动力，具有结果导向型思维

培养方面，因为用户运营工作涉及范围较广、要求较高，所以培养员工所需时间较长，而且需要给员工创造学习和晋升的机会。首先给员工指明道路，需要帮助员工提升自身能力来冲破阻碍，然后员工经过百炼成钢，成为用户运营领域的专业人才。

6. 建立以人为本的组织文化

要成为以用户为中心的企业，离不开以人为本的企业文化。员工不仅是企业向用户提供服务的人力资源，也是企业在市场竞争中生存和长期发展的人力资本。在一个用户导向的优秀企业里，员工不仅幸福感更强，凝聚力更强，而且业绩也会更好。

以人为本，一方面以用户为本，就是以用户为核心进行业务运营，另一方面以员工为本，建立员工与企业之间的信任感，企业重视员工的需求，鼓励员工、培养员工，形成员工自我管理的机制，促进双方共同发展。以人为本的组织文化，是以高素质员工为中心，把员工的自我价值实现与企业发展目标相融合。

第一，尊重和理解员工。把员工当作生意合作伙伴，尊重员工的人性、人格，理解员工的思想。尊重和理解员工，是员工产生信任感和依赖感的基础，可以让员工更加忠诚。

第二，为员工谋取福利，包括提供丰厚的报酬，建立员工激励机制、晋升机制、培训机制，提高员工的社会保障水平，优化工作环境，提供员工关怀等，让员工无后顾之忧。

第三，向员工授权。合理地向员工授权，不仅体现以人为本的企业文化，还能够提升员工的工作效率和实现员工的价值。但很多企业在向员工授权时过于谨慎，担心员工犯错，担心影响管理者权威，担心对员工控制力不足等，或者过于敷衍，授权就只是说了一句话，没有实际行动，也没有给予员工足够多的支持，这些都是不可取的。向员工授权并非简单说说而已，而是要做好：以信任为基础，以技能为支撑，以员工为主导，让员工昂首向前。

第四，需要对员工进行监管。完善约束机制、奖惩机制，对于个别表现不好的员工进行处理，保障员工的整体质量和健康发展。

总　　结

本书介绍了互联网数字化时代如何经营用户，共有 10 章，各章之间存在递进的关系。从理解用户运营、了解用户，到开始做用户的增长、成长、价值提升，同时结合精细化运营、特殊用户运营，再到用户服务、用户资产管理、用户运营组织保障，本书把用户运营的各个方面按业务逻辑全部串联起来，形成了用户运营系统化的解决方案，如下图所示。

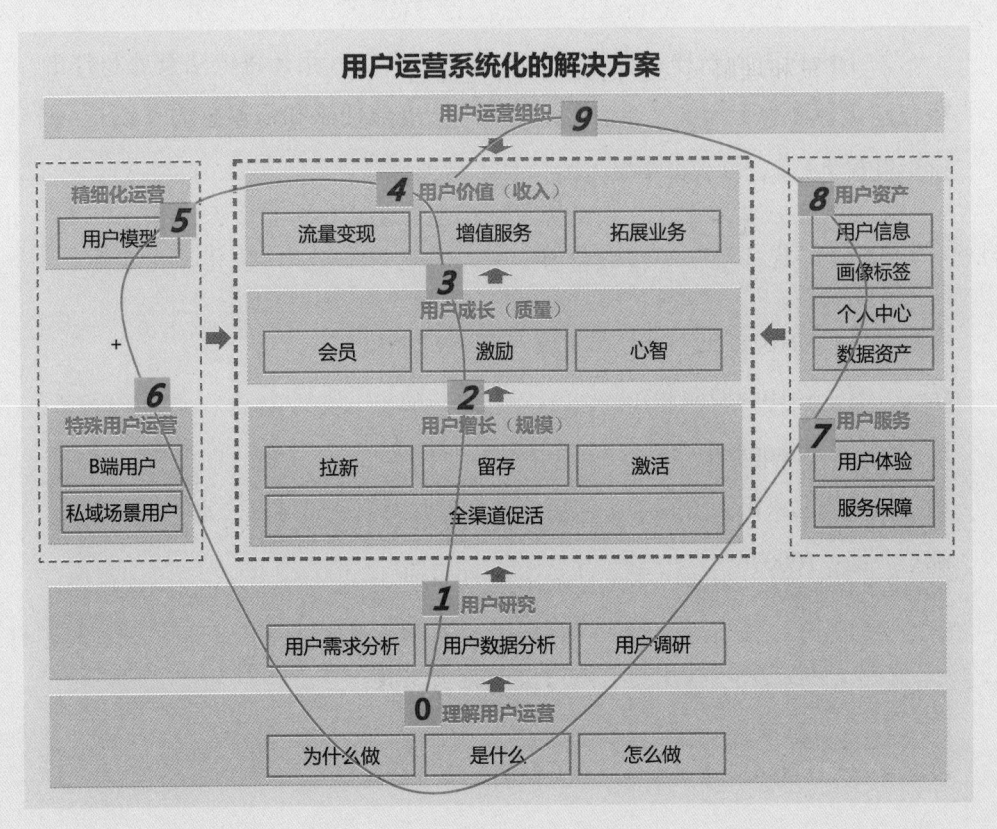

用户运营系统化的解决方案

		用户运营组织 9		
精细化运营	4 用户价值（收入）			8 用户资产
用户模型 5	流量变现	增值服务	拓展业务	用户信息
	3 用户成长（质量）			画像标签
+	会员	激励	心智	个人中心
	2 用户增长（规模）			数据资产
6 特殊用户运营	拉新	留存	激活	7 用户服务
B端用户				用户体验
私域场景用户	全渠道促活			服务保障
	1 用户研究			
	用户需求分析	用户数据分析	用户调研	
	0 理解用户运营			
	为什么做	是什么	怎么做	

反侵权盗版声明

电子工业出版社依法对本作品享有专有出版权。任何未经权利人书面许可，复制、销售或通过信息网络传播本作品的行为；歪曲、篡改、剽窃本作品的行为，均违反《中华人民共和国著作权法》，其行为人应承担相应的民事责任和行政责任，构成犯罪的，将被依法追究刑事责任。

为了维护市场秩序，保护权利人的合法权益，我社将依法查处和打击侵权盗版的单位和个人。欢迎社会各界人士积极举报侵权盗版行为，本社将奖励举报有功人员，并保证举报人的信息不被泄露。

举报电话：(010) 88254396；(010) 88258888

传　　真：(010) 88254397

E - mail ：dbqq@phei.com.cn

通信地址：北京市万寿路 173 信箱　电子工业出版社总编办公室

邮　　编：100036